国家社会科学基金项目"中国学生英语词汇语义网络动态机……成果
（项目编号：18BYY214），华中科技大学外国语学院学术专著出版专项基金资助成果

二语词汇语义网络研究

冯学芳　著

Second Language Lexical-semantic Network Research

WUHAN UNIVERSITY PRESS
武汉大学出版社

图书在版编目(CIP)数据

二语词汇语义网络研究/冯学芳著.—武汉:武汉大学出版社,2024.3
ISBN 978-7-307-24169-5

Ⅰ.二⋯　Ⅱ.冯⋯　Ⅲ.第二语言—词汇—语义网络—研究
Ⅳ.H003

中国国家版本馆 CIP 数据核字(2023)第 229147 号

责任编辑:罗晓华　　　责任校对:汪欣怡　　　版式设计:马　佳

出版发行:**武汉大学出版社**　　(430072　武昌　珞珈山)
　　　　　　(电子邮箱:cbs22@ whu.edu.cn 网址:www.wdp.com.cn)
印刷:湖北云景数字印刷有限公司
开本:720×1000　　1/16　　印张:24.75　　字数:367 千字　　插页:1
版次:2024 年 3 月第 1 版　　　2024 年 3 月第 1 次印刷
ISBN 978-7-307-24169-5　　　定价:99.00 元

前　　言

　　词汇是语言知识的重要组成部分，词汇学习是第二语言学习过程中的重要环节。中国学生在英语学习过程中花费了大量的时间和精力学习单词，但是效果往往不够明显，他们的词汇能力，特别是词汇产出能力的提高不尽如人意。究其原因，很多学生习惯孤立地学习单词，没能注意单词之间意义的关联，这样虽然词汇量在短期内可能增长很快，但是很难形成完善的词汇语义网络，结果大大影响了词汇应用能力的同步提高。基于此，越来越多的教师认识到词汇网络发展的重要性，提倡在课堂教学中通过不同方式强化学生头脑中单词之间的语义关联，让英语单词一串一串地习得，这样既能改进学生的词汇学习效果，又能促进学生词汇能力整体水平的提高。但是，到目前为止，在国内词汇表征和习得研究领域，还没有专门的书籍系统地介绍词汇语义网络结构研究的理论、方法和应用。在此背景下，本书将介绍用网络方法研究词汇表征与习得的相关理论，总结一语和二语词汇语义网络研究已经取得的成果，并通过一系列的实证研究揭示二语词汇语义网络在不同层面的结构特征与一语网络的异同，以及网络结构随着语言水平提高而改变的规律，展示网络分析方法在二语词汇研究中的巨大潜力。

　　词汇语义网络研究起源于 Deese（1962，1966）的词汇联想模式探索。Deese（1966）考察了一系列单词在词汇联想实验中相互激活的频次后发现，联想反应词是按照语义聚集的，因为如果比较刺激词和反应词之间彼此联想激活的次数，那么不难发现，每个单词和其他单词的联想关联情况各不相同。具体而言，一个词关联多少单词、和哪些单词关联能反映出该单词的语义特征，而且联想关联情况相近的词在语义上也更相近，连接模式差距大的单词意义也相去甚远。换言之，单词之间的语义距离可以根据单词在词汇语义网络中连接模式的相似度来判断和测量。该发现为词汇测试提供了启示。目前词汇测试主要是采用词汇知识多层面法，虽然该方法简单易行、应用广泛，但是随着词汇知识层面的划分越来越细，词汇测试过程也变得越来越烦琐，测试效度和信度也难以得到保证。与零碎的词汇知识测量不同，词汇网络测试的方法具有极好的整体性和现实可操作性，可以让词汇测试更高效而准确，起到意想不到的效果，为词汇测试带来新的转机。

词汇网络的概念虽然很早就被提出，但是其研究受到方法和工具的制约，因而在 20 世纪未能有大的突破。进入 21 世纪后，随着计算机科学技术的发展、网络分析技术的提高和工具的改进，词汇语义网络的研究获得了新的活力，焕发了蓬勃的生机。在认知科学领域，网络分析在记忆表征和搜寻、创造力的培养、认知能力的测量等方面都取得了骄人的成绩。在此背景下，语言研究者将网络分析的方法应用于语言系统和语言习得的研究之中，网络分析的计量优势让语言类型学特征分析、语音的联系性对语音识别效果的影响、语义关联对于词汇习得先后的影响等方面的研究既科学又高效。一语词汇语义网络的研究在宏观、中观和微观层面都取得了突破，发现了传统的线性方法所无法发现的规律，但是二语词汇语义网络的研究才刚刚起步。网络分析的方法能透过事物之间的联系看到现象的本质，能聚焦复杂系统的不同层面，能促进用跨学科的方法解决二语表征和习得中的难题，揭示第二语言发展中所隐藏的规律和奥秘。

本书适合于广大的语言研究者、语言教育者、语言爱好者以及其他社会科学领域的研究人员，方便他们系统地了解词汇语义网络的定义、语义连接研究的重要性、用网络的方法研究词汇表征的理论基础、网络结构分析的主要参数与基本方法、相关软件的应用等。书中对二语词汇实证研究案例的介绍包括研究背景、研究问题、研究设计、数据搜集和分析的具体过程和研究结果讨论，既探讨了相关的研究问题、解决了词汇表征中的难题，也展示了网络分析的具体实施步骤和数据分析方法。另外，对目前二语词汇语义网络研究成果的总结、研究动态和发展趋势的分析为有志于从事相关研究的人员指出了将来努力的方向。书中所汇报的研究成果有些可以直接应用于课堂词汇教学，有些可以对课堂词汇教学提供指导和启示，因此也可以成为语言教师实用的教学参考书。

　　本书共包括十一章，第一章是二语词汇语义网络研究概述，重点介绍二语词汇语义网络的定义、语义连接存在的证据、词汇语义网络研究对现有词汇测试参数的解释和扩展、词汇语义网络研究的意义和主要研究内容及话题。第二章总结了二语词汇语义网络研究的相关理论，其中包括词汇语义网络研究的语言学背景、词汇语义表征和激活提取的理论（激活扩散模型、串行-切换模型）、词汇网络扩展的理论（优先连接模型、优先习得模型和联想吸引模型）。第三章总结了词汇语义网络宏观、中观、微观三个层面的现有文献（包括具体研究问题、方法和成果）。第四章是关于词汇语义网络研究的方法和工具，详细介绍了不同层面的主要参数、网络构建的方法和网络分析工具 Ucinet 的具体操作和主要功能实现的步骤。第五章到第十章汇报了近年来我们的研究团队在二语词汇语义网络不同层面上完成的六个实证研究。第五章对比了二语词汇语义网络和一语词汇语义网络结构的异同，探讨了母语在二语词汇表征和加工中的作用和影响。第六章和第七章涉及二语词汇语义网络的微观层面，分别研究了网络中心词特征和语义连接模式。第八章探索了二语词汇语义网络结构与二语语篇构建能力之间的关联情况。第九章通过不同水平二语学习者词汇语义网络结构对比，勾勒出了二语词汇语义网络发展的大致路径。第十章以近义关系为例展示了如何用网络的方法研究特殊语义关系的表征。第十一章是二语词汇语义网络研究的总结、对课堂教学的启示和未来研究趋势展望。

冯学芳

2023 年 12 月

目　　录

第一章　二语词汇语义网络研究概述

在词汇习得和表征研究中，"词汇语义网络"概念经常被提到，因为它能够将词汇学习的内在心理过程和外在语言行为很好地结合以解释词汇知识增长和词汇能力提高的机制。从20世纪90年代开始，一些研究者（例如Meara，1996；Vanniarajan，1997；Henriksen，1999；Aitchison，2012）就提出词汇研究的重点应该是描述和把握学习者词汇的总体特征，对词汇量和心理词典（mental lexicon）的结构研究应该给予更多的重视，因为这些宏观参数能够综合性地描述词汇能力，而且在实际中更易于测量和把握。这个观点是对Richards（1976）和Nation（1990）的词汇知识框架理论和层面分析方法的突破。在心理语言学中，心理词典常常被理解为学习者头脑中储存词汇知识的一个总库，由于心理词典是看不见、摸不着的，所以对它的理解依赖于各种假设和模型。按照Aitchison（2012）的解释，心理词典本身就是由若干相互连接的小网络组成的大网络，其核心结构是词汇语义网络，该描述为心理词典的结构研究提供了重要启示，指出了网络分析方法在词汇表征研究中的适用性。

第一节　二语词汇语义网络的定义

Meara（2004）认为，语言研究者使用词汇语义网络的比喻时所表达的含义是，语言使用者头脑中的词汇是相互连接的，而且词汇连接是复杂的、多维的，这些连接以语义连接为主，同时辅以语音、词形、句法和百科知识的补充。Bogaards（2001：71-72）的以下描述更形象："词汇语义网络并不完全像在风中摇摆的蜘蛛网，它应该是更柔软、更灵活的轻质结构，随时改变以便满足特殊语境的要求。"当然，这些描述是对词汇语义网络特点和功能的描写，不能看成"词汇语义网络"的精确定义。其实就像"语言"概念一样，词汇语义网络具有多面性和复杂性，从不同的研究视角和科学范畴来看，它会有不同的表象和特征，呈现出它和语言使用主体之间不同的关系。一方面，词汇语义网络可以是语言属性，就像"词汇量"用来描述一门语言所拥有词汇的数量一样，词汇语义网络可以刻画一门语言词汇的组织模式，和该语言的文化百科知识构架有密切的关系，与该语言使用者群体的认知方式和思维模式也密切相关。这种词汇语义网络可以被称为"语言的词汇语义网络"。语言的词汇语义网络是宏观的，能体现特定语言的类型学特点，常常被称为"静态词汇语义网络"。与此相对，词汇语义网络也可以指语言使用者所拥有的词汇在头脑中的组织模型，也就是心理词典中词汇的语义连接模式。这类词汇语义网络中的节点数相对更少，所以是微观的，但是它能反映不同语言使用者的词汇掌握情况，它是词汇能力的基础。心理语言学探讨的词汇语义网络主要是指后者，即用来指代在特定时间特定语言使用者头脑中依靠词义相互连接的词语组成的网络，其主要组成是词汇节点和节点之间因为意义而建立的连接。词汇语义网络是心理词典的核心结构，起着联系不同的词汇知识层面（词形、词语句法特征、文化内涵、百科知识等）的中介作用。语言使用者头脑中的词汇语义网络随着语言水平的发展而改变，是动态的，常常被称为"动态词汇语义网络"。本书所汇报的研究主要针对动态词汇语义网络。虽然不同的心理学流派对语义连接的心理本质有不同的解释，但是大家对这种心理现实的存在是普遍认同的，而且一致认为，通过语言实验完全可以检测语义连接的强弱、类型和密度，检验语义连接的模式和词汇能力发展水平之间的关系，促进对词汇表征模式的深入了解。

"词汇语义网络"和"心理词典""词汇网络""概念网络"等术语既相联系又相区别。心理词典是指语言使用者头脑中词汇知识的总库，它包含相关词汇的形式、意义、用法、文化等方面的全部信息，是词汇所代表的知识总体的心理存在；词汇网络描述了心理词典的组织形式，强调的是不同层面词汇知识之间的关联和互动；词汇语义网络则是在词汇网络和心理词典组织结构中起核心作用的语义连接所形成的结构。词汇语义网络和概念网络之间的关系类比于词义和概念之间的关系。认知语言学的理解是词义小于概念，词义是词汇形式和概念之间的接口，不同的词义从不同方向指向代表文化和百科知识的概念系统，不同的词可以对应同一概念，也就是说，词义和概念并不是一对一的(赵艳芳，2000)。二语词汇语义网络指的是第二语言所对应的词汇语义网络。对于掌握了一语之后再开始二语学习的学习者来说，一语词汇知识对二语的学习影响是多方面的，二语词汇语义网络比一语词汇语义网络更复杂，因而也更值得研究。

第二节　词汇语义网络中的语义连接

一、语义连接存在的证据

心理词典中的单词之间有形式(即语音和词形)和意义上的关联，这些关联对于词汇的使用和学习都是有益的。比如，语音相近的词在诗歌创造中非常有用，它们让诗句之间形成韵律，展现诗歌的语言美。在语言学习过程中，拼写相近的词经常被有意安排在一起学习，便于学习者更好地区分以促进词形的掌握。不同单词之间的意义关联则可以帮助写作者更好地表达思想。例如，为了帮助读者对生僻词的理解，作者常常会用同义词对它进行解释，这样不仅可以让语言更加丰富，也降低了读者的阅读难度。另外，为了增加作品的语言魅力，作者也往往用意义相近的不同词语来指代同一概念。在日常对话中，当说话者找不到合适的词来表达某一概念时，他们会用它的同义词、反义词或者下义词予以说明，给出提示，让听话人领会所传达的信息。由此可见，语义关联的灵活使用能取得很好的语用功效，让语言表达更连贯、信息传递更顺畅。

单词之间语义连接最有力的证据来自词汇联想实验。最简单的词汇联想实验就是给受试一个刺激词,让其尽快说出能想到的其他词语。如果刺激词能迅速地激活反应词,说明两者在词汇表征中关系密切。反应词与刺激词之间的连接方式有多种,最常用的三分法将所有的连接分为形式连接(formal relation)、横组合连接(syntagmatic relation)和纵聚合连接(paradigmatic relation)(Schmitt,2014)。形式连接指的是语音或拼写相似形成的连接。横组合连接通常指相同或不同词性的两个词在句子中共现的关系,包括通常理解的搭配关系,例如,副词-形容词、形容词-名词、名词-名词的搭配都属于横组合连接。纵聚合连接指的是两个词因语义成分共享而形成的层级或并列关系,这两个词往往词性相同但是意义不同,在特定的语境中可以相互代替,表达不同的意义。横组合连接和纵聚合连接都是语义连接,因为意义和搭配是密切相关的,在一定程度上意义是搭配的基础,同时词汇的搭配特征是构成意义的重要元素,因此在分析词汇语义网络结构时不能仅考虑纵聚合而不考虑代表词汇句法搭配特点的横组合。

虽然在词汇联想实验中,反应词和刺激词有时也有语音关联,但是大部分受试说出的词都跟刺激词有语义关联,语义连接占比最高,这种现象说明了语义连接在词汇表征中占主导地位。比如,如果刺激词是"学校",那么受试说出的词很有可能是"教师""学生""书本""操场""学习""考试"等,这些反应词都是语义关联词,属于同一语义场。更有趣的是,对一语的研究发现,词汇联想实验的结果很有规律。第一,不管受试的人数多少,总有些词会成为典型的反应词,成为很多受试都能产出的反应词。比如:在来自 100 名英国大学生词汇联想结果的 *Edinburgh Associative Thesaurus* 中,英语单词 black 的典型反应词是 white,因为它被 58% 的受试产出;eat 的典型反应词是 food,由 45% 的受试产出(Schmitt,2014)。也就是说,black 和 white 之间有很强的语义关联,所以很多人在看到或听到 black 之后马上就能想到 white,看到或听到 white 后马上能想到 black。正因为如此,对于同一个刺激词,100 名受试没有产出 100 个不同的单词,而是产出总数少于 100 个的单词。也就是说,小部分单词被很多受试产出,它们具有很高的重复率。很多的词汇联想实验证明了这一规律:小部分单词在词汇联想实验中的产出频次很高,而大部分别的单词产出频次较低。比如,Lambert 和 Moore(1966)以高中和大学水平的英语母语者为研究对象,通过词汇联想实验发现,第一反应词(产出频率最高的词)占到了所有反应词的三分之一,第一、第二、第三反应词加起来占到了所有反应词的50%~60%。这个结果与 Johnston 和 Frederick(1974)在 10~11 岁的一语使用者中进行的词汇联想实验结果一致。第二,反应词的词性分布也有一定的规律。早期的一对一词汇联想实验表明(Cramer,1968),大多数反应词和刺激词词性相同,即如果刺激词是名词,反应词也最有可能是名词;如果刺激词是动词,那么反应词多半也是动词。第三,反应词和刺激词构成纵聚合关系的趋势对于不同的词性显著程度不同,这个趋势按照如下的词性顺序逐渐减弱:名词>代词>形容词>副词>动词(De Deyne & Storms,2008a)。也就是说,名词作为刺激词时其反应词最有可能是与它有语义共享的纵聚合单词,而当动词作为刺激词时其反应词是语义共享的纵聚合单词的可能性更小。总之,对于一语使用者来说,词汇联想模式是有规律的,该规律反映出词汇语义网络中语义连接的模式,跟词汇在头脑中的表征模式有关。

二、一语词汇语义连接

心理词典中语义连接模式是变化发展的,这一点也可以从词汇联想结果的变化中看出。一语词汇联想实验结果显示,随着年龄的增长,形式连接变得越来越少,同时语义连接从横组合向纵聚合发展的趋势明显(Woodrow & Lowell,1916)。Ervin(1961)通过对幼儿园、一年级、三年级、六年级学生的词汇联想实验对比发现,在一语水平初级阶段,反应词中的横组合占优势,词汇表征以横组合为主。但是,随着年龄的增长,横组合的比例逐渐降低,而纵聚合反应的比例愈来愈高,这说明在心理词典中纵聚合连接发挥越来越重要的作用。后来的研究发现,这个横组合向纵聚合转变的趋势不仅仅存在于英语之中,也存在于其他的语言中。Sharp和 Cole(1972)在他们研究的一门非洲语言中发现了类似的规律,该语言与英语有完全不同的句法结构,但是以该语言为一语的实验对象在词汇联想实验中也呈现出反应词中的纵聚合反应比例由低到高的变化趋势。Entwisle和同事（1964，1966）进一步对比了不同词性的单词作为刺激词在词汇联想中不同的表现，结果发现名词首先发生横组合-纵聚合的转变，接着依次是形容词和动词。虽然由于研究方法和分析方法的不同，研究者对于词汇表征的模式的研究有时会得出不同的结论，但是大多数研究达成了如下共识：（1）词汇连接方式对于词汇表征、提取和运用非常重要。（2）在语言发展的初期，形式连接有一定作用，但随着语言水平的提高，形式连接逐渐让位于语义连接。（3）语义连接中的横组合连接和纵聚合连接也不是并行、对称发展的，而是随着语言能力发展显示出主导连接方式由横组合向纵聚合转变的模式。

三、二语词汇语义连接

二语词汇语义网络中的语义连接的重要数据来源也是词汇联想实验。词汇联想知识是词汇知识的重要内容，可以反映词汇水平的高低。Meara（2009）综述了前人（特别是 1956—1980 年）词汇联想研究成果发现，研究者们在用词汇联想实验测试二语学习者词汇能力时经常使用的参数包括反应词的个数（或者空白反应词的个数）、二语中出现一语常见反应词的个数等。不同的研究者基于不同的研究目的，针对不同语言进行了二语词汇联想实验，分析了二语反应词分类特征，达成的共识主要包括：（1）随着二语水平的提高，二语者的反应词与一语母语者反应词的近似度越来越高。（2）随着二语水平的提高，反应词呈现规律的变化。这些结论印证了Nation 和 Richard 关于词汇联想知识重要性的论述。Nation（2001）认为词汇联想知识是词汇知识的重要方面；Richard（1976）也认为词汇能力的表现之一是了解单词和其他词形成的联想网络。词汇联想知识不同于词汇知识的其他方面，它关涉的是词与词的连接和相互作用，和心理词典的组织模式有关。二语词汇语义网络的思想超越了传统的二语词汇学习观，认为二语词汇学习不是简单地把一语词汇一对一翻译成二语，而是涉及二语词汇不同方面知识的整合，最终形成网络，整体性地提高词汇应用能力。

20 世纪中期开始，研究者发现，即使是高水平二语学习者，其联想网络跟一语者仍然有很大的差异。Munby（2011）认为，二语学习者和一语使用者在社会文化背景方面有很大的差异，这会让他们词汇联想结果的可比性大打折扣。为了证明这一点，Munby（2018）研究了 82 位英语学习者（母语为日语）的二语词汇联想结果。首先，他通过词汇联想实验得到两个来自同样的 50 个英语刺激词的词汇联想反应词表：一个反应词表是 114 位英语母语者英语词汇联想的结果，另一个反应词表是 114 位母语为日语的高级英语学习者日语词汇联想的结果。然后 Munby 以 82 位母语为日语的英语学习者为实验对象进行英语词汇联想实验，要求他们对于上述 50 个刺激词各给出多个联想词。在数据分析过程中，他们分别将实验数据和上述两个反应词表进行对照，根据和母语者词汇相似度得出两个不同的分数。结果发现，对应于日语母语者词表的分数显著高于英语母语者的分数；但是，对应于英语母语者词表的分数仍然与语言水平有一定相关性。由此可见，社会文化背景对于词汇联想的结果有较大的影响，所以以日语为母语的二语者的词汇联想结果与他们自己同胞的词汇联想结果更接近，因为他们拥有相同的文化背景；同时，二语水平、二语词汇联想结果与一语词汇联想相似度都会受到母语和母语文化的影响。由此可见，二语词汇语义网络研究自然比一语词汇语义网络研究更具复杂性和挑战性。

另外，二语词汇语义网络的复杂性也可以从以使用为基础的语言发展观得到解释。语言使用发展观（Ellis，Romer & O'Donnel，2016；Fitzpatrick & Thwaites，2020）认为，语言使用者的语言系统是个人特殊语言经历的结果，语言学习和使用的经历不同，接触的语言输入不同，使用语言的环境也不同，这些差异都会在语言中留下痕迹。母语者在各种不同的语境中接触和使用语言，语言和文化相互融合，在自然的状态下，在语言学习最敏感的时期能够高效地习得母语；但是二语者大多在没有真实语言环境的前提下学习语言，课堂语言输入数量和质量都欠佳。二语水平、母语对二语的影响和母语文化的作用都会在二语词汇联想中有所体现。由此，二语词汇语义网络的复杂性是自然的，但是网络研究方法因其整体性、整体和个体相结合的灵活性，以及网络技术带来的强大数据处理能力能够给二语词汇语义网络的研究带来便利。

第三节　词汇语义网络对常用词汇测试参数的解释①

词汇语义网络的研究不仅具有坚实的理论支持，而且能够和现行的词汇知识测试思路和方法相对接，对词汇能力的构成、提高和发展的本质加以解释，全面综合地展示词汇习得过程中各个知识层面相互作用的模式。以下是词汇语义网络研究范式对常用的词汇测试参数的解释。

一、"词汇语义网络"与"词汇广度"

词汇广度或者词汇宽度（就是通常所说的词汇量）是词汇知识测定的一个基本尺度和指标。词汇量是语言能力的基础，就好似语言大厦的建筑材料一样。没有词汇量，包括听、说、读、写等方面的能力都只能是空中楼阁。词汇习得研究表明，在二语习得者二语水平达到一定水准之前，词汇数量是词汇能力的有效测评指数，对语言能力各方面影响明显。Laufer（1989）认为，5000 个词汇是二语学习者顺利阅读所需词汇量的下限，词汇量低于此数量时阅读会遇到极大的障碍。我国在制定大学英语教学目标时常常会设定具体的词汇量的要求。2020 年版的《大学英语教学指南》要求基础级别的学生在高中英语学业质量水平二所要求的词汇量基础上增加 2000个单词，其中 400 个单词为与专业学习或未来工作相关的词汇；提高阶段的学生在高中英语学业质量水平二应掌握的词汇基础上增加约 3000 个单词，其中 600 个单词为与专业学习或未来工作相关的词汇。但实际上不少词汇广度实验却证明词汇广度和词汇能力之间的关系并非如此简单。周大军、文渤燕（2000）的调查显示，词汇量与四级考试成绩的相关系数并不

---

① 本节引自《二语词汇表征和习得研究的语义网络视角》一文，该文发表于《外语教育》2015 年年刊，64-74 页。作者：冯学芳。有改动。

高，只有 0.43，对于 80 分以下的学生，相关系数甚至不超过 0.20；吕长竑（2004）的研究结果发现词汇量只能预测语言综合能力的 34.7%，说明词汇量的影响力也是有限的；邵华（2002）发现词汇量与语言综合能力之间尽管存在正相关关系，但相关程度并不高；而且词汇量对听力成绩没有预测力，但产出性词汇量直接影响二语写作中词汇的复杂度和长度（刘东虹，2004；何旭良，2004）。也就是说，学习者词汇量可能对语言能力的某些方面具有一定的预测力，但是并不是对所有方面都能有效预测，词汇宽度的指标要和其他参数同时使用才能在词汇能力测试中发挥效果。

相比较而言，将单词作为语义网络节点来考察的方法更容易厘清不同单词的特点和在具体语言应用中可能的功用，"节点数"可以大大扩展"词汇广度"的概念内涵。第一，不同单词节点在网络中担任的角色、所起到的作用各不相同：中心节点联系的节点更多，位于网络的中心位置，所以在网络中的影响力更大，在信息交流和传递中起到更重要的作用。中心节点单词的习得极大地促进对整个语义网络的发展，有理由获得习得优先权。第二，词汇量大只能表示该网络节点多，但是如果网络中的节点之间没有足够多的语义连接，让网络具有足够大的密度，那么词汇的运用，特别是语言产出性运用就会有很大的障碍。第三，在词汇量达到一定数量且词汇语义网络基本结构已经发展完备之后新增加的词汇节点对词汇能力的作用和影响可能是有限的，从这个阶段起，词汇量和词汇能力之间的相关情况可能呈现新的态势。

二、"词汇语义网络"与"词汇深度"

词汇深度或质量的研究是目前词汇习得研究的重点，众多的研究者从不同的方面对词汇深度知识的习得进行了探索（Engber，1995；Read，1993；Verhallen & Schoonen，1998；Wolter，2001）。对于词汇深度知识的界定和测量，国外有两种不同的观点：连续体观和成分分类观（吕长竑，2004）。其中连续体观的代表者是 Dale（1965），他将词汇深度知识的连续体分为 5 个阶段：（1）以前从未见过该词。（2）接触过该词，但不知道其意义。(3)在语境中认识该词,它与××词经常一起出现。(4)知道该词的意义。(5)能够把该词跟其他在意义上有联系的词区分开来。从这个词汇深度知识发展的过程来看,词汇习得的过程其实也就是词汇语义网络发展的过程:第一阶段是该词进入心理词典之前的状态;第二阶段是形式表征建立而语义表征还未建立的时期;第三、四阶段学习者在使用语境中逐渐实现语义表征;第五阶段是通过语义连接的加强发展语义网络的阶段。成分分类观的代表 Nation(1990)将词汇深度知识总结为形式、位置(搭配关系)、功能、意义(概念和联想)四个层面,他从静态的视角透视了词汇知识的组成,并且将意义理解为对概念的联想,这种思路与将单词看做语义网络节点的观点是不谋而合的:只有在发达的词汇语义网络中,已经建立意义连接的单词才能得以顺利地通达和提取,实现形式和概念之间的沟通。由此可见,词汇语义网络结构特征的分析可以很好地反映语言学习者词汇深度知识的习得情况,预测词汇知识整体水平,同时避免传统词汇深度知识测试的烦琐和测试效度的缺失。

三、"词汇语义网络"与"接受-产出词汇"

Nation(1990)除了划分词汇知识的四个层面之外,还首次提出了词汇能力应该分为接受能力(receptive skill)和产出能力(productive skill)两种类型。正如 Schmitt 和 McCarthy(1997)所描述的那样,每个语言学习者都会有类似的词汇学习体会:虽然他们有时能够理解具体语篇中的某些词汇,但是却不能在说和写的产出过程中使用这些词汇。虽然接受-产出二分法越来越多地被语言研究者所认同,但是对于这两种能力之间的本质联系却缺乏令人信服的解释和足够的了解(肖善香、刘绍龙,2003)。Meara(2004)尝试用心理学中联通论的研究方法构建词汇磨损仿真模型来研究二语习得中的词汇知识减损现象。词汇知识减损能导致产出词汇向接受词汇的退化。从仿真模型得到的数据显示,词汇减损有时只是词汇连接的缺失。

Laufer(1998)的研究发现,接受词汇能力发展快于产出词汇能力的发展,该发现得到国内二语词汇学习研究的证实(吴旭东、陈晓庆,2000;刘绍龙，2003；冯学芳，2006）。事实上，词汇习得研究的"接受-产出"词汇能力与心理语言学的"识别-回忆"能力以及词汇测试所使用的"被动-主动"词汇知识有很好的对应关系，产出能力对应于回忆的心理过程和可以主动提取的词汇知识，接受能力对应于识别的心理过程和只能被动通达不能主动提取的词汇知识。

　　词汇语义网络对于上述三对二分概念都有较强的解释力。主动词汇和被动词汇之间的区别是被动词汇只能被识别，而在语言产出过程中不能被回忆，根本原因就是词汇形式和语义网络之间的连接是有方向的，形式和意义之间连接的方向性开始于词汇学习过程的单向性：从表（形式）及里（意义），即从读音和拼写学习开始，以意义学习为目的。具体单词从语义表征到形式表征的联通是否能顺利实现跟该单词在词汇语义网络中建立连接的程度有关：跟其他词汇建立的连接越多，该词的意义表征越完整，那么该词成为主动词汇的可能性越大。而对于语言使用者来说，整个词汇语义网络密度越大、结构越完善，词汇产出能力越强。另外，在实际中也存在产出词汇向接受词汇退化的过程，这也就是词汇减损现象。某个具体单词是接受性词汇还是产出性词汇主要由该单词和其他词汇语义之间的连接强度来决定，而单词之间的语义连接是动态变化的，它随着语义网络使用情况而变化：语义连接可以在语言使用中得到加强，也可以因为不使用而渐渐弱化。

第四节　二语词汇语义网络研究的目的、意义与主要内容

一、二语词汇语义网络研究的目的与意义

　　二语词汇语义网络研究的目的是了解二语词汇语义表征的结构特征和发展模式，探索影响二语词汇语义表征和加工的语言学因素、学习者因素、环境因素和学习过程因素，寻找改善词汇学习效果的有效方法和途径。该领域的研究具有重要的学术价值和实际应用价值。其学术价值主要体现在如下方面：

（1）二语词汇语义网络的研究涉及应用语言学、心理语言学、认知科学、计算语言学等多个学科，研究成果将促进不同学科的交叉融合和协同发展。

（2）用网络的方法研究词汇语义表征和发展将带来该领域的研究方法更新，有利于从系统的视角、用联系的观点解决词汇习得领域中的研究难题。

（3）词汇语义表征模式的研究将帮助了解词汇习得的心理机制和词汇能力发展的内在动力。

二语词汇语义网络研究的应用价值主要体现在以下两个方面：

（1）二语词汇语义网络研究视野开阔，涉及的是二语词汇能力和词汇水平的宏观参数，具有很好的现实可操作性和可靠性。

（2）二语词汇语义网络结构描述的主要参数与词汇广度、词汇深度、接受性词汇、产出性词汇等变量都有很好的对应性，能够有效揭示二语词汇应用能力提高发展的过程和规律，可应用于研究二语词汇能力发展影响因素、二语中介语词汇特点、母语在二语词汇习得中的影响和作用、课堂词汇教学方法等方面，具有广阔的实际应用前景。

二、二语词汇语义网络研究的主要内容

二语词汇语义网络研究是词汇表征研究的重要领域，随着计算机技术的发展和网络分析工具的开发，网络分析的方法在语言学和语言习得研究中的应用越来越普遍，显示出强大的生命力和广阔的发展前景。网络科学的方法对于二语词汇语义网络的研究可以从三个互相关联的方面进行：二语词汇语义网络结构、二语词汇语义网络中的词汇加工过程、二语词汇语义网络的发展。这三个方面密切联系，但是研究的重点各不相同。结构研究主要是探索网络中节点和节点之间连接分布的规律。比如，网络宏观研究主要探究网络整体模式，检测网络的大小、密度、向中心聚集的趋势，看网络是否有小世界特征、无标度特征等。在小世界网络中，节点间的距离较短，从一个节点到另一个节点的信息传输快。无标度网络的特点是一

小部分节点连接了大量的其他节点而大部分节点只是连接了少量的节点；在中观层面上，网络方法主要研究网络中节点的社区分布情况。网络中的节点并不是均匀分布的，有些节点联系紧密，形成社区，社区的分布和结构对信息的传输和处理有重要影响。微观层面的研究主要是考察节点在网络中的位置，是中心节点还是边缘节点等。

现有词汇语义网络研究主要在一语中进行，属于宏观层面的居多，取得了丰硕的成果。一语词汇语义网络宏观研究发现了词汇语义网络既有一般网络的普遍特征，也有语言网络的特殊性。另外，世界上的不同语言显示出不同的网络结构特征，其差异性可以为类型学研究提供证据。中观和微观层面的研究现在刚刚起步，但是它们因与语言习得和课堂语言教学直接相关而具有更大的发展前景。

二语词汇语义网络研究的主要话题如下：

（1）宏观层面。

①二语词汇语义网络的整体特征：组织模式、规模、密度、中心势等。

②二语词汇语义网络的整体特征与语言水平之间的关系。

③二语词汇语义网络与一语词汇语义网络的整体特征的差异。

（2）中观层面。

①二语词汇语义网络的社区分布。

②二语词汇语义网络的社区分布与语言水平之间的关系。

③二语词汇语义网络与一语词汇语义网络在社区分布上的差异。

（3）微观层面。

①二语词汇语义网络的中心节点和外围节点。

②二语词汇语义网络中心核系统和外围系统随着语言水平而变化的规律。

③二语词汇语义网络与相对应的一语词汇语义网络在中心节点上的差异。

（4）二语词汇语义网络的发展模式。

第二章 二语词汇语义网络研究的相关理论

第一节 词汇语义网络研究的语言学背景

一、词汇语义网络研究的结构语言学背景

结构语言学认为：语言是由相互依赖、相互作用的成分组成的系统，语言信息的交流离不开系统内部关系的整理和鉴别。对于具体的词语而言，纵聚合关系规定了其语义分布范围，而在具体语境中的横组合关系最终确定了该词语所表达的确切含义，词语的意义就在这种纵横交错的关系网络中得以实现（王寅，2001）。语言单位的横组合和纵聚合关系不仅仅存在于词汇层面，也存在于语言的其他层面，表现出语言内部结构的规律性和语言构成元素的普遍联系性，这为不同层次的语义网络的建立提供了理论支持。

语言组合关系是指出现在言语中、建立在语言线性基础上的语言单位之间的关系。这些单元排列在语言链条上体现语言产出的时序性，在产出时间上一个跟着一个而不是同时出现。语言组合关系有时也称为横向水平关系或句段关系，这种关系以长度为支柱。由组合关系连接的语言单位有一定的顺序和数目，所以在做语言关系分析之前需要对它们进行切分。比如，在由两个或两个以上的单词构成的词组中，词的顺序是固定的，词序本身对词组的意义是有规约作用的。在研究由词构成词组的组合关系网络时，首先必须对研究的词组进行切分。通过组合关系连接起来的语言单

位，在言语中必须呈链状整体出现，一个语言单位的存在必须以另一个语言单位的存在为前提，一个要素在组合关系中只是由于它跟前一个或后一个要素相对立才获得它的价值。比如，在 to walk the dog 中，动词和名词互相依存，它们的搭配能够帮助明确整个词组的意义。组合关系的类型是有限的，它可以在一个有限的连贯话语中反复出现，具有递归性。比如，his son's teacher's husband's sister... 在这种从属关系的重复中，结构所表达的信息越来越丰富，指代的目标越来越具体。组合关系的核心是依属关系，这种依属关系可以产生新的、更高层次的组合关系。比如，词根+词缀→词干；词干+词尾→词；词+词→词组；词组+词组→单句；单句+单句→复合句。

组合关系的成员之间往往地位并不均等，有主从关系。比如，名词短语"美丽的鲜花"中，"鲜花"是中心名词，而"美丽的"是修饰该中心词的形容词，在意义表达上起到辅助作用。

语言聚合关系是指在语言体系中可供选择放在同一位置实现相同功能的语言单位之间的关系。Cruse(1986)提出，单词意义可看成与其他词汇近似或有差异的类型，类型的对比是识别单词意义的基础。这种类型对比强调的是差异，但是所有的差异是以共同特征为基础的，异同对比的过程就是理清语义关系的过程。内部语义学分析语义元素构成单词意义的规律，并根据义素的异同将单词之间的关系归纳为同义、反义、上下义、整体-部分关系、个体-集合、分量-总量等(Saeed, 1997)，这些聚合关系是心理词典中单词表征的重要依据。语言聚合关系连接的语言单位之间是平行的、联想的，它以广度为支柱。在聚合关系中无所谓严格的顺序，也无数量的限制，适合于它的分析活动是分类。事实上，一个词可以在不同的语义结构层次上同数量众多的词发生疏密不等的聚合联系。聚合关系在本质上是一种同与异的关系，其相同点构成了联想的基础，其差异构成了各语言单位不同的意义特征，这些差异是根据交际需要进行选择的依据。分析聚合关系就是要把隐藏在线性单位背后的相同功能单位挖掘出来。聚合关系可以是形式的，也可以是内容的。比如，具有相同后缀的单词就是形式的聚合体，而含有相同义素的单词构成了语义聚合体。另外，聚合关系可以把不同层次的语言单位聚合起来，形成各种体系，比如同义关系、反义关系、可逆关系、对等关系等。

总之，根据结构语言学的理解，词汇之间的横组合和纵聚合关系基于不同的规则将词汇组织成网络，在具体的语境中完成信息的传递，在头脑中实现词汇有序的贮存和高效的激活。

二、词汇语义网络研究的认知语言学背景

美国语言学家兰姆认为语言学理论应结合大脑神经事实，基于这一提议，他在 20 世纪 60 年代以层次语法表述了语言是关系网络的思想（Lamb，1966）。兰姆的神经认知语言学理论认为，语言的本质是个信息系统，该系统包含两种信息载体：外部的语音、文字等构成语言现象；内部的大脑神经网络构成语言系统。语言现象是语言系统输入和输出的信息，语言系统加工并输出或输入语言现象。对语言现象的描述过程就是说明语言系统怎样处理语言信息，输入和输出语言信号的过程。兰姆认为内化的语言系统应该是语言研究的对象，因为语言信息就寄存于大脑神经网络的连通关系之中，语言信息处理过程就是关系网络的激活过程。另外，语言系统是关系网络，不可能包括语言实体（如单句、短语、词、形位等），所谓的语言实体在语言系统中也都必须是关系。他根据神经元传递的方式用逻辑关系建立了一个有神经生理基础、可用逻辑关系定义的语言模式，这些关系既符合生物神经的操作模式，也能描述语言系统层级间的组合、聚合、体现关系。

另外，认知语言学认为，语言在反映客观世界的过程中留下了认知心理的烙印，因为为了认识世界人必须对世界万物进行分类和范畴化，范畴化的过程就是人的认知赋予世界万物以一定的结构的过程。人对事物范畴化的结构直接反映在语言中。范畴不是对事物的任意切分，而是以大脑的范畴化认知能力为基础，大脑通过对物体模糊的完型感知总结事物之间的相似性和范畴的整体性（赵艳芳，2000）。在每一个范畴中，成员之间的地

位不是相等的，范畴中的典型成员（原型）是范畴中最好的、最典型的成员，而其他成员因为跟原型有不同的相似度而具有不同程度的典型性。范畴围绕原型这个认知参照点建构，其边界依成员典型性程度向外扩展，形成边界难以确定的更大的范畴。基本等级范畴是典型的原型范畴，体现为范畴成员之间有很高的家族相似性，原型也在基本等级范畴中得到最好的体现。除了基本层次范畴之外，还有上位范畴和下属范畴。上位范畴缺乏单一的完型特性，是在基本层次范畴上的归纳；下属范畴是在基本层次范畴下更细致的区分。基本层次范畴有两种方式进行下属范畴切分，一是从"属"到"种"，二是从整体到部分，由此形成范畴等级结构。世界上所有事物都按照一定的等级层次在认知中形成一个关系网络结构。

第二节　词汇的心理加工模型

一、激活扩散模型

激活扩散模型起源于认知心理学对概念表征和提取的研究。Collins 和 Quillian 提出了概念表征的树状层级结构模型（Collins & Quillian，1969）。按照该模型，概念在头脑中以节点的形式表征，每个节点包含一定的概念特征，节点之间的连接代表了概念意义之间的包含或平行关系。该树状结构按照概念意义的抽象程度分成不同的层次，抽象程度高的概念位于上层，抽象程度低的概念位于下层。概念的层次性来源于范畴的层次性，上级范畴的概念比下级范畴的概念更抽象，而下级范畴的概念更具体，因为下级范畴的概念是在上级范畴的基础上增加了一些语义特征。比如，"水果"比"苹果"更抽象，在范畴层次上位置更高，"苹果"包含了"水果"的全部语义特征，但是在此基础上又增加了一些"水果"没有的语义特征，比如红色、甜味、圆形、多汁等。"水果"和"苹果"之间是包含和被包含的关系。而"苹果"和其他的水果概念（如"梨子""香蕉""西瓜"等）之间是并列的关系。这种纵向的包含关系和横向的并列关系就构成了一个树状结构。

　　Collins 和 Quillian 用计算机算法模拟了在树状层级结构中单词之间相互激活的情况，发现这种结构能极大地节约认知资源，概念的激活和提取既高效又准确。在该模型中，激活沿着输入词相关联的概念（即包含关系或并列关系）传递，这个过程被称为"激活扩散"，该模型被称为"激活扩散模型"。在他们设计的计算机模型中，当前被激活的概念词会被标注，激活链条上前一个概念词也会被标注。当已经被激活的概念接收到新的激活时，两条激活链就交叉了，沿着这两条激活链可以追溯到最先被激活的概念。经过对比不同的连接方式，他们发现树状层次结构能最好地体现概念提取和激活过程中的认知资源节约原则。其原因是树状层级结构限制了每个概念节点所承载的概念信息，下层概念只包含新增的概念特征，并列的概念只包含与同级概念相区别的概念特征，所以每个节点所承载的信息量都被限制在合理的范围，以便于概念的快速提取和激活。

　　Collins 和 Quillian 的模型能很好地解释概念表征和激活的一些基本特征，但是其局限性也非常明显。第一，该结构本身并不包含具体的语义信息。概念节点之间的关系最多只能体现是包含关系还是并列关系，但是不能反映概念意义的具体内容。第二，该模型适用的范围是具有分类学意义的概念，比如动物和物品的种类，很多其他的概念很难在模型中找到位置。有鉴于此，Collins 和 Loftus 提出了新的激活扩散模型（Collins & Loftus，1975），新模型继承了 Collins 和 Quillian 模型的很多基本观念和思想，但是在模型的属性和使用范围上有很大的改进。首先，新模型也是一种图形，但是它不一定是树状图，它是包括树状图的各种不同图形或网络，可以反映包含和并列关系以外的更多语义关系，因而适用范围得到了更大的扩展。另外，新模型并不区分概念和概念特征，所以图形中的节点可以是名词、形容词或复合结构。节点之间的连接代表更多的语义关系（并不一定是范畴中的包含或特征相似关系），而且语义连接有强度（权重），也就是说，新的模型可以看成无向的加权网络。与 Collins 和 Quillian 关于激活扩散的思想一致，新的激活扩散模型认为概念之间的语义连接为激活的扩散提供动力，而且连接强度越大，相关概念越容易相互激活。这个观念非常接近复杂网络的思想，但是在其后的几十年中，由于研究方法和工具的制约，该模型的研究并没有取得实质性的进展，也没有达成关于网络结构的组织规则、结构和认知加工过程之间关系等方面的共识。

二、串行-切换模型

随着认知网络结构研究的发现，新的语义加工模型被提出。在语义流利测试的研究基础上，Troyer 提出了词汇概念激活的最佳流利模型，即串行-切换模型（Borodkin et al.，2016）。与上面所介绍的激活扩散模型不同，串行-切换模型考虑的不是概念之间连接的强度，而是概念之间因为连接强度不同而在心理表征中形成的概念社区分布，这一点在语义流利测试形成的网络中有明显的表现。语义流利测试的结果是词汇联想者所激活的属于同一语义范畴的所有单词，这些单词之间由于语义连接强度不同形成不同的分区，分区内的单词更容易相互激活，而分区之间的单词之间更难相互激活。概念激活的过程可以分成两个组成部分：分区内的串行和分区间的切换。概念表征的分区结构和概念激活过程的两步模型可以有效地预测词汇加工效果。该模型认为，概念激活的效率不仅取决于分区中概念之间连接的紧密程度，也取决于不同的分区间切换的效率。分区内部的激活扩散可以用上节的激活扩散模型来解释，分区内概念连接越紧密，节点间越容易相互激活。而不同分区间的切换涉及的是不同分区之间节点间的连接强度，也涉及不同的心理认知机制。对老年人的认知衰退和障碍研究发现，不同的人在串行和切换这两个过程上衰退的程度不同，因而表现出来的语言行为也不同。

第三节　词汇语义网络的发展模型

一、优先连接模型（Preferential Attachment Model）

单词的学习开始慢，后来快，这说明已经学会的单词对新单词的学习有促进作用。一语词汇语义网络研究发现，词汇量越大词汇学习效率越高的规律可以用词汇优先连接模型来解释。根据这个模型，在词汇网络发展过程中，网络中连接丰富的单词更有可能与新的单词建立连接，这种连接模型不但有利于单词的习得，而且所形成的结构有利于单词间的信息交换，带来词汇加工的极大便利。该发现符合网络结构和功能之间关系的一般模式。比如，Barabási 和 Albert(1999)就认为网络中节点度(在词汇网络中，即单词节点所连接的其他单词)的幂律分布是网络特殊发展模式带来的结果。节点的优先连接模型在其他类型网络发展中也能观察到，比如互联网和蛋白互动网络，这些网络的发展涉及新节点复制旧节点，从而引起已有节点社区的重组。这个复制-分化的发展模式就会导致网络节点所拥有的连接数呈现幂律分布，最后形成无标度网络。Barabási 和 Albert 的模型成功解释了网络无标度特征的形成，但是该模型没有能够解释小世界特征(平均路径小而聚集系数大)的形成原因。与此相反，Watts 和 Strogatz (1998)提出的模型能解释网络小世界特征的成因，但是无法解释无标度特征出现的原因。Steyvers 和 Tenenbaum (2005)认为只有优先连接模型(preferential attachment)才能同时解释小世界特征和无标度特征。Steyvers 和 Tenenbaum 认为，语义网络扩展的过程就是新的节点有选择地与网络中已有节点建立连接的过程，而新节点的选择主要依据已有节点的度数(即连接其他节点的数目)。为了检验该模型的有效性，他们分别建立了三个大型网络：词汇联想网络、基于 Wordnet 的语义网络、基于 *Roget's Thesaurus* 的语义场共享网络。网络结构分析发现，这三个网络都是小世界、无标度网络，它们都有如下结构特征：节点数多、连接稀疏、存在包含多数节点的唯一组元、高聚集系数、节点度的幂律分布。为了检验网络发展的优先连接模型，他们设计了遵守网络的优先连接发展模式的计算机程序用以模拟网络的发展。结果发现，所得到的模拟网络在结构上与基于自然语言的网络是相似的，也具有小世界、无标度的特征。由此说明，网络的优先连接发展模型可以解释网络结构的小世界和无标度特征，或者说，小世界和无标度特征是网络优先连接发展模式的结果。

优先连接模型指出了词汇语义网络发展路径和其结构之间的关系，因为语义网络发展的过程就是新单词与网络已有单词之间建立连接的过程，而建立连接的方式就决定了网络的结构特征。按照该模型，越早进入网络的单词其连接越多，因而在网络中的影响力会越大，当然这个过程中单词的实际使用非常重要。这个机制就解释了词频、习得时间和词汇表征效果之间的关系。Steyvers 和 Tenenbaum（2005）考察了词频、习得时间对单词结构特征的影响，发现习得早、词频高的单词连接更丰富。按照表征效果和词汇行为之间的关系，这些高词频、习得早的单词应该在词汇加工过程中更具优势。以这个预测为研究假设，Steyvers 和 Tenenbaum（2005）研究了不同词频、不同习得时间的单词在词汇加工中的表现。他们的统计结果显示，词频高、习得早的单词在单词判断和单词命名实验中都具有反应时间短、准确率高的特征。那么，这两个变量如何影响到词汇加工效果呢？一个很好的解释是它们都能够在语义记忆中留下痕迹，它们增加了单词的中心性（或连接度）。研究结果显示，中心性（或连接度）与习得时间和使用频率有很高的相关性。由此，单词的网络结构特征很好地解释了词汇特征和词汇行为之间的关系。

二、优先习得模型（Preferential Acquisition Model）

和优先连接模型不同，优先习得模型强调的不是已经学会的单词的连接丰富度，而是新单词在环境中与其他单词的连接。也就是说，连接越丰富的单词越有可能被纳入词汇网络，单词自身的连接特性决定了它进入网络的难易程度。相对于词汇学习而言，语言输入中的词汇特征对学习效果有影响，所以在学习材料的选择时应考虑词汇的连接性。相关研究证实了该说法。Hills 等（2010）提出了如下假说：单词习得先后次序在某种程度上由语言学习环境中的语境多样性所决定，而儿童监护人语言中的词汇语境多样性与成人自由联想中的单词连接性相关。为了检验该假说，他们研究了儿童监护人语言中词语的语境多样性（通过与该词在语料库中同一语境共现的词语数量来测量）。结果发现，一个单词的语境多样性与该词习得时间密切相关，而且该词语境多样性与成人自由联想结果中该词作为反应词对应的刺激词数量高度相关。也就是说，单词习得的先后顺序与该词的语境多样性和该词的连接性相关。为了进一步检验该假说，Hills 等（2010）对儿童输入语言的语境多样性进行了历时研究，探索了具体的单词语境多样性和学习时间之间的关联情况以及儿童词汇网络可能发展的模式。结果发现：（1）词汇的语境多样性与习得时间显著相关，语境多样性高的单词习得时间早，而且该效应可以排除词频的干扰。（2）不同词性的词习得规律不同，但是都显示语境多样性对学习时间的影响，词汇习得的先后都可以用语境多样性来预测。（3）在词汇发展模式方面，优先习得模型和联想吸引模型能更好地描述词汇发展规律。

优先连接模型重视发展中的网络结构，而优先习得模型和联想吸引模型关注学习环境的结构以及环境和网络之间的关系。Hills 等（2010）的研究证明了学习环境的结构会影响单词连接性和词汇习得顺序，该发现扩展了前人关于父母语言对儿童语言习得影响的观念，因为他们首先发现不仅父母语言的丰富度能帮助扩大儿童词汇量，而且父母语言中的词汇语境多样性同样重要。

三、联想吸引模型（Association Lure Model）

和上面两个模型不同的是，联想吸引模型关注的是新单词与网络中已有单词的连接能力。具体而言，新单词和网络中现存单词连接越丰富，该单词越容易被吸收进网络。联想吸引模型和优先连接模型的区别是前者关注的是新单词和已有单词的连接数量，而后者关注的是新单词与已有单词中的哪些建立连接（新单词是与中心节点还是边缘节点建立连接？即这些已有单词在网络中的重要性和影响力如何）。联想吸引模型和优先习得模型非常相似，关注的都是连接的数量，但是前者关注的是与网络中节点的连接数量，而后者关注的是与尚未加入网络的节点的连接数量。

为了探讨词汇语义关联对单词习得难易度和学习时间先后的影响，Storkel（2008）以 The MacArthur-Bates Communicative Development Inventory：

Words and Sentences(CDI)语料库(Fenson et al., 1993)为研究材料，探究了以英语为母语的儿童一语词汇学习先后顺序跟单词语义关联特征之间的关系。CDI 语料库记录了 680 个由 1 岁 4 个月到 2 岁 6 个月的儿童首先产出的常用词。研究者所使用的四个词汇语义关联能力的参数如下：语义集合的大小(semantic set size)、语义连接能力(connectivity)、反响率(probability resonance)、反响强度(resonance strength)，这些参数的计算基于 Nelson，McEvoy 和 Schreiber(2004)的词汇自由联想数据库。这四个参数中语义集合的大小是指目标词所激发的联想词的总数量；语义连接能力是指以目标词为刺激词所激活的联想词之间互相激活的能力，其功能近似于网络结构研究中的聚集系数；反响率是指目标词与其联想词之间互相激活的可能性；反响强度是目标词与其联想词彼此实际相互激活的程度(通过相互激活的频次来统计)。研究结果显示，这四个指标都显著影响了一语儿童的词汇习得时间。研究者由此得出结论，词汇的语义连接能力，特别是新单词跟已经习得词汇的语义连接强度直接影响着该新单词的习得难易度，因为新单词越是与已经习得词汇建立丰富连接，它越能被现有网络所吸引，融合进网络成为新的节点。

第三章　词汇语义网络不同层面
研究的文献综述

第一节　词汇语义网络的宏观层面

词汇语义网络宏观层面的研究主要着眼于网络的规模、密度、联通度、节点分布、网络的宏观结构模式等方面。网络宏观结构特征跟网络的功能直接相关。目前大部分的词汇语义网络研究在宏观层面进行，并且以网络的整体结构模式研究为主，研究内容主要集中于探索网络的小世界和无标度特征，或比较不同水平的词汇网络的结构差异，或考察词汇网络与其他层次的网络(如句法网络、音素网络、词素网络等)的结构异同，或比较不同语言的词汇网络的语言类型学特征等。这些研究目前主要在一语中进行。本章介绍网络主要宏观结构模型，并分析典型研究案例，总结研究背景、网络分析方法、主要研究发现。

一、小世界网络与无标度网络

按照节点数量和连接模式的不同，网络结构可以分成不同的模型。规则网络是最简单的网络，是大家熟悉的、网络节点数和连接数都较少的网络，其结构易于用规则进行统计和分析。这种网络的特点是结构比较稳定，结构特征也比较容易探测，它们的节点连接数是固定的，比如一维链、二维晶格、完全图等。20 世纪 50 年代，Erdos 和 Renyi(1960)提出了随机网络的模型，在这种网络中，节点按照一定概率随机连接。如果节点

数是 N，节点间连接概率是 p，那么其平均度是 $<k> = p(N-1) \approx pN$；平均路径长度 L：$\ln N / \ln(<k>)$；聚集系数 $C = p$；节点度分布近似于泊松分布。规则网络虽然具有较高的聚集性（较大的聚集系数），但是平均路径较大；随机网络则相反，具有较小的平均路径，但是聚集系数却较小。实际上，规则网络和随机网络是网络结构类型的两个极端，现实中的网络大部分介于规则网络和随机网络之间。在规则网络和随机网络研究的基础上，Watts 和 Strogatz（1998）提出了一个兼具平均路径小和聚集性高的网络模型即小世界网络。他们通过将规则网络中的每条边以概率 p 随机连接到网络中的一个新节点上，构造出一个介于规则网络和随机网络之间的新网络（WS 网络），它同时具备较小的平均路径长度和较大的聚集系数。当 $p = 0$ 时，该网络就是规则网络；当 $p = 1$ 时，该网络就是随机网络。小世界网络能很好地刻画真实世界网络路径小和聚集系数高的特点，从理论上讲它的度分布是指数分布，而大量实证研究发现，真实世界的网络的度分布服从幂律分布。幂律分布的特点是大多数节点只有少量连接，而少数节点拥有大量连接，所以其图形没有峰值，这与随机网络的度分布规律不同。在随机网络中，度分布区间非常狭窄，一般集中在节点度均值附近，具有很高的同质性，即具有特定的标度。与此不同，度分布服从幂律分布的小世界网络没有标度，所以常常被称为无标度网络（刘军，2019）。

网络的平均路径长度和聚集系数通常被用来判断一个网络是否是小世界网络。小世界网络相对于随机网络具有平均路径小和聚集系数高的特点。也就是说，这个规模很大的网络实际上相当于一个小网络，因为其结构紧凑，所以从其中一个节点到任何其他节点的距离都很短，符合"6 度分离"原则（即从一个节点到网络中任一其他节点的最短距离一般不超过 6），所以这个规模很大的网络其实像一个小网络，被称为"小世界"网络。小世界网络虽然节点丰富，但是其结构非常有利于信息传播，所以网络信息处理的效率高。

二、一语词汇语义网络宏观结构与语言能力发展研究

在词汇网络方法被应用之前，词汇量和平均句子长度是研究儿童一语

发展的常用工具，早期的儿童语言研究通过这两种方法将儿童分为语言发育早和语言发育迟两类。语言发育早的儿童往往词汇量大并且能产出较长的句子，而词汇量小且产出句子短就成为诊断儿童语言发育迟缓的证据。另外，儿童早期习得的不同种类单词的比例不同，或者说，不同类型的单词在儿童语言发展不同阶段中习得的顺序会有差别。具体而言，有些儿童首先习得有具体指称对象的指称名词（例如 apple，desk，mother 等指称类名词），而另外一些儿童首先习得习惯表达（例如 Let's go，Don't do that 这些习惯表达类话语）。"指称类"和"习惯表达类"语言的区别可以反映儿童语言学习中所经历的不同心理过程。另外，专家们也观察到儿童使用了不同的词汇与语音学习方式，有些儿童主要靠模仿，而其他一些儿童从一开始就表现出较强的创造和探索努力。再者，儿童在词形和句法方面的发展也有显著差异。例如，儿童学习语法元素（如复数加 s）的路径各不相同，学习情态动词和疑问句的先后和快慢上也表现出很大的差异。为了更好地刻画儿童语言发展的不同路径和不同进度，Ke 和 Yao（2008）采集了儿童日常对话的真实语料，应用网络分析方法研究了不同发展阶段儿童词汇网络不同的结构特征，通过不同儿童的词汇网络的对比以及儿童词汇网络与监护人词汇网络的对比，从全新的视角阐释了语言发展的路径和规律。他们所采用的网络分析方法将儿童语言发展进行量化处理，展示了网络研究方法的科学性和系统性。

　　Ke 和 Yao（2008）使用的语料库是名为 CHILDS 的曼彻斯特语料库。该语料库包含对 12 名以英语为母语的儿童（6 个男孩和 6 个女孩）历时 1 年的观察所搜集的语料。每名儿童每三周接受两次访问，共 34 次访问，每次录音时间是 1 小时，其间休息 10 分钟。访问观察在儿童正常玩耍期间进行，其时儿童和母亲进行正常自然的交流。在此研究中，儿童和母亲的话语从转写文本中提取作为网络构建数据。将对话文本中的单词看作节点、单词的搭配关系看作节点之间的连接，这些连接构成两种有方向的网络：累计网络和阶段网络。累计网络包括从实验开始到当前访问所搜集到的所有话语文本中的词汇，而阶段网络只包含对应于儿童语言发展某一阶段的文本中的词汇。具体而言，时间 t 的累计网络指时间 t 及其之前所有访问中累计的语料构建的网络。基于每位儿童的 34 次访问，他们为每位儿童构建了 34 个累计网络，并对这些网络进行了两个重要参数的计算：一是网络的规模 N，也就是网络中的节点数量，相当于传统研究中的词汇量；另一个重要参数是网络的平均度，计算方法是将网络中的总连接数除以节点总数。一个节点的度是该节点所拥有的连接总数，网络的平均度可用来描述网络的联通度，该指数越高说明该网络中每个节点拥有的连接越多，因而网络的连通性更高，网络的信息交换和处理的效率越高。由于节点度数越大说明该词在使用中与越多的单词发生组合，所以平均度实际反映了该网络中单词的实际产出力以及话语的复杂度。研究结果显示，和网络规模一样，对于大多数儿童而言，平均度也随着时间而线性增加，所以这两个参数能有效反映儿童语言能力的提升。

其实，网络规模和平均度反映了网络结构不同的特征，这两种特征必须结合起来考虑才能全面了解儿童语言变化发展的规律。在比较不同儿童的网络大小和平均度的变化时，Ke 和 Yao 发现这两个参数并不相关。例如，有两名儿童（Joel 和 Ruth）的词汇网络的平均度跟网络规模的表现完全相反。Joel 的网络规模差不多是 Ruth 的两倍，而 Ruth 的网络平均度超过 Joel 的大约 70%。由此可见，如果单纯从词汇量考虑，Ruth 应该被划归语言发展迟缓儿童而 Joel 是语言发展较早儿童。但是，如果从平均度来考虑，这两名儿童的语言发展定位和判断会完全不同。也就是说，有些儿童虽然词汇量小，但是他们能有创意地、灵活地利用所习得词汇达到交际的目的。

由此可见，网络分析方法具有传统研究方法所不具备的优势，能够发现传统线性方法不可能发现的信息。网络的宏观结构特征可以反映语言表现的不同方面，比如，词汇语义网络的规模可以说明心理词典中词汇的数量；网络的密度或平均度、网络的直径可以描述网络的联通状况；网络的聚集系数可以刻画网络的节点在局部聚集的趋势。

三、二语词汇语义网络宏观结构与语言能力发展研究

二语习得研究中，用词汇网络的方法研究词汇增长和语言能力发展之间的关系在国内才刚刚起步，代表性的研究是 Li 等（2019）关于中国学生词汇联想学习和词汇网络发展模式的研究。该研究通过计算机程序模拟了在词汇联想学习基础上二语词汇增长的模式，总结了不同词汇量水平所对应的词汇网络的宏观结构特征，证明了词汇联想学习对词汇网络结构优化的作用。下面重点介绍该研究所涉及的词汇学习理念、网络构建方法、具体研究过程和研究发现。

（1）词汇学习机制模型：现有的词汇学习机制模型主要有两个——推断学习模型和联想学习模型，前者强调学习者通过猜测词汇意义建立词形和词义之间的关联，推进词汇学习过程。由于单词意义的正确判断需要学习者掌握大量词汇知识，所以这种学习模型对于语言知识匮乏的初学者是不现实的。相反，联想学习模型是将音、形、义等语言知识综合在一起并关注词汇之间关系的学习方式（Colunga & Smith，2005），强调知识是在学习过程中积累的，不要求学习者掌握过多的语言知识，但是关注学习者是否充分利用已有的词汇知识。虽然这两个模型均为验证驱动模型（VDM），即根据某种语言现象或已有经验猜想假设单词意义并加以验证，但是联想学习模型对于二语学习者更为重要，因为它能更好地发挥学习者的主观能动性，使他们尽快达到预期的学习目标。联想学习模型强调构建词汇网络，有利于词汇知识体系的形成和词汇的有效产出。

（2）研究过程：为了更好地总结联想词汇学习过程中的规律，Li 等（2019）收集了大学本科生教材中的词汇，根据学习者联想学习模式运用分布联想策略构建动态词汇网络模型（原理如图 3-1、图 3-2 所示），此模型能有效揭示学习者词汇量增加的机制，解释联想学习策略下词汇知识增长的路径。Li 等（2019）以西安某高校本科生为研究对象，选取了《企鹅参考书系列英语同义词和反义词词典》（*Penguin Dictionary of English Synonyms and Antonyms*，1996）和该校本科生使用的教材《新视野大学英语阅读与写作》

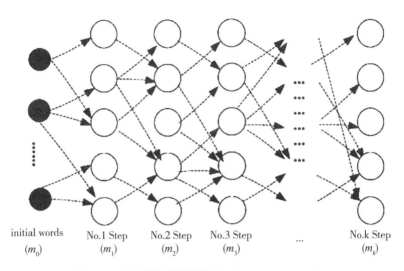

图 3-1　动态词汇网络模型(来自 Li et al., 2019)

(说明:黑色圆圈代表词汇联想学习过程的初始词, 也就是学习者最先习得的词汇, 数量记为 m_0。从初始词开始, 学习者可以通过多种联想方式展开。第一步中白色的圆圈代表初始词基础上联想学习的词汇, 数量记为 m_1, 以此类推, 直到经过 k 步词汇联想之后, 词汇联想数量达到 m_k。词汇联想数量关系为 $m_0 < m_1 < m_2 < \cdots < m_k$。因此初始词与联想词汇相互关联, 词汇联想过程的结果是词汇网络规模不断扩大。)

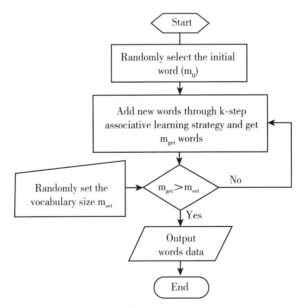

图 3-2　词汇网络构建的进程(来自 Li et al., 2019)

（*New Horizon College English Reading and Writing*，2015）中的词汇，以问卷形式收集联想词汇，再将这些词汇键入事先构建好的词汇学习模型，形成词汇联想网络。其中，网络节点是联想词汇，节点之间的连接表示词汇之间的联想关系，最终得到规模范围为 660～2002 个词汇数量的六个联想词汇网络。这些网络可以反映学生头脑中英语词汇知识的动态变化过程。该研究的具体思路是，通过不同规模的网络总体特征的比较描述词汇量增大时词汇在网络中连接模式的改变，以揭示联想学习策略的内涵及其对英语词汇学习效果的影响。在研究网络拓扑结构时所使用的参数包括平均度（K）、平均路径长度（L）、度分布（Pk）、累积度分布（Pcum(k)）、聚集系数（C）。平均度表示词汇网络连通性，网络平均度越高，词汇节点之间联想关系越紧密，单词之间建立的联想关系数量越多。平均路径长度表示单词节点之间的平均距离，描述任意两个单词之间的连接所需经过其他联想词的平均数量。聚集系数用以测量联想词节点聚集的趋势如何。

词汇网络发展模型展示了联想次数 m 与学习者最终习得的词汇数量（词汇网络规模）之间的关系。上述模型表示初始词完成上述联想过程后，继续添加新初始词重复图中的步骤，也就是学习者学习一定词汇后，开始新词汇的联想学习，直到词汇网络最终规模达到特定数量要求（$m_{get} > m_{set}$），学习者停止联想学习。

（3）研究具体发现如下：首先，随着词汇量的增加，词汇联想网络逐渐从离散网络转变为整体结构。规模小的网络存在多个社群分区，且除主社群外，小规模社群呈星状分布（网络社群有中心节点。若小社群由 5 个节点构成，则可以形成如图 3-3 所示的环形、树形、星状、混合型和链形等形状的网络），但随着词汇量的增加，小社群逐渐融入主社群。网络规模较小时分区现象明显；随着网络规模的增大，词汇间的连接变得紧密。如 become，outrun 等小社群在联想词汇数量达到 2002 个时变为网络主社群的组成部分。这种现象产生的原因是语言学习者学习语言初期所掌握的词汇量不足，通过联想习得的词汇起初连接较为分散，但是随着联想学习的深入，词汇网络到达一定规模后会逐渐获得完整的结构，因为学习者习得的词汇通过不同的关联方式（语义关联、词源关联、范畴关联等）形成密切的连接。在成熟的词汇网络中，主社群占据主导位置，小社群中词汇变动对于整体网络结构影响甚微，因此学习者适当遗忘某些习得词汇对联想学习进程产生的影响可以忽略不计。随着词汇量的增加，小社群逐渐融入主社群，成为主社群的一部分，词汇网络最终只由主社群构成。在最终完善的词汇网络中，学习者词汇体系构建完整，网络联通性高，词汇激活和提取的效率更高，相应地，词汇学习者从初学者转变为词汇熟练使用者。

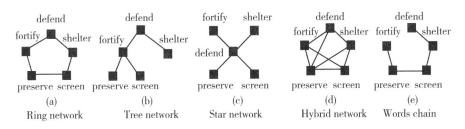

图 3-3　词汇网络形状图（来自 Li et al.，2019）

另外，不同规模词汇联想网络拓扑结构参数显示，词汇联想网络平均度与网络规模同比增大，但聚集系数变化不显著。这表明联想学习过程推进时，词汇之间的互相联想效应增强，单个词汇的语义联想也更丰富，这说明随着词汇量的增加，词与词之间的语义联系更加多样化，学习者能更灵活地运用词汇实现语言表达。此外，平均路径长度测量的是主社群的词汇节点距离，词汇网络规模最小时，平均路径长度数值为 6.3702，表明任何两个词之间通过五到六个词来建立联系，并随词汇量增大呈现出递减的趋势，即两个词之间建立连接所需的单词数量减少，这与"六度分隔理论"含义一致（Guar，2016；Newman，2003）。

最后，该研究还发现了二语词汇网络的总体结构特征，包括网络的小世界、无标度特征。累积度分布数据显示，网络小世界特征随网络规模增大更明显,即词汇联想网络从规则网络转变为随机网络再到复杂网络。当词汇语义网络变成小世界网络时,学习者词汇语义连接更为紧密,词汇联想能达到一定的深度和广度。联想词汇网络度分布符合幂律分布模式,因此具有无标度特征。无标度特征的网络意味着在网络中只有少数节点建立了很多连接,大多数节点拥有的连接数量较少。联想词汇网络符合无标度特征,其发展应该符合优先连接模型。在优先连接模型中,新学的单词更容易跟网络中心词(连接丰富的节点单词)建立连接。换句话说,当学习新词时,若新词与现有的具有丰富语义连接的词产生联系,学习新词就更容易了。

总之,此研究借助复杂网络理论建立了词汇联想学习的计算机模型,从网络动态变化的视角研究了外语词汇的学习机制,阐释了词汇联想学习的效果产生的原因。由此可见,用网络科学方法对联想词汇学习过程的研究本质是通过分析网络拓扑结构特征探寻词汇系统结构的动态变化过程和演变规律,研究优势是可以诊断出词汇网络结构的不足之处,并为词汇系统的发展和完善提出指导性的建议。

词汇语义网络的宏观结构特征与词汇能力和语言学习环境密切相关。Schur(2007)通过联想判断实验研究了双语者(希伯来语和英语、汉语和英语)的二语与英语单语者的一语词汇网络,结果发现,汉英双语者的英语词汇网络整体联通度较低,并且网络包含了很多只有两个节点的孤立社群,而希伯来语-英语双语者的词汇网络整体联通度较高,而且孤立社群较少。Schur 认为,造成这种差异的主要原因是语言学习的环境和方法。对实验对象的事后访谈发现,中国学生主要是在非真实语言环境中学习英语的,机械记忆是学生使用的主要学习方法,他们很少有实际语言交流的机会。与此不同,希伯来语-英语双语者在交际的环境中学习英语,他们更加注重语言交流,而且学习到了同一单词的不同意义,所以他们也就知道单词间更多的语义连接。由此可见,词汇语义网络的发展与语言学习和使用过程有很大的关系,同时词汇网络结构直接影响着词汇应用能力。

四、词汇网络宏观结构与语言类型及翻译研究

网络科学为语言类型学和翻译的研究提供了科学的方法及系统、整体的视角。语言是人类交流的复杂符号系统，因其开放、动态、涌现等特点，无法仅凭其组成部分准确预测整体行为，而翻译是跨越两种语言系统的活动，其复杂性是不言而喻的。在用网络的方法研究翻译之前，传统的翻译研究大多关注原文和译文的具体语言形式及其所实现的信息转换效果。虽然这些研究有其必要性，能概括翻译技巧的某些方面，但是其不足之处是视野的有限性和研究问题的局部性。与此相反，运用网络科学的新方法进行宏观的、整体的研究更有助于全面地把握翻译语言的结构特征，发现传统方法所不易发现的语言规律。

为了从整体上理解翻译这一复杂活动、了解不同语言的结构特征，刘海涛(2010)采集了丹麦语、汉语、英语及世界语版《安徒生童话全集》中的前 20 篇童话，用词同现的方式构建了四个词同现网络，用复杂网络工具测量了这些网络的主要特征参数并进行比较研究，以期了解内容相同但语言形式不同的网络是否具有相似的复杂网络特征，进而研究语言之间是否有可译性。词同现网络中的节点是句子中的词，节点之间的边代表句中相邻词之间的连接。在四个词同现网络中，丹麦语为原著语言，另外三种是句法结构差异较大的语言，且包括世界语这一计划语言，这四种语言的选择有助于从翻译的角度研究语言结构差异对于翻译的影响，也可以彰显计划语言与自然语言的区别。

该研究的发现如下：

(1)不同语言的抽象程度不同，因为它们表达相同的内容时所使用的语言材料数量不同，这方面的差异可以通过语言网络中的节点和边的数目比较来显示。对比了四个词同现网络的节点数和边数后发现：英语网络的边数最少，另外三个语言网络边数相差不大。网络中的边数意味着文本中的词汇数量，因此边数的测量结果说明，在表达相同的内容时，不同语言所需的词汇数量大致相当。在节点数方面，节点最多的是世界语，其次是

丹麦语，最后是数量相当的汉语和英语。由于节点数体现文本中的词型数，即同一词的各种形态作为不同的网络节点，因此不同文本网络中节点数的差异可以解释为不同语言的形态丰富程度的差异。世界语作为一种计划语言，其诞生之初就被赋予了丰富的组合与形态变化能力以增强其表现力，因此世界语词同现网络的节点数相较另外三种语言有明显增加。

（2）不同语言的网络具有相似的基本宏观结构特征，这反映出语言的共同属性和语言之间的可译性。该研究构造了节点数和平均度与这四个语言网络相同的随机网络作为比较参照，对聚集系数、平均路径长度和直径等网络参数做了进一步的比较分析。表3-1展示了比较分析的结果。从表3-1可以看出，四个语言网络的聚集系数远大于随机网络，也就是说，这四个真实语言网络都是小世界网络。从度分布和度分布的斜率值来看，四个词同现网络与随机网络有显著差异，它们的度分布接近幂律分布，也就是说这四个网络都是无标度网络。从这一结果可以合理推测，人类语言具有共性，且使用不同语言表达相似内容时文本的形式结构在一定程度上具有整体相似性，所以不同语言文本之间存在可译性。

表 3-1　四种语言的主要复杂网络参数(来自刘海涛，2010)

网络	平均路径长度	聚集系数	平均度	直径	度分布斜率
丹麦语	2.893	0.392	10.34	8	1.113
汉语	2.526	0.523	12.02	5	1.093
英语	2.761	0.441	11.238	8	1.111
世界语	2.898	0.389	8.694	8	1.139

（3）不同语言在宏观结构特征上的差异反映各自不同的类型学特征和语言之间关系的亲疏。在四个网络里，汉语的聚集系数最高，英语次之，丹麦语与世界语非常接近。这表明汉语的聚集能力要大于其他三种语言，即：汉语网络中，一个节点的相邻节点间相连的概率要大于其他三种语言。在平均度方面，汉语仍然最高，这说明汉语网络中存在一些非常高频

的词语。汉语的聚集系数与平均度两个指标均为最高，原因在于虚词是汉语表现句法功能的主要手段，在其他语言中靠形态变化来实现的句法功能在汉语中主要靠虚词与词序来实现，虚词的这一功能导致汉语文本中虚词数量的增加，也强化了虚词在汉语网络中的枢纽地位。陈芯莹（2009）的研究也证实汉语虚词在汉语句法网络中扮演的重要角色。在度分布方面，从丹麦语与英语的相似性可以看出二者之间的亲缘关系。另外，就网络直径而言，汉语最小，其他三种语言相同。汉语的平均路径长度和网络直径均为最小，可见汉语网络是结构更紧密的网络。表 3-1 中的数据也表明，就复杂网络特征而言，计划语言（世界语）与其他三种自然语言没有本质差异。这不但说明世界语具有足够的表现力，也说明世界语只是源起方式不同于自然语言的人类语言，而不是一种怪异的人造符号体系。

该研究显示，比较内容相同、语言形式不同的文本所构成的网络可以揭示不同语言的特征，网络结构的相似性体现了语言之间的可译性，网络特征的差异性反映出不同语言在句法、语义和词汇使用等方面的差异。复杂网络的方法具有注重整体的优势，有助于翻译文本的定量研究以及翻译研究的科学化，更可用来从宏观层面研究语言和翻译复杂活动的共性与个性。

词汇语义网络的宏观结构特征与语言类型有关。不同语言的网络结构具有自然网络的普遍特征，也有各自不同的特点，这些特点可以通过某些宏观结构特征显示出来。De Deyne 和 Storms（2008）的研究使用荷兰语建立了词汇联想网络，并和使用英语联想词建立的网络（南佛罗里达大学联想网络）进行对比，旨在探讨不同语言及基于不同刺激词-反应词联结所建立的词汇语义网络的结构差异性。研究者将使用荷兰语建立的网络命名为 Leuven 网络，而将使用英语建立的网络命名为 Florida 网络。结果发现，Leuven 网络和 Florida 网络都符合小世界和无标度的特征，相较之下，Leuven 网络的密度更大，平均路径长度及网络直径更短，而聚集系数更高，这说明荷兰语网络连接更加密集，人们产出的联想词汇更加连贯一致。总之，网络分析为语言类型学的研究提供了有效的方法。

五、词汇语义网络结构与句法网络结构的对比

现有一语研究表明，尽管构建原理不同，但基于词汇和句法关系所构建的语言网络的结构却均具有小世界和无标度的特征。也就是说，语言网络的基本结构特征似乎与语言类型无关（Solé，2005）。那么，学者们不禁提问，在更深层次的语义或概念网络中，上述的基本网络特征也会存在吗？为了回答这个问题，需要构建语义或概念网络并将其与句法和词汇网络进行对比。

句法和语义关系紧密，若从复杂网络的视角考察两者之间的异同，则有助于句法语义接口的研究。刘海涛（2009）使用真实文本构造了一个汉语语义角色（论元结构）网络，并采用复杂网络分析方法考察了它的主要统计特征。语义分析是一种基于依存的语言结构分析（Hudson，2007），其目的是厘清句子的深层语义结构。因此，一个句子的语义分析只需关注实词及其之间的关系，而相比之下，句法分析则会关注每一个词，即虚词和实词。在语义网络中，节点为实词，语义关系构成了节点之间的连接；而在句法网络中，实词和虚词都是节点，句法关系构成了节点之间的连接。图3-4为三个句子"约翰在桌子上放了本书""那学生读过一本有趣的书""那本书的封面旧了"构成的汉语句法和语义网络示例。图3-5为Pajek软件所绘制的两个网络的中心节点图。这两个图表明，同一句子的句法和语义网络的结构是有差异的。那么，如果网络的规模变大，这种结构上的差别依旧会存在吗？

刘海涛（2009）所选用的语料库来自中央电视台的"新闻联播"栏目，他按照关润池（2008）对汉语语义树库的标注规则，首先对选取的语料进行了完全的语义角色标注，最后形成了含有1486个句子的语义标注语料库，共计34435词次，然后用汉语语义分析的方法，将该语义标注语料库转化为了一个含有5903个节点的无向汉语语义网络。与之进行比较的句法网络的语料来源于刘海涛（2009）对汉语句法网络的复杂性研究。他所用的复杂网络参数是平均路径长度、聚集系数和度分布（Albert，2002）。为了进

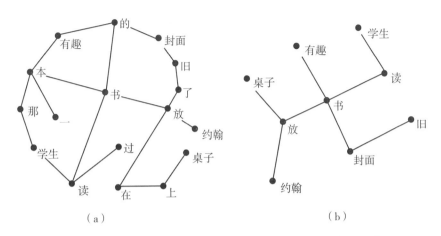

图 3-4　汉语语法和语义网络实例：(a)句法网络，(b)语义网络

(来自刘海涛，2009)

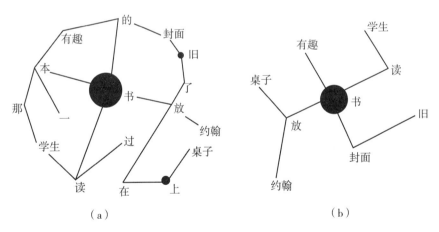

图 3-5　汉语句法和语义网络的中心节点：(a)句法网络，(b)语义网络

(来自刘海涛，2009)

行更深入的比较，刘海涛(2008)又引入了网络的层级结构和平均相邻节点度这两个参数。网络的层级结构可用网络的聚集系数和节点度的相关性 C (k)来度量。它通常用度为 k 的所有节点的平均聚集系数来表示(Ravasz，2002)。在许多真实网络中，随着 k 的增大，相关性一般会按照幂律衰减，

这说明网络具有明显的层级性，即低度节点的相邻节点互连的概率大，而高度节点的相邻节点互连的可能性则较小（Pastor，2004）。平均相邻节点度所表示的是一个节点的度和它的相邻节点度之间的相关性。在一个网络中，如果度大（小）的节点倾向于连接度大（小）的节点，则该网络是正相关的，反之则是负相关。通过汉语语义网络结构和汉语句法网络结构特征的对比，该研究得出如下结论：

（1）与汉语句法网络相比，汉语语义网络的平均最短路径长度和直径较大，平均度相当，聚集系数较小。可以看出，尽管语义网络的聚集系数略小于句法网络的聚集系数，但单看语义网络，由于拥有比随机网络更小的平均路径长度和较大的聚集系数，它仍然属于小世界网络。另外，语义网络的度分布符合幂律分布，故语义网络也是一种无标度网络。

（2）汉语语义网络聚集系数和节点度的相关性的衰减不服从幂律分布，说明语义网络的层次性较差。另外，语义网络中存在许多度为1的节点，这些节点相互之间没有连接，这可能是造成语义网络比句法网络的最短路径和直径大的原因，也是汉语网络层次性差的原因。

（3）语义网络的节点度与其相邻节点度之间的相关性要弱于句法网络（Ferrer，2004）。这一点跟虚词在汉语句法中的地位有关，由于汉语句法网络节点度与其相邻节点度之间的相关性主要反映的是实词与虚词间的联系，而虚词在句法网络中起到重要的连接作用，所以节点度与相邻节点度较高，而在语义网络中，虚词是不存在的，所以语义网络中的节点度与相邻节点度相关性低。

由此可见，网络分析方法为研究语言不同层面的结构提供了新思路。从复杂网络视角看待语义网络，我们能挖掘到传统方法所无法得到的信息，例如语义网络的节点度可以反映词语之间的组合能力，聚集系数可以反映词语互连的可能性等。

第二节　词汇语义网络的中观层面

网络分析的中观层面主要关注网络社区（社群）的分布和结构。网络社区是按照节点连接的紧密程度来划分的，同一社区内的节点联系更紧密，社区之间的节点连接松散。计算机社区分析算法可以成功地将节点进行分区并探测不同社区结构的差异。社区分布模式能对网络功能产生影响。目前已有的研究证据包括如下几个方面：（1）心理语言实验发现语义网络的社区分布特征跟认知水平和能力显著相关。（2）在神经网络分析中，研究者发现不同疾病的发生都会导致神经网络社区结构的改变，为疾病的诊断和治疗提供了很好的线索。例如，和正常人相比，自闭症患者的语义网络显示较高的模块性，这也许就是他们语言加工过程不流畅的重要原因（Kenett et al.，2016）。（3）语音网络中的高模块性反映出对词汇提取更大的限制性（Siew et al.，2019）。（4）语义网络中的高模块性跟个人的创造力呈现副相关（Kenett et al.，2019）。

词汇语义网络中不同社群的单词共享一些特征，在词汇加工中会有不同的行为表现，在词汇习得中会有先后顺序的不同或者习得难易的差异。Engelthaler 和 Hills（2017）用网络社群分析的方法验证了语义独特性（或概念特征独特性）是影响一语单词习得顺序的重要原因。其研究思路来源于对儿童一语词汇习得过程的仔细分析。儿童在学习新单词时，需要分辨出不同维度下不同事物之间的区别，还需概括出单词与对应事物的映射关系，比如，儿童在学习"spoon"（汤勺）这个新单词时，需要区分"勺子"这个单词的范畴与其他范畴（如"牙刷""碗""叉子"等）的区别，同时还需要区分该词汇范畴下"勺子"这个词与其他单词的差异。区别事物的过程中，儿童可能应用了两个原则：形状偏向（shape bias）原则和互斥性（mutual exclusiveness）原则。形状偏向指儿童学习不熟悉物体的名字时倾向于用形状特征（如圆形等）归纳词汇。互斥性强调儿童学习新词与事物是一一对应的，词汇之间具有相互排斥性。也就是说，儿童在学习词汇时，更多关注事物之间的差异性，更具独特性的事物更先习得，特别是外形独特的事物更容易习得。下面介绍该研究的网络构建方法、分析过程和研究结果。

（1）数据收集：选取 McRae 词汇概念特征产出语料库（McRae，Cree，Seidenberg & McNorgan，2005）和 Kuperman 词汇语料库（Kuperman，

Stadthagen-Gonzalez & Brysbaert，2012），前者提供了 541 个有具体指称物的单词（包括有生命和无生命的物体），这些词汇涉及 7259 个独特词汇概念特征；后者为规模超过 30000 词的词汇习得语料库，并包含 McRae 语义特征语料库中绝大多数单词，提供了它们的习得时间信息。该研究共选取了 McRae 词汇概念特征产出语料库中 492 个单词，涉及 5842 个独特语义特征。

（2）网络构建：节点表示目标词汇，节点之间的连线是根据词汇节点共享和非共享的概念特征计算出来的概念差异或概念距离，也就是说，单词之间的概念差异就是节点之间的距离。

（3）研究结果：网络中处于同一社群（cluster）的单词易于组成有意义的范畴，如衣服、动物等。该研究采用网络聚类算法计算词汇特征相似性，将聚类数量确定为 5 到 50 的整数，并将拥有相似性的词汇纳入同一范畴。研究发现，当聚类数量为 7 时，每个聚类概念独特性距离与习得年龄相关性较强，且此时这些聚类词汇占比最大，属于同一聚类的词汇共享相似的词汇特征，如叉子（fork）、水槽（sink）、小斧头（hatchet）同属使用工具这一类别。除此之外，同一类别的词汇特征平均距离与其他类别相比和习得年龄相关度更高，且独特性最高的词汇比同类别内其他词汇习得时间早，这说明聚类分析方法可以分析不同范畴之间的差异，还可以考察同一范畴内相似词的特征差异，并能预测其与词汇习得年龄的相关关系。

第三节　词汇语义网络的微观层面

词汇语义网络的微观层面研究主要包括如下方面：（1）单词节点在网络中的位置和影响力及决定其位置的因素，特别是词汇的分布特征（频率、习得时间、语篇多样性等）和语义特征（具体性和抽象性、情感度等）。（2）单词节点在网络中的位置对词汇加工的影响。具体而言，就是研究不同中心度的单词在不同的词汇加工过程（单词判断、语义判断、语义启动）中的表现。(3)网络中不同位置的单词对于网络发展的影响。

一、词汇语义网络中节点中心性与词汇特性之间的关系

描述节点在网络中位置和影响力的重要参数是节点度,也就是该节点所连接的其他节点的数量。对于有方向的网络,节点度分为输入度和输出度。比如,在用词汇自由联想实验数据所构建的网络中,如果将刺激词和反应词作为节点、刺激-反应关系作为节点之间的连接,那么刺激词所激发的反应词的个数就是该刺激词的输出度;而对于反应词,所有能激发该词的刺激词的个数就是它的输入度。

词汇联想网络很早就受到许多语言研究者的关注,过去的词汇联想网络研究多探究英语的词汇联系,采用的实验步骤是让被试对刺激词产出仅一个反应词,且很少关注到联想词汇的语义成分特征。De Deyne 和 Storms (2008a)的研究对以往的研究进行了验证和改良,且从多方面对词汇联想网络进行分析。他们的研究聚焦于词汇联想,使用了荷兰语作为语料来源,与以往英语词汇联想的研究进行对比,探究以往结论对其他语言的适用性;此外,与之前研究不同的是,该研究让被试对每一个刺激词给出三个反应词,因此研究者可以关注到反应词产生的顺序和反应词特征之间的关系,进而揭示持续词汇联想的心理发展过程。

该研究采用了作者另一研究(De Deyne & Storms,2008b)中的数据,它包括 1424 个不同语义类别词汇的联想反应词。在第一阶段,研究者请被试对每个刺激词产出三个联想词;在第二阶段,一组新的被试又被要求继续对上一阶段产生的每个联想反应词产出三个联想词汇,最终得到了381909 个联想反应词。针对这一大规模词汇联想数据,作者开展了以下几项研究:首先研究了刺激词的词性和反应词词性之间的关联,也探究了反应词和联想词之间是纵聚合还是横组合的关系;然后,该研究分析了词汇联想网络的宏观拓扑结构特征(网络小世界、无标度特征,网络平均最短路径,网络直径,节点中心性,节点聚集系数等)以及影响联想词汇中心性的因素(词频、词汇形象性以及词汇习得年龄);最后,该研究使用语义

分类法对联想词的语义特征进行了描述和分析。

(一)刺激词-反应词词性的关联

以往的研究表明，词汇联想任务中刺激词总会激活与其呈纵聚合关系的反应词(Cramer，1968)，也就是说，反应词和刺激词的词性相同，名词的反应词还是名词，动词的反应词是动词，但是以往的研究仅基于一个联想反应词，得出的结论可能并不能全面揭示出联想心理过程。为探究刺激词与反应词之间的词性关系，研究者对采集来的刺激词和反应词做了词性归纳，发现大多数反应词为名词，其次是形容词。刺激词和反应词之间的对应关系如图 3-6 所示：

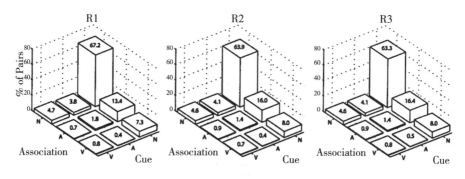

图 3-6　刺激词与第一、二、三个反应词的词性对照关系

(来自 De Deyne & Storms，2008a)

图 3-6 呈现了第一、二、三个反应词和刺激词的一一对应情况。可以看出，不论刺激词是名词、形容词或是动词，被试产出名词的频率都是最高的，这说明前人研究中所持的"反应词和联想词之间多呈现纵聚合关系"观点并不准确。其次，观察从第一个反应词(R1)到第三个反应词(R3)的变化后发现，反应词为名词的频率在逐渐降低，而为其他词性的频率在逐渐上升，这说明刺激词和反应词之间的关系正从纵聚合逐渐向横组合发生转变。

(二)刺激词中心性影响因素探究

以往的研究探究了词频(frequency)、词汇形象性(imageablity)以及词汇习得年龄(AoA)和节点中心性的关系。Lambert(1955)发现，不论是法语还是英语，具象刺激词的反应词都比抽象刺激词更易获得，也就是说，单词的形象性会增加其语义连接能力；De Groot(1989)却发现虽然被试对具象名词的反应时更短，但是反应词的种类更少。这一发现说明影响语义知识存储的不只是词汇的形象程度，还有其他的词汇语义特征。另有研究认为单词习得时间是影响其在心理词典中的位置的重要因素，例如 Loon-Vervoon(1989)发现受试对于习得早的词比习得晚的词反应更快。

De Deyne 和 Storms(2008a)承接以往的研究视角，探究了节点中心性与节点的三个语用特征——词频、习得年龄以及形象性之间的关系。他们在测量词汇联想网络的点度中心性、接近中心性、中介中心性以及聚集系数之后，分析了中心节点(hubs)的特征与中心性的相关情况。研究发现，联想词汇的中心性与词频和词汇习得年龄相关，但与词汇形象性几乎不相关，具体而言，联想词汇网络的中心节点通常是被试更早习得、平时使用频率更高的单词。此外，对比 Leuven 网络和 Florida 网络，研究者发现，荷兰语和英语网络中的某些中心节点是一致的，这说明在不同语言中，可能存在着一些普遍中心词，但这一点需要更多研究去佐证。

(三)反应词语义成分分析

最后，为进一步总结联想过程中所产出的反应词规律，该研究还分析了联想词汇的语义成分特征。研究者采用了 McRae 和 Cree(2002)提出的语义成分分类法(taxonomy)来划分反应词的语义类型，将语义成分归纳为实体特征(entity properties)、情境特征(situation properties)、分类范畴(taxonomic category)以及内省特征(introspective properties)四大类别。

在研究过程中，研究者共选取了前文词汇联想数据中属于不同范畴(活动/事物/动物/人工制品)的 458 个刺激词，由于分类法暂未提供对形容词的成分分析法，选词均为名词和动词。在给这 458 个刺激词的 39359个反应词进行成分分析编码以后，统计发现反应词的大多数编码均是情景特征编码。研究者进而对于反应词系列呈现的语义成分特征规律进行了归纳总结。结果显示，被试产出的第一个反应词的语义成分通常属于分类范畴，而第二、三个反应词则多为实体或情境特征。另外，研究者又进一步将实体特征、情境特征、分类范畴以及内省特征这四大类语义范畴划分成更为精细的类别。在实体特征的分类中，语义成分又被具体分成物体、定位、动作、人物等多个子类别。结果显示，不论是第一、二还是第三个反应词，反应词中最高频的实体特征均为事物的外部视觉特征，如颜色、形状、材质等。

接着用类似的方式，研究者又对其他三种成分进行了精细划分。结果显示，在情景特征中，被试给出的联想反应词在很大程度上是与物体特征相关的词汇；在分类范畴中，被试给出刺激词的下义词（subordinate）最多；而在自省特征中，评价类的反应词产出频率最高。

语义成分的分类有助于揭示出被试在产出第一、二、三个反应词时的潜在心理联想过程。被试在产出第一个反应词时心理加工会更少，得出来的反应词会更具自发性，而在产出第二、三个反应词时则会经历一个越来越复杂且刻意的心理加工过程。通过总结被试产出的第一、二、三个反应词的特性可以揭示出词汇联想心理加工的具体过程。

De Deyne 和 Storms（2008a）的研究灵活运用了网络分析法，使其服务于词汇联想网络特征的探索，充分体现了网络分析法在大规模关联数据的处理时所具有的优势。未来的研究可以继续深入探讨词汇联想网络结构、节点中心性与词频、词汇习得年龄、词汇形象性以及词汇语义成分之间的关系。

二、节点中心性与词汇能力发展之间的关系

不同的单词节点处于词汇语义网络中的不同位置，在网络发展和词汇能力发展中起到不同的作用。这种趋势和其他网络的情况完全相同，比如

人际关系网络中，中心节点代表领导者，其影响力高，而其他节点是跟随者，其影响力相对较小。在互联网中，不同网站的重要性也各不相同，点击率高的网站处于网络中心位置，特别是权威网站能够最大程度地吸引注意力，获得更多的浏览和关注。通常的理解是，节点度越高，其重要性、影响力越大，这种理解在一定程度上是正确的，但是其实在考察权威节点时不仅要看节点的度（即节点所连接的其他节点数目），还要考虑所连接的节点的重要性。事实上，跟很多其他重要节点相连的节点才能成为权威节点，而跟很多其他非重要节点相连的节点只能是普通的中心节点。

Ke 和 Yao（2008）的研究区分了中心节点和权威节点，并重点探索了权威节点在网络发展过程中的动态变化模式，以及由此反映出的网络结构特征与语言能力之间的相关情况。

在他们构建的有向网络中（参见第三章第一节"二、一语词汇语义网络宏观结构与语言能力发展研究"），节点度分为输入度和输出度，与此相应，权威节点也可以分为权威输入节点（Authority）和权威输出节点（Hubs）。图 3-7 展示了节点数为 13 的网络中的权威节点。在该图中，节点 a 与节点 b、c、d 3 个节点相连；节点 h 与节点 k、l、m、n 4 个节点相连，其中 b、c、d 是重要节点，而 k、l、m、n 是非重要节点，因此，节点 a 是权威节点（权威度是 0.62），而节点 h 的权威度是 0.0002，并不是权威节点。从节点 a 和节点 h 的对比中可以看出，虽然节点 a 连接的节点数少，但是它因所连其他节点的重要影响而成为权威节点。在以搭配关系为边的搭配网络中，如果某单词可以被很多不同的单词跟随，那么该单词有较高的输出度；如果某单词在句子中可以跟随很多不同的单词，那么它有较高的输入度。相应地，可以跟随很多重要单词（这里的重要性由连接的单词数量来定）的单词是权威输入节点，可以被很多重要单词跟随的节点单词是权威输出节点。由此可见，节点权威性所反映的不完全是单词节点的结构特征，也是网络的结构特征。

Ke 和 Yao（2008）在他们的儿童语言网络发展研究中，首先对照了儿童与他们的母亲的语言网络中的权威节点。具体做法是，在计算出儿童和母

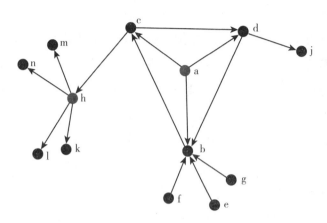

图 3-7 网络权威节点示例(来自 Ke & Yao, 2008)

亲在不同阶段的语言网络中单词的权威度之后,对它们进行排序。网络的结构研究发现,母亲的权威节点有很高的一致性,最权威的 5 个节点基本保持不变。比如,you,it,that,and 一直是最权威的输出节点,而 a,the,you,it,that,your,in 总是最权威的输入节点。表 3-2 显示了 Joel 的母亲在不同研究阶段的网络权威节点。对照表 3-2 和表 3-3 可以看出,有些节点有最大的输入度(and,on,now),但并不是最权威的输入节点;而另外一些单词(比如 the,your,he,its)有最大的输出度,但不是最权威的输出节点。相反,有些度数较低的节点(如 all,what,then)却是最权威的输入节点。Ruth 和 Joel 的母亲在节点度和权威节点的分布上高度相似,而且她们的权威节点完全相同。另外,她们的高度数节点全部是封闭性词类(代词、介词、连词等结构词),反映出她们所使用的语言具有较强的句法系统特征。

表 3-2 Joel 的母亲的阶段网络中的权威输出节点(来自 Ke & Yao, 2008)

Stage 1	Stage 2	Stage 3	Early stage 4	Late stage 4
you	you	you	you	you
it	that	that	that	that

续表

Stage 1	Stage 2	Stage 3	Early stage 4	Late stage 4
that	and	it	and	it
and	it	and	it	and
to	to	to	to	do
oh	like	got	got	got
do	not	he	like	like
is	do	it's	It's	not
what	got	that's	have	to
all	a	do	do	get

表 3-3　**Joel** 的母亲和 **Ruth** 的母亲在最后阶段的词汇网络中最高输入度和

最高输出度节点表(改编自 **Ke & Yao，2008**)

输入度最高的 10 个 节点(Joel 的母亲)	输出度最高的 10 个 节点(Joel 的母亲)	输入度最高的 10 个 节点(Ruth 的母亲)	输出度最高的 10 个 节点(Ruth 的母亲)
you	you	you	a
it	a	it	you
a	the	a	the
in	and	the	your
the	that	in	and
and	it	that	that
on	your	to	it
that	to	your	to
now	he	on	i
your	It's	and	not

　　与母亲较为稳定的网络模式不同，儿童网络结构在不同阶段是不同的。首先，儿童权威节点有很多实义词(比如 car，whale，name，baba， juice 等），但是随着儿童语言水平的提高，实义词逐渐让位于结构词。而且，有些母亲网络中所有阶段的输入权威词（比如 a，the，in）在儿童网络中是输出权威词。通过对比儿童和母亲网络中最权威的 10 个权威节点单词发现，儿童网络的权威节点一开始与母亲网络的权威节点不同，但是随着语言能力的提高，其相似度逐渐升高，儿童网络随着时间发展逐渐获得更多成人网络权威节点。Ke 和 Yao（2008）的研究专门关注了儿童语言发展过程中 a，the 这两个冠词的位置改变情况，结果发现它们的变化完全符合以上发展模式。

　　另外，不同儿童的语言网络在微观层面上也有较大差异。为了说明 Ruth 和 Joel 的不同发展路径，需要放大这两名儿童的早期网络。图 3-8 和图 3-9 描述了这两位儿童在第一阶段的个体网络。在图 3-8 中，a，the 都连接了大量名词，包括 a car，a chair，the car，the chair 等。但是，这两个冠词似乎连接的就只有这两组名词，而且这两组名词之间没有交叉和连接。在图 3-9 Ruth 的语言网络中，这两个冠词连接的名词更少，而且有些名词是典型的儿童语言形式如 choo+choo，poo+poo 等，所以毫无疑问，拥有"a+Noun""the+Noun"的名词短语在 Ruth 的早期网络中并不重要。因为第一阶段对应于 MUL（平均句子长度）的范围是 1～1.5，所以几乎所有的话语只有一两个单词，所以有理由断定，网络中每个连接都代表一个二词结构。对比两名儿童的语言网络发现，Joel 的表达主要是名词短语而 Ruth 的网络包含的是习惯表达，这两个例子刚好展示了人们经常提到的"指称类"话语和"表达类"话语之间的区别。从 Joel 和 Ruth 两名儿童语言网络中权威节点转换过程可以看出，the 比 a 更早成为权威输入节点。但是这个推断并不一定百分之百正确，因为儿童冠词习得研究表明，儿童有过度使用冠词的倾向，比如，在指代一个他们所想要得到的东西时，即使该物体是第一次在当前语境中出现，他们往往用定冠词 the 而不是不定冠词 a。所以，影响语言网络结构的因素除语言能力之外，还可以包括心理和习惯等其他因素，这方面的问题还值得更深入的研究。

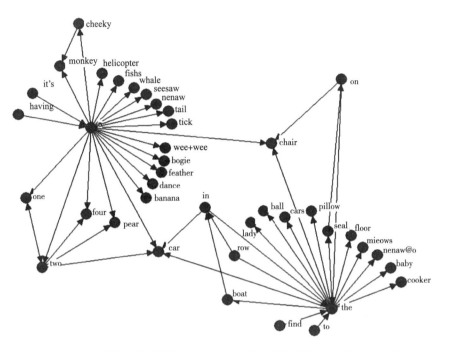

图 3-8　Joel 的第一阶段网络中 a 和 the 的个体网(来自 Ke & Yao，2008)

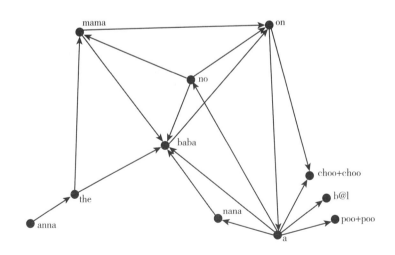

图 3-9　Ruth 的第一阶段网络中 a 和 the 的个体网(来自 Ke & Yao，2008)

三、单词节点聚集系数相关研究

微观层面的另一个重要参数是节点聚集系数，它表示的某节点相邻节点互相连接的程度，也就是该节点的本地社群的连接密度。度数相同的节点其聚集系数可能完全不同，反映出它们本地社群的不同结构，聚集系数不同的节点周围信息传输的效率不同。心理语言试验发现，节点聚集系数对词汇的口头识别、书面识别、语言口头产出、新词的学习和记忆任务中的词汇回忆都有影响。

多年来的研究显示，儿童词汇学习并非是杂乱无章的，而是遵循明显的发展模式。为何遵循这些模式呢？基于网络科学的儿童词汇习得研究揭示了词汇学习的一般特征：词汇学习过程是学习者头脑中空缺形成和填补的过程。

人类的很多活动都致力于填补某些"空缺"：商业活动提供世间缺少的产品和服务，科学家进行研究以填补我们已知世界中的知识空缺。而在学习领域，人们学习新知来填补目前认知中的空缺。年幼的儿童当然也不例外，他们的学习也是在填补空缺。Sizemore 等（2018）近期在《自然·人类行为》（*Nature Human Behaviour*）杂志上发表的论文阐明了这一观点，他们调查了儿童在学习新词汇时填补其语义心理词典中的知识空缺的过程。词汇学习中的知识空缺是指儿童所识单词构成的语义结构中存在的空缺，这些空缺代表语义空间中的稀疏区域，而儿童通过学习新单词可以填补空缺。

为了研究儿童早期语言习得中知识空缺的产生与弥合，Sizemore 及其同事创造性地将图论方法和拓扑分析方法结合起来，用于描绘儿童已知词汇所形成的网络：网络中的节点表示单词，而节点之间的边或关系则体现了单词之间的相似语义特征。比如，"香蕉（banana）"和"奶酪（cheese）"是语义网络中相连的两个节点，因为二者都是黄色。成对的节点由不同的路线连接起来，就会在网络中留下空缺，而加入一个新节点就可以填补这一空缺。通过研究儿童词汇网络随其年龄增长而发展的过程，研究人员得以发现知识空缺开始出现和随后填补的时间。

通过模拟不同的网络发展轨迹，他们能够探究儿童早期词汇学习的潜在指导机制。这些模拟控制了新加入的节点与其他节点相连接的概率，最佳拟合模型为每个单词设置了在发展过程中产生新边的亲和常数。在诸多最佳拟合模型中，有一些模型在学习环境中优先学习更加独特的词汇或与其他单词共享较多边的词汇（这一过程称为优先习得），这类模型得出的数据显示出与研究人员所观察到的真实数据相似的模式。

这些结果表明，语言输入的差异以及儿童已经学会的内容会影响语言习得。对于语言习得来说，儿童学习环境比儿童已经学会的语言知识的影响更大。这表明，适用于像互联网和社会系统这样的现实世界复杂系统的典型增长模式不同于我们在早期单词学习中看到的网络发展模式。相反，强调作为学习环境的语义结构（优先习得）能够更好地描述儿童的学习。这些模型能够解释在儿童早期语言习得过程中观察到的空缺形成与填补模式。

为什么知识空缺的形成和填补似乎不受单词学习时间的影响？为什么优先连接现象不适合语义网络中观察到的增长？有证据表明，尽管语言输入存在不可避免的可变性，但词汇学习需要一个稳定的整体词汇结构。

以上研究结果可能代表了复杂环境中学习过程的普遍特征，即在学习环境中最初先学习一般性的粗略"地标"，这一过程会造成空缺，这些空缺随后再由更详细深入的信息填补。例如，在包括语言在内的许多领域中，我们首先学习典型的和中级的范畴成员，然后才学习例如不会飞的鸟或只有一个轮子的车辆这种非典型的和次级的范畴成员。因此，任何以学习中级范畴为起点的学习系统都可能表现出空缺形成和填补行为。Sizemore 等人的研究确定了这种可能普遍存在的空缺形成和空缺填充过程，在这个过程中，最先习得的是粗略的信息，随后才会补充更多的细节信息。该过程使得学习者无论当前获得了多少知识，都能以一种最高效的形式获取真实世界环境的总体结构。

第四节 总 结

对现有文献的综合分析发现，网络科学的方法应用于词汇网络研究取得了丰硕的成果，发现了传统的线性方法所不能发现的规律，其主要发现包括：

（1）对于静态词汇语义网络而言，不同类型语言的词汇网络都具备一般网络的普遍特征，比如，它们都是小世界和无标度网络。词汇网络的小世界和无标度特征可能是语言能够高效表达信息的结构原因，也是语言之间能够互相翻译、沟通交流的原因。

（2）不同类型语言的词汇语义网络结构差异可以反映语言不同的句法、语义、词汇等方面的特征。比如，节点数的多少可以反映词形变化的程度；网络聚集系数可以反映语言的语义抽象程度。

（3）动态词汇语义网络的结构随着语言水平的发展而改变，具体表现为：语言水平低时，词汇语义网络包含更多离散节点，网络中的连接稀疏；而随着语言水平的提高，单词之间的连接增加，网络连接变得越来越紧密。

（4）在语言使用中，词汇的组织模式比词汇数量更重要，节点之间连接的多少、网络中连接的密度和模式决定词汇提取和加工的效率。

（5）词汇语义网络的发展受相互作用的多因素影响，其中主要包括：语言学习环境质量、输入语言的质量（比如词汇的语义连接能力）、语言学习时间等。

网络分析方法虽然有巨大的应用潜力，但是目前在词汇网络、词汇表征和习得研究方面还有很多不足，主要包括如下几点：

（1）目前的研究主要是针对宏观层面在一语中进行，对于二语词汇语义网络的研究才刚刚开始。在二语词汇语义网络结构、二语词汇语义网络中的词汇加工和二语词汇网络发展模式等方面都有大量问题有待探究和回答。

（2）在现有的二语词汇语义网络研究中，网络构建主要是基于词同现数据和计算机模拟的方法，缺乏心理实验数据的支持，所建立的网络跟词汇在学习者头脑中表征的模式有一定的距离。

（3）现有研究没有涉及一语和二语词汇语义网络结构的对比，所以很难探测一语在二语词汇表征和加工中的影响和作用。

（4）现有二语词汇语义网络研究在中观和微观层面的研究严重不足，不易发现具体单词在网络中的作用和地位，以及单词之间相互作用的模式，所以研究结果很难应用于词汇教学。

（5）现有二语词汇语义网络对于语义关系的把握主要是粗线条的，还不够精细，研究结果的教学应用性有待提高。这是因为不同语义关系对于语言使用的不同方面会产生效果，只有明晰具体的语义关系类型对应的语用效果才能总结改进教学效果的方法，但是目前还没有与此相关的研究。

第四章　词汇语义网络研究方法与工具①

第一节　词汇语义网络的图论研究

　　图形理论(图论)作为数学的一个分支近年来在自然科学和社会科学各领域应用越来越广泛。图论起源于 18 世纪 30 年代的一个有趣的问题，当时游览普鲁士哥尼斯的游客希望能一次游历该地 7 座桥之后回到出发地，这个问题得到了当时数学家们的重视。数学家欧拉证明了该要求的不可能实现，他所使用的方法就是将该问题图形化的方法，随后他发表了论文《依据几何问题的解题方法》，该论文标志着图形理论的诞生(周焊荣，2012)。图论虽然没有其他的数学科学分支那样完整的理论体系和系统的解题方法，但是它所提供的思路给解题者巨大的创造空间和解题的灵活性(方富贵，2012)，在解释虚拟的网络构架和现实的网络结构方面效果显著，所以越来越多地应用于交通网络的优化(黄会芸，2009)、河流水系网络的描述(张年生，2009)、会议议程的安排(陈仁荣，2006)等方面，并取得了很好的效果。

　　图形理论的基本思路是将要研究的对象转化为由点和边组成的图形，通过图形统计特征的描述来把握系统的结构特征，并由此解释系统的运行情况和功能实现效果，或者根据系统跟周围环境之间的作用来预测系统发展的趋势(燕子宗、张宝琪，2007)。随着系统论的发展，图论越来越显示

---

　　① 本章第一节和第二节引自《二语词汇义网络的图论研究》一文，该文发表于《海外英语》2018 年第 9 期 1-4 页。作者：冯学芳。有改动。

出其将复杂问题简单化、直观化的优势。语言是一个关涉多因素、包含多层次、动态发展变化的复杂系统。近年来，不同学科的研究者开始将图论的方法引入对语言复杂系统不同层面的研究（Sigman & Cecchi，2002；Holanda，etc.，2004；Gravino，2012）；语音研究者将音素作为点，将音素之间的组合作为边，研究了音节形成的规律（Mederios Soares，etc.，2005；Li，etc.，2012）；汉语研究者用图论的方法研究了汉字组成词组的模式和规律（Li & Zhou，2007；Li，etc.，2005）。

词汇语义网络结构研究的重点之一是单词节点在词汇语义网络中的位置和功能：单词越居于网络的中心位置，与其他的单词连接就越多，那么它在词汇语义网络运行过程中的作用越大，所以在习得的过程中越应该置于学习的早期阶段；同样，这些单词在网络中的消退可能极大地影响语言交际的顺利进行（Meara，1992）。词汇语义网络研究的另外一个重点是单词之间的词义连接类型和模式：词义连接类型各不相同，比如横向连接（由单词在语篇中的共现频率所形成的关联）和纵向连接（由词义之间的包含关系或可替代性所形成的关联）对应于词义和用法的不同方面。横向连接和纵向连接在句子和语篇形成过程中的作用各不相同：横向连接对于句子的语法性和语义的完整起到基本的保障作用，而纵向连接在语篇的信息宏观走势和发展特征方面的作用更明显。如何测量不同语言水平的习得者二语词汇语义网络的发展状况、横向连接和纵向连接的强度和特征？节点单词在语义网络中的作用和地位如何刻画？这些都是词汇语义网络结构研究应该回答的问题。

本章用图形理论的基本概念和观点描述词汇语义网络的结构，解释关涉网络结构的主要参数，说明它们的意义，介绍它们的计算方法，通过对词汇语义网络结构的探索来研究词汇在学习者头脑中表征的模式。

第二节　词汇语义网络结构描述的参数

一、节点的结构特征参数

节点度。词汇语义网络中的节点即表达一定意义的单词，从理论上讲作为节点单词的意义应该是唯一的，应该有特定的词性、特定的形式、特定的用法。但是实际上对于大多数语言，单词形式和意义之间的对应呈现复杂的模式。比如，在英语中不仅有一词多义，也有一词多形（如地域差异带来拼写和发音的不同），还有为实现不同的语法功能而进行的词形变化等。为了研究语义连接模式的需要，在节点确定时一般采取以意义为主的划分标准，多义词的不同词义常常作为不同的节点看待；基本意义相同的不同形式应该看成同一节点，名词单数和复数、动词的不同时态、形容词的不同级别、同一单词在不同地域语言中的变形都是同一节点。由于同义词之间通常会因为意义的细小区别导致其搭配特征的不同或出现语域要求上的差异，所以同义词应该被看作不同的节点。综上所述，词汇语义网络节点的确定通常以类符为单元，以意义区分为原则，具体举例如下：

bank（银行）bank（河岸）：两个节点

good-better-best：一个节点

am-is-are：一个节点

do-did-done：一个节点

work-worked：一个节点

friend-friends：一个节点

child-children：一个节点

beautiful-pretty：两个节点

总之，词汇语义网络中节点的确定以词义的特殊性和唯一性为原则。

节点度指的是与该单词有语义连接的单词的数目，节点的度数越高，与别的节点建立的连接就越多，在语言表达中所发挥的信息传递的作用就越大。不同的单词在同一学习者的语义网络中的度数各不相同，这跟单词本身的特性有关（词性、词义、认知范畴层次等），也跟学习者的语言学习过程（学习方法、学习材料、学习时间、学习环境等）和自身特征（性格、兴趣、认知模式）有关。比如，跟学习者日常生活相关，特别是涉及他所感兴趣的话题的名词较其他的名词可能具有较高的连接度。

度数高的节点居于网络的中心位置，起到更强的连接作用。在词汇联想实验中，反应词是名词的概率更高，也就是说，较之其他词类，名词更容易形成语义连接，具有更高的网络中心性。另外，基本层次范畴的名词由于使用频率高，跟其他词类共现的频率高，因而会形成更多的横向连接而具有更高的网络中心性。

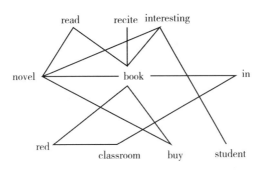

图 4-1　词汇语义网络示例

以图 4-1 的语义网络为例，各单词的度数如表 4-1 所示：

表 4-1　单词节点的度数

	novel	book	in	red	classroom	buy	student	read	recite	interesting
度数	4	7	2	2	2	2	1	2	1	3

反映节点在网络中影响力和地位的另一个参数是接近中心性(closeness centrality)。该参数表示的是节点到网络中其他节点的平均路径长度。接近中心性高的节点到其他所有节点的平均距离短，所以在网络的整体信息传输中能起到重要的作用。心理语言试验显示接近中心性对单词的加工有显著影响，能够积极促进口头和书面单词判断以及阅读障碍患者的图片识别。这个参数与刻画计算机网络页面在互联网中地位的参数 Pagerank Centrality 的功效相同。Griffiths，Steyvers 和 Firl 比较了该算法和传统的利用词频法对词汇加工效果的预测作用，结果发现接近中心性和 Pagerank

Centrality 有明显的优势。

另外，两节点间的最短路径可以用来表示两个不相邻节点间的距离。试验显示，该参数可以预测认知心理和语言心理实验中口语单词判断、语义距离判断和阅读障碍患者的图片命名等任务的效果。除此之外，还有其他网络参数可以很好地刻画单词在词汇加工中的影响，比如接近中心性、组元的大小、组元的密度等从不同的角度描述了单词之间的关联互动情况，反映单词在心理词典中独特的作用，可以用来解释词汇加工的内在心理机制。

两节点之间的路径长度。两节点之间的路径长度指的是这两个节点实现意义关联必须经过的连接的数目。如果两个单词可以直接相关（通过横向联系或纵向联系），那么它们之间的路径长度为 1。如果两个单词要通过另外一个单词中介才能实现语义相关，那么其间的路径长度为 2。如果意义连接要通过 2 个单词中介，那么其间的路径长度为 3。举例如下：

（1）下列各对单词语义连接的路径长度为 1：

protect-environment book-novel interesting-game walk-slowly

以上各对单词可以通过搭配直接形成横组合（如 to protect environment，an interesting game；to walk slowly）或通过意义连接形成纵聚合（A novel is a book.）

（2）下列各语义链的首尾单词语义连接的路径长度为 2：

school-teach-professor animal-bird-chirp beautiful-flower-wither

school 和 professor 之间的连接要通过 teach 作为中介才能实现，如下例：

The American *professor* teaches at our middle *school.*

animal 和 chirp 之间的连接没有 bird 的桥梁作用是不能实现的；同样，beautiful 和 wither 的连接离不开 flower，形容词和动词之间的语义连接由于名词的中介而实现：

The *beautiful* flower *withered.*

（3）下列各语义链的首尾单词语义连接的路径长度为 3：

middle-school-teach-professor

animal-bird-chirp-happily

beautiful-flower-wither-slowly

任何两个单词节点可以通过多种途径建立语义联系。如 mountain-ball 可以有以下不同的连接方式：

mountain-top-ball：There is a ball at the top of the mountain.

mountain-still-move-ball：A mountain is still but a ball can be moved easily.

mountain-high-low-building-ball：The mountain is high while the building which contains a lot of balls is low.

这些连接的路径长度各不相同，建立两个给定单词之间最短语义连接的能力可以反映出语言使用者头脑中词汇义网络连接的紧密程度。

二、网络的结构特征参数

网络平均路径长度。网络研究中，两节点间的距离是指连接两节点的最短路径的长度；网络的平均路径长度被定义为网络中所有节点对之间距离的均值，这个重要参数刻画了网络中节点的分离情况。平均路径长度越大，网络节点越分离，连接越不畅通；相反，平均路径越小，网络节点越联通，交流越顺利。近年来复杂网络的研究得到很大发展，其发现之一是绝大多数大规模真实网络的平均路径长度比想象的紧密得多，似乎比人们感觉的要小，被称为"小世界效应"。这一结论起源于著名的 Milgram"小世界"实验，在该实验中，研究者要求实验对象把一封信通过他们认识的人最终传递到指定的人手中。该研究的目的是探究熟人网络中路径长度的特征，结果显示信件平均路过的节点（熟人）仅为 6，这正是网络流行的"六度分离"概念的起源。平均路径长度跟网络中的节点数有关。一般的理解是：网络中节点数越多，节点之间的连接越丰富，网络的平均路径越短，也就是说网络联通性越好。按照这种规律，词汇量大且语义网络中连接发达的语言学习者其词汇语义网络的平均路径越短。反之，初级学习者的词汇语义网络平均路径就越长。例如，图 4-2 中总共有 5 个节点(novel，book，interesting，read，in)，如果在学生的心理词典中这 5 个节点的连接如图 4-2 所示，则由这 5 个节点形成的 10 个节点对之间的连接距离如表 4-2 所示。

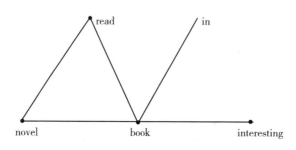

图 4-2　单词节点连接路径示例

表 4-2　节点对之间的连接距离

	novel	book	interesting	read	in
novel	×	1	2	1	2
book	1	×	1	1	1
interesting	2	1	×	2	2
read	1	1	2	×	2
in	2	1	2	2	×

novel 和 book 之间的路径是 1，因为它们是上下义词，通过词义直接相连，不需要其他的词作为连接中介；read 和 novel 之间的路径长度也是1，因为它们可以直接搭配，也不需要其他的节点作为连接桥梁。但是 in 和 novel 之间的连接还没有建立，它们之间的语义连接是通过 book 作为中介建立起来的，所以它们之间的路径长度是 2。同样的道理，in 和 interesting 之间、in 和 read 之间、interesting 和 read 之间的路径长度也是 2。

该网络总路径长度是表 4-2 中所有数字之和除以 2，即 30÷2＝15。

该网络的平均路径是所有节点对之间的路径长度之和除以节点对的总数，即 $15 \div 10 = 1.5$。

随着学生英语水平的提高，节点之间的连接越来越多，如果 in 和 novel、interesting 和 novel 之间也建立了连接，那么网络的密度得到加强，网络的连接如图 4-3 所示。

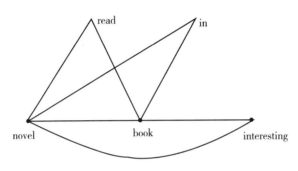

图 4-3 发展了的语义网络的连接

这个发展了的网络中节点对之间的路径长度发生了改变，具体如表4-3所示。

表 4-3 节点对之间的路径长度变化

	novel	book	interesting	read	in
novel	×	1	1	1	1
book	1	×	1	1	1
interesting	1	1	×	2	2
read	1	1	2	×	2
in	1	1	2	2	×

由表 4-3 可知，in 和 novel、interesting 和 novel 之间的路径长度变成了 1；该网络的总路径长度是 $26 \div 2 = 13$；该网络的平均路径是所有节点对之间的路径长度之和除以节点对的总数，即 $13 \div 10 = 1.3$。由此可见，随着语

义网络连接的增多，网络的平均路径长度减小。

网络聚集系数。聚集系数 C 用来描述网络中节点的聚集情况，即网络连接有多密切。比如在社交网络中，你熟人的熟人可能也是你的熟人，或者你的两个熟人可能彼此也是熟人。其计算法为：假设节点 i 通过 k_i 条边与其他 k_i 个节点相连，如果这 k_i 个节点都相互连接，它们之间应该存在 $k_i(k_i-1)/2$ 条边，而这 k_i 个节点之间实际存在的边数只有 E_i 的话，则它与 $k_i(k_i-1)/2$ 之比就是节点 i 的聚集系数。

例如：在图 4-3 所示的网络中，与 novel 直接相连的节点有 4 个(book, interesting, read 和 in)，如果该网络是全联通网络，那么这 4 个节点之间的连接数为：$4*3/2=6$，但是从图中可以看出，这 4 个节点之间的直接连接实际只有 3 个(read-book, book-in, book-interesting)，所以，节点 novel 的聚集系数是 $3÷6=0.5$。和 in 直接相连的节点有两个(book 和 novel)，而这两个节点也是互相连接的，所以 in 的聚集系数是 1。用同样的方法可以算出其他几个节点的聚集系数分别是：$C_{read}=1$、$C_{book}=0.5$、$C_{interesting}=1$。

网络的聚集系数就是整个网络中所有节点的聚集系数的平均。只有在全连通网络(每个节点都与其余所有的节点连接)中，聚集系数才能等于 1，一般均小于 1。图 4-3 所示的网络的聚集系数为 5 个节点的聚集系数的均值，即：$(0.5+1+1+0.5+1)÷5=0.8$。

在图 4-2 中，interesting 和 in 都只连接了一个节点，属于孤独的节点，聚集系数为 0，book 所连接的 4 个节点只有 novel 和 read 是相互连接的，所以它的聚集系数 $C_{book}=1÷6=0.167$；novel 连接的两个节点是互相连接的，所以它的聚集系数为 1，同样 read 的聚集系数也是 1，这样图 4-2 所示的整个网络的聚集系数是：$(0+0+0.167+1+1)÷5=0.433$，比图 4-3 所示网络的聚集系数小得多。

单个节点的聚集系数可以刻画该节点的相邻节点在多大程度上是互相连接的。聚集系数高的节点在语义网络的联通中起到的作用更大。度数高而聚集系数并不高的节点所连接的节点彼此并不联通。通过计算和比较不同的单词节点在网络中的聚集系数的大小，可以判断它们在网络信息传输中的影响。整个词汇语义网络的聚集系数可以反映出语言使用者词汇语义连接的紧密程度，网络聚集系数越高，语义连接就越紧密，那么词汇之间连接和交流就越畅通，词汇识别和产出的效率就会更高。

网络的度分布(The degree distribution)。图论中节点 i 的度 k_i 为节点 i 连接的边的总数目，所有节点的度的平均值称为网络的平均度，定义为 $<k>$。网络中节点的度分布用分布函数 $p(k)$ 来表示，其含义是一个任意选择的节点恰好有 k 条边的概率，也等于网络中度数为 k 的节点的个数占网络节点总个数的比值。网络的平均度越高，表明网络连接越丰富，特别是如果是中心度较高的节点的度越高，表明网络发展越完善。

图 4-2 所示的网络中各节点的度数如表 4-4 所示：

表 4-4　图 4-2 所示的网络中各节点的度数

	novel	book	interesting	read	in	总数
度	2	4	1	2	1	10

由表 4-4 可知，该网络的平均度 = 10÷5 = 2，其中度数为 4 的节点为 1，其分布是 20%，即 $p(4)=20\%$；其中度数为 2 的节点为 2，其分布是 40%，即 $p(2)=40\%$；其中度数为 1 的节点为 2，其分布是 40%，即 $p(1)=40\%$。

图 4-3 所示网络中各节点的度数如表 4-5 所示。

表 4-5　图 4-3 所示网络中各节点的度数

	novel	book	interesting	read	in	总数
度	4	4	1	2	2	13

由表 4-5 可知，该网络的平均度 = 13÷5 = 2.6，其中度数为 4 的节点为 2，其分布是 40%，即 $p(4)=40\%$；其中度数为 2 的节点为 2，其分布是 40%，即 $p(2)=40\%$；其中度数为 1 的节点为 1，其分布是 20%，即 $p(1)$

= 20%，该网络的联通度和网络密度较图 4-2 的网络有改善。

和网络平均度相比，词汇语义网络的度分布更能反映节点连接的大概情况，比如是否所有节点的连接数目大致相同？是否节点的连接趋于两极分化？由于不同学习者的知识结构的不同，其词汇量在不同的学科领域完全不同，所以不同主题的单词的度分布应该呈现不同的模式。

三、网络社区

与其他网络一样，词汇语义网络的内部不是均匀的，而是呈现出由若干网络社区为组成单位的聚合形态。对于词汇语义网络而言，这些网络社区往往对应于语义场，这是因为同一语义场中的单词因为经常在同一语境中出现，再加之它们具有语义相关性，因而在词汇表征时更容易彼此相连，在词汇语义网络中以社区网络的形式聚集在一起。同一语义场的单词联系更为密切，不同语义场之间的单词更加疏远、联系更少。

由于网络社区是词汇语义网络的组成部件，所以通过检验网络社区(特别是典型的社区)的结构可以预知整个词汇语义网络的特征和发展状况。通过鉴别各个网络社区的中心节点及其主要连接可以找到支持各个社区的关键构架，成为探寻网络社区发展规律的突破口。

同样，网络社区也有具体的内部结构，其内质也不可能是均匀的，以不同的主题为中心构成更小的网络。这些微型网络的连接更容易分析和统计，通过词汇联想，或词汇测试，或书面和口头语料分析可以找出这些话题相关的节点分布情况、连接的紧密程度、网络大小。

第三节 词汇语义网络的构建方法

网络科学的方法源于数学的图形理论，可用来研究二语词汇语义网络的结构、发生在词汇语义网络之上的词汇加工过程和词汇语义网络的发展等问题。图形理论因其将复杂问题简单化、直观化的特点被物理学、计算机学、社会学、情报学等不同领域的研究者用来研究所遇到的复杂问题。

词汇语义网络从本质上讲是复杂网络，因为它由大量相互作用的简单元素所构成，这些元素在局部范围的相互作用是简单的、可预测的，但是网络在宏观层面上的变化是复杂的、非线性的，表现出涌现特征。近年来，复杂网络的方法已经普遍应用于大脑神经网络的研究，在神经系统的结构以及神经活动过程的描述方面取得了丰硕的成果。尽管网络研究的方法潜力巨大，但是在词汇表征与习得方面的研究还非常有限。

词汇语义网络按照其组成元素的不同可以分为静态网络和动态网络。静态词汇语义网络主要是由来自词典、同义词网或词源网等资源的语言材料所组成。这些语言材料经过加工和整理能反映语言的典型特征，是相对标准的语言应用实例，往往成为学习者学习的材料。而动态词汇语义网络的语言材料来自语言实验或语料库，是能够反映真实语言使用的语言材料。动态词汇语义网络相对于特定的人群和特定的时间段，其结构是发展的、动态的。静态语义网络的研究主要着眼于结构，特别是网络的宏观结构，而动态语义网络除了要研究网络结构之外，还要关注网络的发展规律以及网络结构特征所反映出的词汇认知过程。下面是不同的方法构建的词汇语义网络：基于词汇联想实验建立的网络、利用词典中的语义关系建立的网络、利用语料库中的语义距离建立的网络。

一、基于词汇联想的词汇语义网络

通过词汇联想研究语义网络的方法起源于 Deese(1966)，该范式的研究基于如下观点：词汇联想实验能够展示词汇之间语义连接的特殊模式，能够反映词汇语义表征的规律。在词汇联想实验中，如果把刺激词和反应词看成节点，它们之间的联想关系看成边，这些节点和边就构成了词汇语义网络。通过词汇语义网络结构的研究可以发现词汇之间的联想关系分布特征，进而测量词汇之间的语义关系。该研究范式从 L1 开始，到目前为止仍然主要应用于一语的表征和习得研究。例如 De Dyne，Navarro 和 Storms(2013)用 12000 个荷兰语单词为刺激词在 70000 个受试中进行词汇联想实验，然后将刺激词和反应词作为节点构成了大型的词汇语义网络，并在此基础上研究了单词在网络中连接情况与词汇判断和语义距离判断实验结果之间的关联情况。研究结果显示，单词的输入度（就是作为反应词所连接的节点数）跟词汇判断效果显著相关，而且一对多的联想实验效果比一对一的联想实验效果更佳。另外，网络结构所显示的语义距离（由两个节点所共享的其他节点的数目来决定）跟词汇加工效果也显著相关，语义距离越近（也就是语义越相似的单词）加工效果也越相近。其他研究者发现，一个单词的语义区间（semantic neighborhood）密度也会影响该单词的加工难易（Buchanan，Westbury & Burgess，2001；Mirman & Magnuson，2006；Yates，Locker & Simpson，2003）。Buchanan，Westbury 和 Burgess（2001）比较了基于词汇联想的语义密度和基于语料库语篇中的语义距离对单词判断实验结果的影响，结果发现语义关联的结构特征对词汇判断效果有影响，具体而言，相邻单词越多的单词（语义密度更大）、和别的单词语义距离更小的单词更容易被识别，而且跟语义密度相比，语义距离的影响力更大。另外，他们也发现语义空间模式的词汇判断效果对于低频词更明显，该结论对高龄的受试者也适用，而且高龄的受试者更倾向于通过语义加工来进行词汇判断。

通过词汇联想建立词汇语义网络的优点是能较好地反映词汇使用中的认知活动过程，反映词汇表征和加工的内在特点，因为联想也是记忆组织的主要手段之一（Borge-Holthoefer & Arenas，2010；De Deyne et al.，2016；Castro & Siew，2020）。有研究显示，通过联想方式建立的语义连接能有效地判断语义距离，其效果好于基于词汇共现所计算的语义距离（Vankrunkelsven et al.，2018）。另外，词汇联想实验和词汇激活扩散理论模型有很好的对应性，能为该理论模型提供实验证据。

但是，自由词汇联想方法的缺点之一是联想词涉及的语义范围太广，不利于集中观察词汇的连接和分布规律。为了解决此问题，一种改进的词汇联想实验，即语义流利测试实验，被提出并广泛应用于认知心理和语言心理实验中。语义流利测试要求受试在给定的时间内说出或写出尽可能多的属于某一特定语义场的词汇（如蔬菜、水果、动物、超市货物）（Ardila et al.，2006）。该研究方法常常应用于神经内科、认知心理等领域用以检测受试的认知能力与语言功能，或被用于语言习得领域以探究词汇提取和表征规律（Borodkin et al.，2016；Zemla & Austerweil，2018）。近年来该测试也开始应用于建立词汇语义网络，一般认为词汇在语义提取中出现的先后次序能够反映其在词汇网络中的连接情况。具体而言，两个词在语义流利测试实验中提取的次序越靠近，它们在语义上的联系可能越紧密（Zemla & Austerweil，2018；Wulf et al.，2016）。例如，Borodkin 等（2016）用语义流利测试的方法搜集数据并对比了英语为一语、希伯来语为二语的学习者二语和一语词汇表征情况。具体做法是，让受试在规定时间内写出尽量多的属于水果蔬菜语义范畴的单词，如果某个单词同时被某一受试所产出，那么它们之间就建立了语义连接。以受试所产出的所有单词为节点，它们之间的语义连接为边，就可以建立代表该组受试头脑中水果蔬菜表征的词汇语义网络。该研究的数据分析发现，二语的网络结构远没有一语完善，其密度更小，而且在局部聚集的特征更明显。词汇语义流利测试能够反映某一语义场词汇在词汇联想中的共现关系以及在语言使用者头脑中的表征情况，因而可以为词汇语义网络的建立创造条件。

二、基于词典中的语义关系的词汇语义网络

有些词典给出了所收录单词的同义词、反义词、上下义词等（e. g. *Moby Thesaurus*，*Roget's Thesaurus*，WordNet），这些词典为词汇语义网络的建立提供了丰富的资源。以同义词为节点，同义关系为连线，就可以建立同义词网络；以反义词为节点，反义关系为连线，就可以建立反义词网络。Hills 等（2009）通过研究 2 岁半的婴孩所学会的名词的语义特征总结了儿童范畴学习中不同类型语义特征所起到的作用。他们的具体做法是，以名词为节点，名词之间共享的语义特征为边，构建单词/概念的语义特征分布网络，通过网络结构特征的研究发现，单词的感知特征和概念特征在范畴化学习过程中起到了不同的作用。

通过特定的词汇语义关系（来自词典或语义判断实验）建立网络的方法

对于词汇表征规律的认识应该能提供重要启示。首先，语义关系有多种，按照不同的语义关系可以建立不同的语义网络，用来研究特定的语义网络（同义词网络、上下义词网络、反义词网络等）的结构特征和发展规律，也能够很好地为词汇学习提供指导。特别是对于同一语义场中的词汇组成的语义网络的研究可以清晰地展示该语义场词汇的连接情况，了解网络密度、中心节点、节点分区等，有利于了解语言水平发展的心理机制，能够将心理语言学和语言习得规律的研究很好地结合。比如，利用近义词的共享搭配建立的网络可以检测一组近义词在语义范畴中的地位和作用。具体来说，将一组近义词看作节点，如果两个近义词共享搭配词，它们之间就建立起连接，共享搭配词的数量决定了连接的权重，这些近义词和纵横交错的连接就构成了近义词网络。近义词在搭配共享网络中位置的相似性对应于单词的语义相似性，也就是说，近义词意义和用法的比较可以转换为网络中节点的位置和连接模式的比较。另外，近义词网络中单词的中心度可以反映单词在该语义范畴中的重要性，因为节点中心度对应于节点单词的普遍性或典型性。根据 Taylor（2001：8955）的说法，"人们基于一些范畴内的典型示例来理解一个范畴。只要事物与典型示例相仿，就能与该范畴建立联系"。一个类别中最典型的示例被称为"原型"。Hampton（2006）认为，词与词的区别不在于语义特征，而在于它们与"原型"的相似程度。和其他单词共享搭配最多的单词具有最高的典型性，可以被看作该语义范畴中的原型，相反，和其他单词共享搭配最少的单词最具备特殊性，和原型相似度最低。该研究思路的优点是将多个近义词组成的集合看成整体，通过考察每个成员在集合中的表现来区分它们的意义和用法，这种整体的视角有利于提高近义词学习的效率，明显优于将近义词两两进行对比的线性方法。

三、基于语料库中词汇共现关系的词汇语义网络

词汇在语篇中的分布特征可以反映其语义特征，所以比较词汇在语料库中的分布情况可以判断两个单词的语义距离或语义相似度。方法之一是

LSA(Latent Semantic Analysis),其主要思想是单词之间的相似性可以通过其所出现的语境主题以及来源于语境的推断意义来获得,这个推断意义来自语境所提供的单词共现关系。如果两个单词在同一语境中共现,而所有其他单词跟它们只是在本语境中共现,没有在其他语境中出现,那么这两个单词的语义关系紧密。如果单词之间的语义距离达到一个设定值,那么它们之间就建立了连接。由单词节点和连接就构成了词汇语义网络。

方法之二是利用词汇在文本中的依存句法构建网络。在这种网络中,节点是词,节点之间的关系是依存句法关系,所以在建立网络之前要对语料库中的句子进行依存句法标注。刘海涛(2009)采用依存句法标注了"新闻联播"与"实话实说"文本,并在此基础上构建了两个汉语依存句法网络,网络结构分析发现语义网络也是小世界和无标度网络,但是它和句法网络在层级结构和节点度相关性方面存在明显不同(刘海涛,2009)。Ke 和 Yao(2008)研究了英语为母语的儿童词汇网络发展的路径,具体方法是,以单词为节点,相邻单词为边,构建网络,通过不同时间儿童词汇网络的大小、密度(平均度)和中心节点的比较发现,不同的儿童词汇网络发展路径不同,但是都会经历中心节点向权威节点转变的过程,并越来越接近成人的网络结构。另外,儿童词汇网络发展途径跟监护人(父母)的话语方式有很大关系。

随着计算机网络分析工具的开发,该方向的研究越来越多,这对于发现语言的总体特征和不同语言的类型学特征有很大的帮助。比如,不同语言的依存距离网络的差异反映出不同语言的加工产生的认知负荷以及说这些语言的人如何有效应对这些认知负荷。而不同语言的依存网络的共同特征可以反映语言认知的普遍规律。

第四节 常用网络分析工具 Ucinet

一、Ucinet 简介

Ucinet(Univesity of California at Irvine NETwork)是由美国加州大学欧

文分校的 Linton Freeman 教授开发，后来由肯塔基大学的 Steve Borgatti 和英国曼彻斯特大学的 Martin Everett 维护更新的社会网络分析软件。该软件的特点是操作简单、内存空间占用少、功能强大。Ucinet 包含网络各个层面的分析指标，如：宏观层面的网络密度、规模、平均路径长度、网络直径；中观层面的各种聚类分析——成分、模块、派系、k-丛、k-核等；微观层面的节点中心性、节点影响力、二方关系、三方关系等。该软件也包含对网络假设进行检验和分析的程序，如相关分析、回归分析、对应分析和因子分析等。在网络数据分析的基础上，Ucinet 可以实现网络结构的可视化，直观展示网络参数之间的关系以及网络运行和发展的规律。社会网络分析起源于社会学领域对社会行为的研究，但是随着其理论的完善和工具的不断改进，包括 Ucinet 在内的社会网络分析软件逐渐被借用到社会科学的其他领域，用来分析如信息情报传递网络、交通网络、水文网络等复杂结构的研究。本节重点介绍 Ucinet 与词汇网络研究相关的功能和使用方法。

Ucinet 主界面包括主菜单和子菜单，每一个子菜单可能还包括下一级子菜单。在主界面顶端的主菜单上并排摆放的是代表不同功能的八个按钮（文件，数据，变换，工具，网络，可视化，选项，帮助），这些按钮的名称直观地显示了各自的功能和用途（如图 4-4 所示）。比如，"文件"是文件管理按钮，点击后会出现下一级菜单：改变默认文件夹、创建新建文件夹、复制 Ucinet 数据集、重命名 Ucinet、删除 Ucinet 数据集等。这些按钮对应着对文件和数据集不同的操作，例如，点击"改变默认文件夹"可以重新设置新的默认文件夹，后续所有的输出数据都会自动保存到这个新默认文件夹中。点击"查看前一个输出"按钮时，前面自动保存到默认文件夹中的数据集会在桌面显示出来。"数据"按钮对应的是对某一数据文件中的数据进行处理的操作，点击后会出现包括以下功能键的下拉菜单：随机、输入、输出、CSS、浏览、显示等，其中非常重要的是"输入"按钮，点击后能将保存在电脑中的数据导入 Ucinet 中，以备数据整理、分析和网络的构建，这是启用 Ucinet 进行网络分析的第一步。另外一个重要的数据处理按钮是"联系(2-模到 1-模)",其作用是将二模矩阵转换为一模矩阵。比如,在完成词汇联想实验后,要使用该功能将"学生-联想词"矩阵转换为"联想词-联想词"矩阵。"变换"按钮的功能是对矩阵进行转换,下拉菜单的第一个按钮是"块"(Block),即把一个矩阵中的数据切分成不同的块,并自动计算块所对应小网络的特征(如密度、最大值、最小值等);第二个按钮"塌缩"(collapse)即将一个矩阵的多行或多列进行压缩和叠加;其他按钮分别对应着诸如将矩阵进行二值化、对称化、传递化、标准化,或其他的矩阵数值改变操作(数值加倍、对角线赋值、聚类系数最小化且距离最大化等)。"工具"和"网络"栏按钮提供了对网络数据进行具体分析的功能,如通过规模、密度、聚集系数等指标的计算考察网络的整体结构,通过聚类分析透视节点连接所形成的社区,通过节点中心度看它在网络中的地位和作用。Ucinet 软件主界面清晰,各功能键分工明确,给数据处理带来了极大的便利。

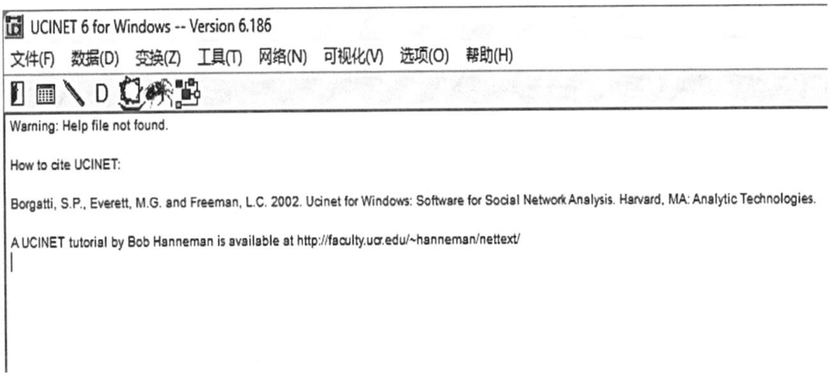

图 4-4　Ucinet 主界面图

二、Ucinet 的数据输入

可用于 Ucinet 数据分析的文件主要是 Ucinet 数据文件,所以在输入其他类型的文件时,要选择适当的文件类型,在数据分析之前将其转换为

Ucinet 数据文件。比如，要输入 Excel 文件的步骤是依次点击如下按钮：数据-输入-Excel 矩阵。

表 4-6 词汇联想示例

	apple	banana	orange	grape	pear
S1	1	0	1	0	1
S2	1	1	1	0	0
S3	1	1	0	0	0
S4	0	1	1	1	0
S5	0	0	1	1	1

```
Sheet1

     a b o g p
     - - - - -
S1   1 0 1 0 1
S2   1 1 1 0 0
S3   1 1 0 0 0
S4   0 1 1 1 0
S5   0 0 1 1 1


----------------------------------------
Running time:  00:00:03
Output generated:  05 12月 22 11:05:55
Copyright (c) 1999-2005 Analytic Technologies
```

图 4-5 词汇联想的 Ucinet 数据文件

输入一个文本文件的步骤如下：

第一步，用 Ucinet 本身的文本编辑器编辑一个数据语言文件（dl, data language），以上面的词汇联想数据为例，数据语言文件的内容如下：

dl n = 5

format = fullmatrix

lables embedded

data：

apple banana orange grape pear

S1 1 0 1 0 1

S2 1 1 1 0 0

S3 1 1 0 0 0

S4 0 1 1 1 0

S5 0 0 1 1 1

数据语言文件中的语句所表达的信息如下：

第一行定义了该文件的属性：dl 即 data language；第二行说明格式是全矩阵，所有的数据是完整的，因为这个矩阵有 5 行 5 列，所以它是一个方阵；第三行的含义是行和列的标签已经嵌入数据。Data：指明以下是该矩阵的具体数据。文本文件编辑好后保存备用(本例的文件名是"词汇联想数据")。

第二步，依次点击下面的按钮"数据-输入-描述文本文件"就可以得到与上文相同的 Ucinet 数据文件；如果要输入数据的矩阵是长方形矩阵而不是方阵，只需要在第一行说明行数和列数就可以了。

例如下面的语句说明该文件包含一个 6 行 7 列的长方形矩阵：

dl nr=6, nc=7

以此类推，如果是 10 行 20 列的矩阵，那么第一行的说明应该是：

dl nr=10, nc=20

Ucinet 数据输入完毕后，可以用 Ucinet 数据编辑器对其进行编辑，操作方式跟 Excel 表格类似，可以用 cut 的快捷键剪切数据，用 copy 复制数据，用 paste 粘贴数据，用 fill 给没有数值的单元格填 0。

三、Ucinet 的数据处理

数据的合并。该功能可将保存在不同文件中的数据合并到同一个文件中。在进行数据合并之前必须先确定按行合并还是列合并，或是矩阵合并。行合并就是把两个矩阵的行数相加，相当于把两个矩阵在垂直方向叠加在一起；与此相反，按列合并就是行数保持不变，而将列数相加，相当于在水平方向上将两个矩阵拼接在一起。矩阵合并只是把两个矩阵放在一起，它们还是两个独立的矩阵，各自的行数和列数都不变。如下所示：

矩阵 1　　　　矩阵 2

00000　　　11111

00000　　　11111

00000　　　11111

00000　　　11111

00000　　　11111

行合并后的矩阵　　　列合并后的矩阵

00000　　　0000011111

00000　　　0000011111

00000　　　0000011111

00000　　　0000011111

00000　　　0000011111

11111

11111

11111

11111

11111

矩阵合并的结果

00000

00000

00000

00000

00000

11111

11111

11111

11111

11111

　　具体的操作方法是：先选择要合并的文件，然后选择"联接维度"。如图 4-6 的界面所示，选择 Rows，Columns，Matrices，就会产生行合并矩阵、列合并矩阵和矩阵合并结果。

图 4-6　行合并矩阵示例

　　二值化。Ucinet 的有些功能建立在二值数据分析的基础上，对于包含大于 1 的数据文件，首先要将矩阵二值化，就是要设定一个切割值，大于切割值的数就变成 1，小于或等于切割值的数都以 0 代替。这个功能实现的操作方法是依次点击"变换""对分"，输入切割值，"确定"。

　　例如，表 4-7 的词汇-词汇连接矩阵数据中最大值为 6，最小值为 0。按照以上的步骤，如果输入切割值 2，然后对分之后就能得到二值矩阵（见图 4-7）。

表 4-7　词汇-词汇连接矩阵示例

		apple	banaba	orange	grape	pear
1	apple	3	2	4	0	5
2	banana	1	1	1	0	0

续表

		apple	banaba	orange	grape	pear
3	orange	2	6	0	0	0
4	grape	0	2	3	2	0
5	pear	0	0	1	2	1

图 4-7 二值矩阵示例

　　标准化。在网络分析过程中，为了减少数据差异过大造成的偏误，可以先将数据进行标准化，让不同的数据集之间的可比性更高。其操作方法如下：打开要处理的文件后依次点击"变换""标准化"就可以完成任务。上例中的词汇联想结果矩阵标准化后的结果如图 4-8 所示。

　　这个标准化的计算过程是将每个单元格的数值作为分子，除以该单元格对应的列数值的总和。如果原始词汇-词汇矩阵代表的是在词汇联想中的单词共现现象，第一行第一列的 3 就表示 apple 这个单词出现的频率是 3，可以理解为该单词与自己共现的频次为 3，而第一列的数值总和为 6，即 apple 与所有其他词共现的频次为 6。标准化后的数值 0.500 就说明 apple

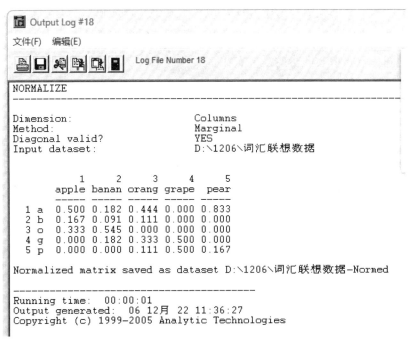

图 4-8　词汇联想数据标准化结果示例

与自己共现的频次占跟所有词共现的频次的 50%，每一列的所有数值相加之和是 1（100%）。标准化后的矩阵跟同类型的矩阵之间数值的可比性大大提高了。

四、Ucinet 的主要功能

节点中心性计算。中心性是词汇语义网络分析的重点之一，具体分析单词节点在网络中的位置和影响力，其计算方法主要包括度数中心性（degree centrality）、中间中心性（betweenness centrality）和接近中心性（closeness centrality）。度数中心性又包括绝对度数中心性和相对度数中心性。绝对度数中心性就是与该节点直接相连的其他节点的个数。如果一个单词节点与许多其他单词节点相连，说明它具有较高的绝对度数中心性。当两个网络的规模不同时，它们的节点的中心性无法比较。所以，为了比较不同规模的网络节点的中心性，相对度数中心性的概念被提出，其计算方法是节点的绝对中心性与网络中节点最大可能的度数之比。与度数中心性不同，中间中心性指的是节点在多大程度上位于其他节点对的中间，起到中介作用。中间中心性高的节点对其他节点的影响力较大，在网络的信息交流中起到重要作用。最后，接近中心性测量的是节点到其他节点的距离，如果一个节点到其他所有节点的距离都很短，那么该节点就具有较高的接近中心性，在网络中的影响力越大。

中心度计算的具体操作流程是：打开网络数据文件，依次点击"网络""中心度"，然后根据分析的需要选择要计算的中心度的类型，如"度"，或者"中间中心性""接近中心性"等。图 4-9、图 4-10、图 4-11 分别是输入上节的词汇联想数据后计算出的中间中心性、度数中心性和接近中心性的结果。

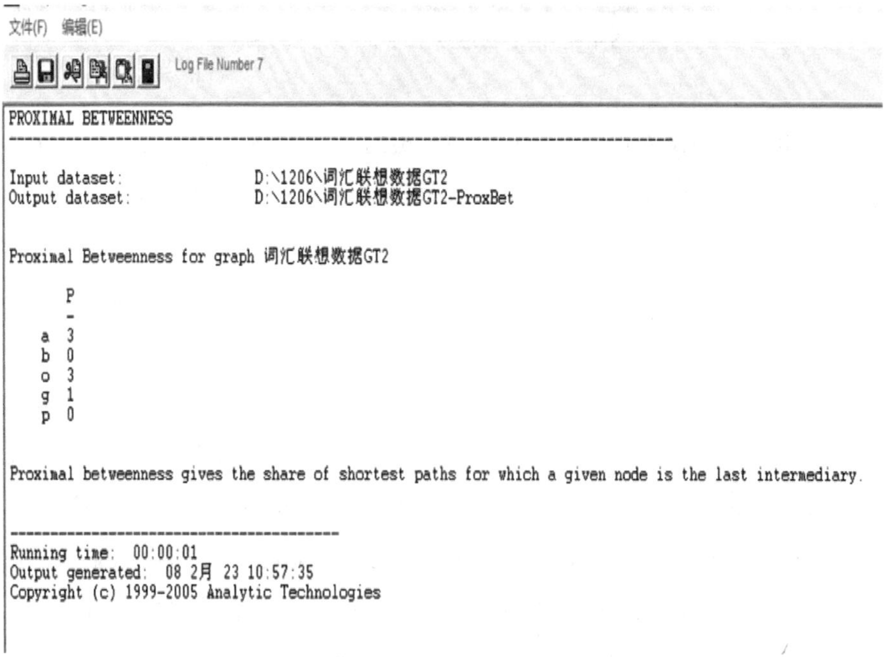

图 4-9　中间中心性计算示例

图 4-10 度数中心性计算示例

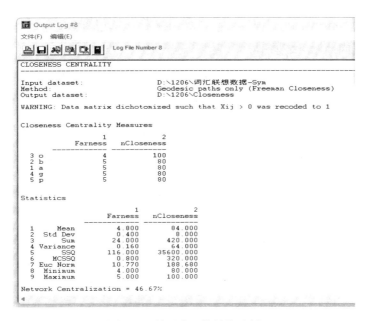

图 4-11 接近中心性计算示例

凝聚子群分析。词汇语义网络中的单词之间的连接不是均匀分布的，有些单词之间连接紧密，有些连接稀疏。同样，单词到单词之间的距离也不是一致的，有些单词到其他单词的距离很近，而另外一些单词之间的距离很远。根据单词连接的紧密程度和单词之间距离的不同，网络中的节点可以分到不同的凝聚子群或社区。但是，根据不同的子群划分标准可以得到不同的分区结果。

如果一个网络可以分为几个部分，每个部分的内部成员之间存在关联，而各个部分之间没有任何关联，在这种情况下，这些部分被称为成分（component）。在 Ucinet 中，点击 Network-Regions-Components 就可以进行成分分析。

K-核分析。如果一个子群中的全部点至少与该子群中的其他 K 个点邻接，则称这样的子群为 K-核。作为一类凝聚子群，K-核有自己的优势所在，K 值不同，得到的 K-核也不同，研究者可以根据自己的数据和研究目的自行决定 K 值的大小，从中发现一些有意义的凝聚子群。在 Ucinet 中，点击 Network-Regions-K-Core 后出现对话框，选出要分析的数据，点击 OK 后就能计算出结果。

网络的分派指数。一个网络中可能存在多个凝聚子群，网络的分派情况是重要的结构特征，与网络的功能密切相关。网络中存在的关系可以分为两类：子群之间的关系（External links）和子群内部的关系（Internal links）。分派指数，E-I 指数（External-Internal Index）的计算方法是（EL-IL）/（EL+IL），其中 EL 代表子群之间的关系数，IL 代表子群内部的关系数。该指数的取值范围是（-1，+1），该值越靠近 1，表明关系越趋向于发生在群体之外，意味着网络分成凝聚子群的趋势越小；该值越接近-1，表面子群之间的关系趋向于发生在群体之内，意味着网络分群的趋势越明显；该值越接近于 0，表明子群内外关系数量差不多，关系趋向于随机分布，看不出凝聚子群分布情形。

小世界网络的判断。在网络结构特征的统计中，小世界特性非常重

要，其基本思路是将目标网络和同等规模的随机网络进行比较，如果目标
网络的平均路径长度显著小于随机网络，而聚集系数显著大于随机网络，
那么该网络就是小世界网络。具体操作方法是：第一步，在 Ucinet 中导入
该网络，对网络进行对称化处理（Transform-Symmetrize-Maximum）。然后，
沿着 Network-Cohesion-Clustering Coefficient 这条指令计算聚集系数。第二
步，沿着 Tools-Statistics-Univariate-Matrix，对得到的"距离矩阵"进行计算，
即可得到平均路径长度。第三步，构建与目标网络规模和连接数相当的随
机网络，并计算其聚集系数和平均路径长度。第四步，比较目标网络和随
机网络的聚集系数，看它们是否存在显著差异。

根据连接相似性对网络进行分块（CONCOR 方法）。CONCOR 是一种
迭代收敛法，它的功能是根据连接相似性将网络中的节点分成不同的模
块，将连接相似度高的节点分到同一模块，结果不同模块中的节点连接度
各不相同。它的工作原理如下：如果对矩阵中的各个行或者列之间的相关
系数进行重复计算，最终可以得到一个仅仅由 1 和 -1 组成的相关系数矩
阵。也就是说，这个计算将网络中的节点分成了两类：连接相似的节点和
连接不同的节点两类。同样的方法应用于这两个模块，可以将它们各自再
分成两个小模块，即总共得到 4 个小模块，然后 4 可以分成 8。依此类推，
直到最后一个模块中只有 3 个或者更少的节点。

第五节　总　　结

本章主要内容分为四个部分：网络研究的背景（图论的起源、基本思
想、方法优势和在词汇研究中的应用情况），词汇语义网络研究的常用参
数（包括网络宏观特征测量参数和节点结构特征测量参数），数据收集方
法，以及网络分析工具 Ucinet 的基本用法。由于目前词汇语义网络研究对
很多研究者来说还比较陌生，所以本章中的方法介绍尽量简明扼要，软件
使用所举的例子主要来源于词汇联想实验。建议读者从词汇联想实验开

始，体会词汇之间语义的连接，并着手建构自己的词汇联想网络，在数据处理和分析的具体过程中熟悉 Ucinet 的基本功能和具体操作。本书选择 Ucinet 作为工具的主要原因是其界面设计合理，使用方便，不需要太多的计算机和数学的知识，易于学习和掌握。另外，在学会了 Ucinet 的操作之后，再学习其他的工具软件就比较简单易行。

第五章　二语词汇语义网络与一语词汇语义网络的比较研究①

第一节　二语词汇语义网络与一语词汇语义网络比较研究背景

　　二语词汇表征是语言学研究的重要话题，现有二语心理词典研究认为词汇知识在头脑中的表征分为词形和词义两部分（De Groot，1992；Kroll & Tokowicz，2001），但是关于这两部分如何关联和作用，不同的研究者有不同的观点。共享表征支持者认为，一语和二语的词形分别单独表征，但是一语和二语语义是共同表征的。与此不同，独立表征支持者认为一语和二语的语义系统和词形系统都是单独表征的，每种语言的词形系统单独对应于各自的语义系统（Kroll & Tokowicz，2005）。虽然独立表征的观点有很多的支持者，但是有研究显示该模式只适用于抽象词和非同源词（Kolers，1963；De Groot & Nas，1991；Van Hell & De Groot，1998）。例如，Kolers（1963）发现，具体词和形象度高的单词倾向于在不同的语言中产生相同的词汇联想词。他们认为，一种文化中独特的经历在记忆中单独表征，而不同文化中的基本概念在头脑中是共同表征的。由此看来，一语和二语的语义表征应该是交叉的，一部分内容共享而另一部分内容独立表征。如何区分两种语言中哪部分语义被共享表征，哪部分语义独立表征呢？研究者使

---

　　①　本章引自《社会表征理论视角下中国大学生汉英词汇语义网络对比研究》一文，该文发表于《外语界》2024年第2期，作者：冯学芳、刘洁。有改动。

用了不同的方法(词汇联想、语义启动、单词翻译、图片命名、单词判断等)来观察一语和二语相互作用的情况(De Groot，1992)。前人的研究主要是通过考察若干目标词在一语和二语中的行为来推断词汇表征规律，因而不能整体地、宏观地描述某一语义范畴中所有单词的表征模式，无法观察到它们如何相互作用形成有组织的结构。网络科学的发展使这一难题的解决成为可能，通过考察一语和二语词汇语义网络结构的异同就可以分析一语和二语词汇表征相互作用的规律。Borodkin 等(2016)比较了母语为英语的希伯来语学习者一语和二语的词汇语义网络节点的聚集系数和平均路径后发现，二语词汇语义网络的联通性低于一语。在网络分析方法中，网络密度刻画了网络中节点连接的紧密程度，是反映网络联通性的重要且直接的指标。本章将汇报通过对比中国英语学习者一语和二语词汇语义网络的密度来比较两个网络联通性的研究。本章探讨的具体问题是：

(1)二语词汇语义网络的密度是否比一语词汇语义网络更低？

(2)二语词汇语义网络的中心势是否比一语词汇语义网络更高？

(3)二语词汇语义网络和一语词汇语义网络的差异性在外围系统是否比中心核系统更高？

第二节　研　究　设　计

本研究借助社会表征结构分析方法，利用社会网络分析工具，分析、对比中国英语学习者一语和二语词汇语义网络的宏观和微观特征，总结它们的结构异同，以增进对一语和二语词汇加工和词汇表征的理解。由于二语熟练程度不如一语，二语词汇加工效率低于一语，所以我们假设二语词汇语义网络密度低于一语词汇语义网络。网络中心势描述网络的影响力向中心节点聚集的趋势。按照认知语言学的范畴化理论，范畴中的成员地位并不均等，典型成员更容易被感知和习得，表征效果更好。对于二语学习者非常熟悉的语义范畴，其一语和二语范畴典型成员习得的时间都早于非典型成员，表征效果都好于非典型成员，但是由于二语还处于发展阶段，所以典型成员在词汇表征中的支撑作用可能更大，所以我们假设二语词汇语义网络具有更高的中心势。另外，社会表征理论认为，一个概念的社会表征是由中心核系统和外围系统组成，中心核系统(central core system)源于集体记忆，决定着社会表征整体意义，具有对抗压力、维持其自身相对稳定的特征(Wachelke，2012)；外围系统围绕中心核系统而构建，源于个体经验，受到中心核系统的组织和制约(Wachelke，2012；Wolter，2018)。词汇语义网络跟概念系统密切关联，作为社会表征的词汇语义网络的中心核系统源于大多数学习者共同的词汇学习记忆和概念表征，从理论上讲应该比外围系统更稳定，由此有理由假设二语词汇语义网络和一语词汇语义网络的差异性在外围系统比中心核系统更高。

一、研究对象

本研究在武汉某 985 高校进行，共包括被试 500 人。所有被试均为一年级本科生，平均年龄为 18~20 岁，来自近 10 个不同的专业。所有受试的母语均为汉语，二语为英语，在相同的外语教学环境下接受教育，学习英语的时间为 6~12 年。在测试中将被试分为两组，各 250 人，分别参加汉语语义流利度测试和英语语义流利度测试。将被试分为两组可以避免同一组被试在第二次测试中受到第一次测试的记忆效果的影响。另外，对不同批次的实验对象的多次实验表明，相同水平的被试二语词汇语义网络结构相对稳定，所以可以选择二语水平相同的两组被试分别做英语和汉语的语义流利测试。剔除无效试卷之后，实际参与本研究的两组被试为英语和汉语测试各 228 人，共 456 人。

二、语义流利测试

本研究中采用的语义范畴为"职业"，要求被试在 1 分钟内写下尽可能多的属于"职业"范畴的词语。选取"职业"这一语义范畴的原因在于被试对这一语义范畴熟悉，能够尽可能避免词汇量大小对测验结果的影响。此外，为了克服英语和汉语在书写时间上的差异，以及被试英语和汉语水平的差异，本研究在建立词汇网络时选用了最初联想到的 3 个反应词。根据语义流利度测试的相关研究，被试往往会最先产出最典型、最中心的词汇（Zemla & Austerweil，2018），因此最先产出的词最能反映被试头脑中该语义范畴的表征特点。

第三节 数据处理

（1）数据清洁整理。首先删除不属于"职业"语义范畴的反应词，如"忠诚""热爱""job"。对于书写或拼写错误的词语，如果能准确辨认其原有形式，应予以还原保留，如"docter"还原为"doctor"；模糊或完全无法辨认的，则删除，如"guardener"可能是"guard"或"gardener"。最后将所有英语单词统一为单数、小写形式。经过初步整理后，我们得到有效汉语答卷235 份，英语答卷 228 份。为保证网络的可比性，我们随机删除了 7 份汉语答卷，最终得到英汉答卷各 228 份。选取前 3 个反应词后，共得到有效汉语职业词 95 个，英语职业词 102 个，英语和汉语所有反应词的总频次均为 684。

（2）词汇语义网络构建。首先将整理之后的词汇输入 Excel 中，构建一个学生与其产出词汇的二模矩阵。在矩阵中，每一行代表某学生产出的所有词，每一列代表产出某个词的全部学生。若学生产出了相应的词汇，对应单元格的值为 1，否则为 0。表 5-1 中，学生 1 产出的词汇为"老师""工程师""科学家"，产出"医生"这个词的有学生 4、7、8。

表 5-1 学生-词汇矩阵示例

	医生	教师	老师	警察	护士	工程师	科学家
学生 1	0	0	1	0	0	1	1
学生 2	0	1	0	1	0	0	1
学生 3	0	0	0	1	1	0	0
学生 4	1	0	1	0	0	1	0

	医生	教师	老师	警察	护士	工程师	科学家
学生 5	0	1	0	0	0	0	0
学生 6	0	1	0	1	0	0	0
学生 7	1	0	1	0	0	0	0
学生 8	1	0	1	1	0	0	0

接着，我们将该矩阵导入网络分析软件 Ucinet 中，将其转换为词汇-词汇一模矩阵，以便对词汇之间的共现关系进行分析。在此矩阵中，列和行都是学生产出的词汇，对角线上的值代表该词出现的总频次，每个单元格的值代表两个单词同时出现的次数。表 5-2 中，"医生"的总频次为 125，与"教师"共同出现的频次为 44。由此，我们的关注重点就从产出单词的学生转移到单词之间的关系上，后文对网络结构参数的计算皆是基于词汇-词汇矩阵。

表 5-2 词汇-词汇矩阵示例

	医生	教师	老师	警察	护士	工程师	科学家
医生	125	44	60	24	28	9	7
教师	44	94	0	21	10	10	9
老师	60	0	92	22	13	12	8
警察	24	21	22	52	3	2	6
护士	28	10	13	3	35	1	0
工程师	9	10	12	2	1	28	5
科学家	7	9	8	6	0	5	22

网络结构分析。本研究利用网络分析可量化的特征，采用规模（size）、密度（density）、组元（components）、点度中心势（centralization）来反映一语和二语词汇表征的整体结构特征。网络规模由网络中的词汇数量来衡

量。网络密度指网络连线的稠密程度。组元是指一个内部连通的独立子网络(即组元内的节点都有其他节点与之相连,没有孤立节点),组元之间互不相连,含有节点数量最多的组元为主组元(main component)。点度中心势表示的是整个网络向中心节点聚集(centralize)的程度,以百分率表示。点度中心势越小,网络中各个节点的地位就越均等;点度中心势越大,网络连接分布就越不均衡。

此外,节点在网络中不是均匀分布的,而是因紧密程度不同而聚集成不同的社群或子网络。本研究采用k-核分析来考查词汇语义网络的内部社群分布。所谓k-核(k-core)是指以"剥洋葱"式的操作,从网络中提取满足以下条件的子网络:该子网络中的每个节点至少与k个其他节点相连。如"2-核"表示在子网络中所有的节点都与至少2个其他节点相连。k核值越大,子网络节点之间的关系越密切,该子网络也更加稳定,所以,"7-核"子网络比"2-核"子网络连接密度更大,更具中心性。节点在网络中的影响力和影响范围可以通过点度、核内点度、核参与度来表示。点度指的是某节点所拥有连接的数目;核内点度指的是节点在k-核子网络内拥有的连接数目;总点度指的是节点在整个网络中连接数的多少。核参与度描述节点的影响力局限于子网络的程度,其计算方法是用核内点度除以它在整个网络中的总点度,核参与度越大,该词的影响范围就越局限于k核子网络,对核外的影响就越小。核参与度大于60%为强内部参与(曹震宇等,2012;胡发稳等,2018)。

第四节　研 究 结 果

一、一语与二语词汇语义网络的整体结构

表5-3展示了一语和二语词汇语义网络整体特征的参数。从整体上来看,一语网络规模较小,但是网络密度更大,表明一语词汇语义网络中词汇间存在更紧密的连接。从组元构成来看,一语和二语网络均存在一个主组元,分

别含有 92 个和 99 个词，分别占各自总单词量的 96.84% 和 97.06%，对一语和二语组元构成的 χ2 检验表明二者不存在显著差异（$\chi_2 = 0.008$，$\rho = 0.93$）。为了比较网络的点度中心势，本研究构建了 100 个规模和密度分别与一语和二语网络相同的随机网络，由此在各组计算出 100 点度中心势随机值（random value），然后用各组点度中心势的实际值减去对应的 100 个随机值得到每组各 100 个预期值（expected value），再对两组消除随机因素后的预期值进行配对 t 检验，$p < 0.05$ 则视为有显著性差异。一语 100 个随机网络的点度中心势（%）为 10.05 ± 2.03（$x \pm s$），二语 100 个随机网络的点度中心势（%）为 9.19 ± 1.71（$x \pm s$），两组预期值分布的 t 检验显示一语网络点度中心势实际值显著小于二语网络的点度中心势（$p < 0.01$），说明一语词汇语义网络中词的地位更为均等，而二语词汇语义网络更趋于向中心节点聚集。

表 5-3　一语和二语网络整体参数比较

	一语	二语
规模	95	102
密度	0.1532	0.133
主组元含词数	92	99
其他组元数	1	1
其他组元含词数	3	3
主组元含词比例（%）	96.84	97.06
点度中心势（%）	48.25	59.35**

＊＊与一语比较，$p < 0.01$

二、一语与二语词汇语义网络的 k-核解析

图 5-1 和图 5-2 展示了一语和二语词汇网络。一语和二语网络的最里层中心均为一个由 13 个反应词构成的 7-核子网络，分别占总词数的 13.68% 和 12.75%。图中节点越大代表其点度越大，连接的单词数目越多，该词对整个网络的影响越大。一语网络中最大的节点是位于 7-核子网络中

的"教师"(拥有 50 条连线)、"医生"(拥有 46 条连线)、"老师"(拥有 41
条连线)。二语网络中最大的节点是位于 7-核子网络中的"teacher"(拥有
65 条连线)和"doctor"(拥有 46 条连线)。

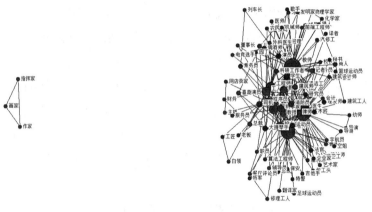

图 5-1　一语"职业"词汇表征网络图

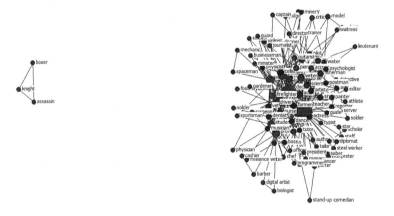

图 5-2　二语"职业"词汇表征网络图

对一语和二语网络中词汇的 k-核分布情况做 χ^2 检验,结果显示二者存
在显著差异($\chi^2 = 12.369$,$\rho < 0.05$)。由于词汇网络的基本结构单元是 3 个
反应词两两相连所组成的三角,因而词汇网络模型的基础是 2-核,原则上
高于 2-核的其他 k-核都有可能成为网络的中心核,但 k 核值越大,表明所

在子网络中节点之间的关系越密切，词汇在整个网络中的地位更加稳定。

表 5-4 中的 7-核词汇展示了一语和二语"职业"联想的最核心词汇，各 13 个(按照核参与度从低到高排列)。两个网络的对比发现，汉语和英语的 13 个核心词中有 10 个词互为译词(如"教师"对应"teacher"，"医生"对应 "doctor")。这 10 个词涉及 9 种职业，大多来自教育、医疗、安全等关系 国计民生的基础行业，这些职业的特点是稳定、从业人数多、受人尊敬， 如教师、医生、警察。汉语网络中强核参与度词有 5 个("科学家""律师" "厨师""消防员""教授")，占 7-核子网络词汇总数的 38.46%；英语网络 中仅有 1 个词(firefighter)为强核参与度词，占 7-核子网络词数的 7.69%。 一语 7-核词汇的平均产出词频为 41.54，二语 7-核词汇的平均产出词频 为 34.77。

表 5-4　一语和二语词汇网络 7-核词汇

词汇	一语				词汇	二语			
	产出词频	核内点度	总点度	核参与度(%)		产出词频	核内点度	总点度	核参与度(%)
教师	94	11	50	22	teacher	154	12	65	18.46
医生	125	12	46	26.09	doctor	103	12	46	26.09
老师	92	11	41	26.83	engineer	35	8	22	36.36
工人	20	7	18	38.89	worker	20	7	18	38.89
工程师	28	8	19	42.11	student	16	7	16	43.75
警察	52	11	21	52.38	cook	21	8	18	44.44
程序员	21	10	18	55.56	policeman	14	9	20	45
护士	35	10	17	58.82	writer	12	7	15	46.67
科学家	22	9	14	64.29	professor	16	8	17	47.06
律师	11	8	11	72.72	nurse	20	7	13	53.85
厨师	19	10	13	76.92	driver	19	9	16	56.25
消防员	12	7	9	77.78	police	14	7	12	58.33
教授	9	8	9	88.89	firefighter	8	7	10	70

6-核子网络在原有 7-核子网络的基础上往外围扩展了一圈。数据显示，汉语和英语 6-核子网络在各自 7-核子网络的基础上各增加了 4 个和 14 个新词(见表 5-5)，且新增词汇中无汉英对等词。汉语新增的 4 个词为"运动员""学生""清洁工""司机"，为与日常生活密切相关的 4 种不同职业，且均为强核参与度词。二语词汇网络中新增的 14 个新词与文化、艺术相关，如"dancer""cellist""singer""actor""actress""artist"，除"scientist"外，剩余词汇均为强核参与度词。

以上结果表明，汉语和英语在 6-核子网络上的差异明显大于在 7-核子网络上的差异。首先，从子网络规模上看，英语 6-核子网络的节点数(27)大于汉语 6-核子网络的节点数(17)，这和前面两个网络点度中心势的比较结果一致，即英语词汇语义网络向中心点聚集的趋势比汉语词汇语义网络更明显，或者说，汉语词汇语义网络中节点的地位相对更加均等。其次，从子网络构成上看，从 7-核子网络向 6-核子网络扩展时新增词汇的汉英两种语言对译词更少。由此，我们预测在网络边缘带上汉语和英语词汇语义网络的差异最大。为了验证此预测，我们用 Ucinet 统计出从 3-核过渡到 2-核时两种语言新增的单词(网络最边缘词汇)。结果发现，在该网络最边缘地带，汉语和英语网络各包含 58 个和 51 个单词，分别占所在网络词汇总节点数的 61.05% 和 50%，如表 5-6 所示，加粗单词可在另一语言中找到对译词。

表 5-5　汉语和英语词汇网络 6-核新增词汇

词汇	汉语				词汇	英语			
	产出词频	核内点度	总点度	核参与度(%)		产出词频	核内点度	总点度	核参与度(%)
司机	8	6	10	60	scientist	10	6	12	50
运动员	5	6	8	75	cellist	10	8	13	61.54
学生	9	7	10	70	artist	6	6	9	66.67
清洁工	9	6	9	66.67	lawyer	15	12	18	66.67

续表

词汇	汉语				词汇	英语			
	产出词频	核内点度	总点度	核参与度(%)		产出词频	核内点度	总点度	核参与度(%)
					actor	17	10	14	71.43
					dentist	12	6	8	75
					architect	5	6	8	75
					actress	5	6	7	85.71
					vet	4	6	7	85.71
					fisherman	4	7	8	87.5
					farmer	8	7	8	87.5
					singer	9	7	8	87.5
					psychologist	3	6	6	100
					dancer	8	8	8	100

表 5-6 汉语和英语词汇网络 2-核新增词汇

汉语	英语
白领 包工头 **保安** 财务 餐厅评论员 **导演 导游** 电竞选手 董事长 发明家 **翻译家 服务员** 辅导员 歌手 工匠 化学家 画家 环卫工 **机械师** 吉他手 建筑工人 建筑家 建筑设计师 将军 空姐 篮球运动员 老板 列车长 猎人 秘书 农民 企业家 汽修工 前段工程师 球员 商人 设计师 兽医 算法工程师 特警 外科医生 网店卖家 微商 物理学家 修理工人 牙医 **医师** 艺术家 译者 幼师 宇航员 园丁 职员 指挥家 主播 **总经理** 足球运动员 **作家**	assassin athlete attorney **author** barber biologist boxer businessman captain cashier digital artist diplomat **director** editor food stylist freelance writer **gardener guard guide interpreter** journalist judge knight lancer lieutenant **manager mechanic** miner minister officer **physician** porter president programmer saber scholar server soldier solicitor soloist **spaceman** sportsman **staff** stand-up comedian star steel worker tailor trainer **translator** typist **waitress**

第五节　讨　　论

一、一语与二语词汇语义网络的密度差异

从网络的整体结构来看，一语词汇语义网络的节点少于二语，一语词汇语义网络密度（0.1532）高于二语（0.133），证明中国学生英语词汇语义网络结构不如汉语凝练。该结果和 Wilks 及同事的研究结论一致（Wilks & Meara，2002；Wilks，2009）。Wilks 开展了一系列对比研究，发现在法语、德语、西班牙语、英语中，学习者心理词库中词汇间的语义连接均不如本族语者紧密。本研究增加了以汉语为母语的英语学习者的例证，表明二语词汇语义网络密度低于一语是一个普遍现象。值得指出的是，本研究的网络连接基于语义联想实验，数据来自实验对象的产出性词汇，不同于 Wilks 和 Meara（2002）的接受性联想。在他们的词汇联想实验中，实验对象只需要在给出的一系列单词中找出可能存在语义关联的单词对，因而联想结果不可能排除猜测和误判。在本研究的产出性任务中，实验对象要写出他们所能联想到的职业词汇，所以研究数据所涉及的都是有相当强度的连接，因而所构成的网络应该更能反映学习者的词汇应用能力。另外，本研究用不同的方法得出了和 Borodkin 等（2016）一致的结论，即二语词汇语义网络的联通性低于一语。Borodkin 等（2016）通过节点聚集系数的方法探索希伯来语二语词汇语义网络的联通性，实际上该方法测量的是节点所在本地社区的密度，得出的结论是二语词汇语义网络在本地社区的密度比一语更高，同时他们发现二语词汇语义网络的模块性较差，结合这两个特征就得出了二语词汇语义网络联通性比一语更差的结论。和他们的研究相比，本研究直接测算整个网络的密度，有针对性地发现了二语词汇网络联通性不足的问题，效果更明显。

二、一语与二语词汇语义网络的中心势差异

从网络词汇的地位来看，二语词汇语义网络的中心势显著高于一语，

说明二语词汇网络影响力更趋向于向中心节点聚集，也就是说，受试在产出二语词汇时普遍依赖少数高频词，受试的二语产出呈现极大的同质性。这可能与一语和二语的习得环境和学习方法不同有关。二语的学习主要是通过课堂教学实现的，学习者的语言学习和输入具有极大的相似性（Jiang，2000；曹慧玲，2012）。二语词汇语义网络高中心势体现了学习者词汇语义网络中心词汇和边缘词汇影响力的较大差异。原因可能是研究对象二语学习时间短，边缘词汇和概念的连接强度有限，所以在语言交流中会过分依赖中心节点，因为中心节点单词习得时间早，已经建立丰富的连接，更容易被激活。随着学习时间和二语接触量的增加，边缘词汇和概念之间的联系得到加强，词汇语义网络的密度和连通性进一步提高。二语词汇知识增加和学习时间及语言输入量之间的关系已经得到研究的证明（Zinszer et al.，2014），但是二语词汇连接及词汇网络结构与学习时间、学习方式和二语学习环境之间的关系还需更多实证研究的支持。

三、一语与二语词汇语义网络在核心系统与外围系统的差异比较

词汇语义网络中词汇的具体分布显示一语和二语词汇语义网络共享核心语义，突出表现为多数中心核词汇能在另一种语言中找到其对译词。具体数据是，76.92%的7-核词汇在一语和二语中语义是对等的，即存在另一语言的对译词。根据原型范畴理论，范畴中成员的地位存在梯度差异，有典型成员和非典型成员之分。典型成员通常具有认知上的"凸显性"，它们更容易被储存和提取（周启强、谢晓明，2009；肖桐、邬志辉，2019）。一语和二语共享核心词为职业范畴内的典型成员，是关系国计民生的基础性职业，它们在一语和二语中的对等性体现了不同语言文化在认知层面上的相似性。从二语心理词库的构建过程来讲，Wolter（2006）认为学习者在建立二语词库时依赖一语词汇和概念系统。网络的中心核系统成员具有稳定性，因而更有可能在二语词库构建过程中被保留下来。一语和二语词汇语义网络核心系统共享成员是二语心理词库的重要成员，它们是二语词汇语义网络构建和发展的基础。

　　另外，从研究结果可以看出，一语和二语词汇语义网络共享核心词汇具有高点度和低核参与度的特点。点度高的单词可能因其与其他词的丰富连接受到大量的"部分激活"，这些"部分激活"经重复累积可能强化该词在语义网络中的表征，形成加工优势（Vitevitch & Rodríguez，2005；De Deyne & Storms，2008）；低核参与度的核心词汇的影响力并不局限于中心核，而是波及整个网络。根据激活扩散模型，当一个概念节点被刺激而激活时，激活沿节点的各个连线向四周扩散（Collins & Quillian，1969；Collins & Loftus，1975）。核心词在网络中丰富的连接和在中心核内较低的核参与度使得核心词的激活不是仅限于中心核而是能够扩散到整个网络，增加其他词被激活的概率。

　　除了共有的核心意义的表征外，词汇语义表征还具有文化特异性和个体指向性，主要体现在一语和二语词汇语义网络外围系统的差异性上。由于词汇网络的基本结构单元是 3 个反应词两两相连所组成的三角，因而仅出现在 2-核中的词汇是网络中最边缘的词汇，边缘词汇的最大特点是不具备普遍性，仅由单个学生产出。边缘词汇在一语网络中的比例（61.05%）略高于二语（50%），提示语言水平更高的一语网络具有更强的个体指向性，语言表征结构更灵活。此外，一语和二语词汇语义网络的外围系统在组成成员上存在较大差异，一语中仅有 22.41% 的边缘词汇能在对应的二语外围系统中找到其对译词，二语中也仅有 23.53% 的边缘词汇能在对应的一语外围系统中找到其译词。因此，二语词汇语义网络和一语词汇语义网络的差异性在外围系统比核心系统更大。外围系统集中体现了个体在不同语言文化背景下语义表征的差异。比如，外围系统中存在大量仅在一种语言中被激活的词汇（如汉语中的"微商""主播"，英语中的"freelance writer""lancer"），它们在另一语言的产出词汇中没有对译词。由此可见，研究特定的语言文化背景和经历对于词汇表征的影响时要着重以词汇语义网络的外围系统为考察范围。

第六节 结 论

　　本研究将社会表征理论和网络分析技术运用于词汇语义网络结构研究。和一语词汇语义网络相比,二语词汇语义网络的结构不够完善,具体体现为:密度更低、中心势更高。另外,不同核心度社区成员的对比反映出一语和二语词汇语义网络从核心到边缘,语义逐渐从共享到差异的变化过程。核心词汇在网络中的地位显示出其对网络形成和发展的支撑作用。本研究揭示了二语词汇语义网络在中观(不同中心核社区)和微观(具体单词在网络中的地位)方面的差异,研究结果既可以直接应用于课堂词汇教学,也可以为词汇习得提供重要启示。首先,不同核心级别的单词在学习时间先后上应该合理安排,以保证最核心单词能够首先习得。其次,在词汇教学中要加强词汇语义连接,以促进词汇语义网络的发展和词汇能力的提高。为排除语言间共性对语言对比结果的影响,未来研究可引入单语受试作对比,更深入地探讨一语和二语词汇语义网络的互动关系。

第六章　二语词汇语义网络中心词研究[①]

第一节　二语词汇语义网络中心词研究背景

不同单词在词汇语义网络中的位置不同，所连接的其他单词数也不同，因而在网络中的作用和影响力也有差异。中心词因为拥有更多的连接，所以更容易被激活（Aitchison，2003；Fitzpatrick & Thwaites，2020）。另外，语言加工实验证实，语义连接力强的单词在词汇判断、范畴选择、单词识别中加工时间更短（Griffiths，Steyvers & Firl，2007；Duñabeitia，Avilés & Carreiras，2008）。词汇语义发展的优先连接模型认为，中心词在网络中的位置和影响力得益于其丰富的连接，因为按照这个模型，连接越丰富的单词吸纳新单词的能力越强（Steyvers & Tenenbaum，2005）。同时，有研究发现，网络中心词或语义连接能力强的单词网络使用频率也很高，因为使用频率与单词的加工和习得时间都有密切的关联（Hills，Maouene，Maouene，Sheya & Smith，2009a）。那么，单词的中心性和单词频率这两个因素之间是如何关联的？它们之间的差异有多大？这些问题的回答有利于明确词汇语义网络方法和传统的频次统计的线性方法在词汇表征研究方面的区别，有利于展示词汇表征结构对于词汇习得和加工的影响。

[①] 本章引自《社会网络视角下的二语词汇语义网络研究》一文，该文发表于《外语学刊》2022 年第 5 期 93-103 页。作者：冯学芳、刘洁。有改动。

第二节 研 究 设 计

本研究采用 Borodkin 等(2016)构建网络的方法,即通过语义流利测试收集数据来构建词汇语义网络。具体而言,我们在 230 名受试中进行了职业语义范畴的语义流利测试,基于实验数据建立该语义范畴的词汇语义网络,然后用 Ucinet 对该网络进行结构分析。本研究对职业词汇语义网络进行了 Concor 分析,将网络中的节点分为不同的模块,通过不同模块连接密度的对比找出中心模块。中心模块中的单词即网络中心节点单词。然后,通过中心节点单词和高频产出单词的对比,探讨语义网络结构分析方法的优势及课堂教学应用。具体研究问题如下:(1)Concor 分析得到的中心节点单词与按照产出频次统计的高频单词重合度有多高?(2)中心节点单词表和高频单词表的差异反映出词汇语义网络方法在词汇表征研究方面有哪些优势?(3)如何在课堂教学中运用语义网络节点分区结果促进词汇学习?

一、研究对象

本研究的实验对象是 230 名来自中南地区某教育部直属综合性大学一年级的新生。他们的母语是汉语,英语是第二语言。受试的专业有环境工程(32)、电子信息工程(28)、生物科学(25)、医学(31)、法语(24)、日语(23)、法学(33)、新闻(34)。他们都顺利地通过了中国的大学入学考试。在以 0 代表"完全不会",10 代表"熟练母语者水平"的自评系统中,各语言技能单项的平均自评结果是:说(M = 4.74,SD = 1.58)、读(M = 6.51,SD = 1.45)、听(M = 6.51,SD = 1.45)、写(M = 5.27,SD = 1.61)。他们的英语水平属于中级。

二、研究过程

语义流利测试。在语义流利测试中,教师要求学生在一分钟内通过专门设计的问卷星网页在手机上输入他们所能想到的表示职业的英语单词。

在实验过程中，他们不能查阅词典、教材或其他参考书，必须独立完成测试。选择职业语义范畴的原因是该范畴词汇丰富，而且因为涉及学生的未来工作，所以他们往往比较重视，所掌握的相关词汇相对较多。语义流利测试的时间一般是 1~2 分钟，因为本研究关注的是网络中心词汇，而不是受试掌握该语义范畴词汇的完整度，所以我们选择了较短的时间(1 分钟)，这样可以更好地避免受试因极力搜寻记忆所带来的意识影响。测试在课堂环境进行，学生在规定时间完成任务并按时提交答案。

词汇语义网络的建立。从问卷星平台导出数据后，我们清洁和整理了数据。具体做法是去掉拼写错误和不属于职业语义范畴的单词，然后制作学生-单词矩阵。该矩阵的一行给出某一受试产出的所有单词，其一列给出产出某一单词的所有受试。单元格的数值是 1 或 0，反映受试和产出单词之间的关系：如果单元格 Cij 对应的值是 1，说明受试 i 产出了单词 j；相反，如果 Cij 的值是 0，则说明受试 i 没有产出单词 j。例如，在表 6-1 中，Student 1 产出的单词包括"teacher""doctor""farmer""singer""engineer"。另外，"driver"由 Student 2、Student 3，Student 4 产出。

表 6-1　学生-单词矩阵示例

	teacher	doctor	driver	farmer	worker	singer	engineer
Student 1	1	1	0	1	0	1	1
Student 2	1	1	1	0	0	1	1
Student 3	1	0	1	1	1	0	1
Student 4	1	1	1	0	0	0	1

将学生-单词矩阵输入 Ucinet 后，利用其二模矩阵转换成一模矩阵的功能可以生成单词-单词矩阵(如表 6-2 所示)。这个新生成的单词-单词矩阵是一个无方向的加权方阵，因为它的行和列的单词——对应，数量相等，所以它是方阵。另外，因为单词之间的连接代表的是在同一受试所产出的单词系列中的共现现象，所以单词之间的连接没有方向性。再者，因

为单词对(如"teacher""doctor")可能出现在多个受试所产出的单词系列中,所以单元格的数值不仅仅是 0 和 1,还会出现大于 1 的值,即该矩阵是加权矩阵。比如,第 2 行第 1 列的数值是 150,因为该单元格对应的两个单词"doctor"和"teacher"在 150 位受试产出的单词系列中同时出现。这个矩阵的对角线上的值是该单元格所对应的单词被产出的总频次。从表中可以看出,"driver"和"farmer"被产出的频次分别是 73 和 30。

表 6-2 单词-单词矩阵示例

	teacher	doctor	driver	farmer	worker	actor
teacher	203	150	68	27	52	74
doctor	150	163	61	22	42	64
driver	68	61	73	9	24	39
farmer	22	22	9	30	10	12
worker	52	42	24	10	57	28
actor	74	64	39	12	28	86

单词-单词矩阵是构建词汇语义网络的基础,如果将受试所产出的单词看作网络的节点,两个单词共现于同一受试产出的单词看成连接这些节点的边,那么由所有节点和纵横交织的边构成的网络就是能反映职业词汇在该学生群体中社会表征的职业词汇语义网络。

词汇语义网络的 Concor 分析。网络分析软件 Ucinet 的 Concor 功能是以节点之间连接的相似度为基础,将所有节点进行分区,连接情况相似的节点被划分到同一模块。这个方法首先被 Breiger 等(1975)应用于社会网络分析,然后其应用扩展到社会科学的其他领域。Concor 的工作原理是通过计算相关系数考查两个节点在网络中建立连接的相似程度(Wasserman & Faust,1994)。具体做法是,先逐一计算两个节点间的相关系数,构建一个相关系数矩阵,该矩阵单元格最大值是 1,表示这两个节点的连接情况(连接多少节点、连接哪些节点)完全一样;单元格最小值是-1,表示这两个节点连接情况完全不同。相关系数矩阵单元格的数值一般在 1 和-1 之间，离 1 越接近说明两个节点的连接情况相似度越高，离-1 越近说明连接情况相差越远。虽然一般来说只有少数单元格的数值是 1 或者-1，但是如果将该相关系数矩阵反复迭代，最终所有单元格数据都会变成 1 或者-1。数值 1 所对应的节点是相似度高的节点，被分到同一模块，-1 所对应的是相似度低的节点，被分到另一个模块，这样所有的节点就被分成两大组。用同样的方法再对各组进行细分，两组被分成 4 组，4 组被分成 8 组，直到最后最小的组成员数只有 3。Concor 分析的结果是节点被分成了多个模块，同一模块中的节点在网络中的连接情况相似，在网络中的位置相当。

第三节　研究结果

一、职业词汇语义网络的描述性特征

本研究收集到有效职业词汇（包括复合词，如" basketball player " " stand-up comedian " " civil servant " " computer programmer " " fashion designer "等）共 295 个。所以，所构建的词汇语义网络的大小为 295。但是，不同职业词产出频次各不相同。例如，" teacher "出现 203 次，即在 231 位受试中有 203 人写出了" teacher "。有些单词产出的频次相对较低，如" interpreter "出现的频次为 9，而" composer "出现的频次仅为 1。产出频次最高的 10 个单词如下：" teacher " " doctor " " actor " " engineer " " nurse " " driver " " scientist " " cook " " singer " " worker "。另外，单词对（如" teacher-actor "）在同一受试的产出词中共现的频次也各不相同，如" doctor-teacher "共现的频次是 150，所以在语义网络中这两个节点连接的加权值为 150。而另外一些单词对共现的频率较低，如" actor-engineer "的共现频次是 27，而" scientist-nurse "的共现频次是 19。表 6-3 显示出产出频次最高的 10 个职业词之间的连接情况，表格中对角线上的数值是该单词产出的频次。网络平均路径长度为 1.838，即每个节点平均经过 1.838 条边可以与其他所有节

点建立关联。网络的平均密度是 0.5315，也就是说，所有可能出现的节点连接实际只出现了 53.15%，所以该网络的密度有很大的提升空间。该网络的可视图如下(见图 6-1)：

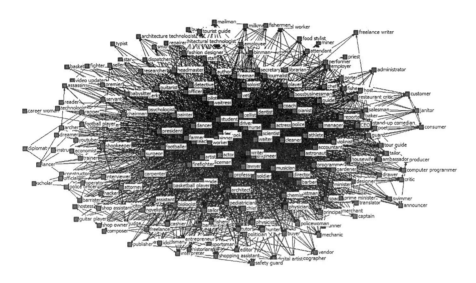

图 6-1　职业词汇语义网络可视图

表 6-3　产出频次前 10 的职业单词之间的连接

	teacher	doctor	actor	engineer	nurse	driver	scientist	cook	singer	worker
teacher	203	150	74	73	62	68	52	53	51	52
doctor	150	163	64	60	67	61	37	41	41	42
actor	74	64	86	27	27	39	17	27	39	28
engineer	73	60	27	81	36	26	23	20	18	23
nurse	62	67	27	36	72	28	19	20	21	19
driver	68	61	39	26	28	73	17	31	27	24
scientist	52	37	17	23	19	17	60	15	19	18
cook	53	41	27	20	20	31	15	58	19	20
singer	51	41	39	18	21	27	19	19	57	20
worker	52	42	28	23	19	24	18	20	20	57

二、职业词汇语义网络中的社群

为了通过密度比较找出中心节点，必须尽量减少节点度数之间的巨大差异造成的偏误，所以我们先将单词-单词矩阵进行了标准化处理，然后运行 Ucinet 软件对职业词汇语义网络进行 Concor 分析，结果得到表 6-4 所示的 8 个模块(blocks)。同一模块中的单词在连接数量和模式上是相似的。模块 1 包含 13 个单词，即"teacher""doctor""actor""engineer""nurse""driver""cook""singer""worker""waiter""writer""dancer""artist"，产出频次最高的 10 个单词大部分位列其中，共现频次最高的 10 个单词对也出现在该模块。这些单词属于英语高频词，大多是英语初级者就已经学习过的单词。Block 6 包含的单词数最多，共 108 个，其中典型单词包括"musician""architect""pianist"，这些单词相对于 Block 1 中的单词在使用频率上更低，学习时间更晚，大多是学生高中阶段才接触到的单词。而Block 8 中的单词(如"entrepreneur""vendor""lexicographer")词频更低，一般是大学英语所涉及的词汇。

表 6-4 职业词汇语义网络节点分区

Block	Frequency	Words
1	13	teacher doctor actor engineer nurse driver cook singer worker waiter writer dancer artist
2	7	scientist student policeman lawyer farmer firefighter pilot
3	7	dentist professor coach vet athlete manager accountant
4	8	police actress cleaner waitress painter astronaut director boss
5	36	cellist footballer soloist programmer guide violinist guitarist chemist fisherman basketball player physician physicist fisher sportsman tour guide fashion designer career woman composer shopping assistant computer programmer shop assistant architecture technologist video updater steel worker assassin basketballer freelance writer guitar player janitor mechanic consumer scholar customer diplomat fighter food stylist

续表

Block	Frequency	Words
6	108	musician architect pianist businessman soldier barber player psychologist president detective fireman journalist postman surgeon officer carpenter headmaster chef gardener housewife assistant author guard secretary stand-up comedian reporter chairman chief clerk designer baker babysitter CEO minister hunter librarian host merchant sailor drawer tutor translator banker staff spaceman salesman porter employee prime minister principal employer researcher performer servant producer poet tailor runner restaurant critic policewoman agent ambassador binman archer editor boxer freelance cashier buyer star bus driver coastguardsman captain smith constructor youtuber administrator announcer architectural technologist typist trainer tourist guide attendant technologist swimmer miner interviewer hacker historian idol instructor premier lancer mailman operator official milkman seller economist dispatcher dreamer football player repairer reader rapper publisher fishermen priest
7	12	model pediatrician solicitor shopkeeper novelist critic judge attorney shop owner barrister police officer hostess
8	8	politician biologist interpreter entrepreneur vendor lexicographer digital artist safety guard

表 6-5 是职业词汇网络的密度表，它清晰地展示出各模块内部和模块之间的连接分布情况。对角线上的数值是各模块内部的密度，比如 Blocks 1~4 的内部密度分别是 0.0364、0.0191、0.0135、0.0106，依次降低，Blocks 5~8 的内部密度分别是 0.0041、0.0014、0.0248、0.0333，先降低再升高，变化规律明显。从内部密度的变化情况可以看出，Blocks 1~4 和 Blocks 5~8 分别形成两个大的模块。而从模块间的连接密度可以看出，Blocks 1~4 中不仅模块内部密度大，而且模块间的连接密度也较大，特别是 Block 1 和 Block 2 和其他所有模块的连接密度都在 0.0133 以上，属于

最中心的两个模块。如果我们将所有节点只分成两大模块，结果是 Blocks 1~4 构成中心模块而 Blocks 5~8 构成非中心模块。与此相应，Blocks 1~4 中的 35 个单词被划分为网络中心节点单词。图 6-2 显示出中心模块的密度依次降低的规律。

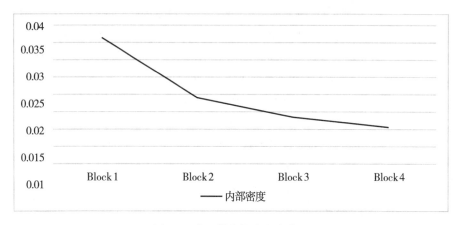

图 6-2　中心模块的密度变化图

表 6-5　分区后的职业词汇语义网络的密度分布

	Block 1	Block 2	Block 3	Block 4	Block 5	Block 6	Block 7	Block 8
Block 1	0.0364	0.0321	0.0304	0.0344	0.0213	0.0341	0.0148	0.0133
Block 2	0.0160	0.0191	0.0150	0.0143	0.0204	0.0166	0.0186	0.0124
Block 3	0.0093	0.0090	0.0135	0.0083	0.0174	0.0100	0.0029	0.0104
Block 4	0.0095	0.0076	0.0078	0.0106	0.0034	0.0093	0.0023	0.0098
Block 5	0.0010	0.0016	0.0023	0.0011	0.0041	0.0011	0.0030	0.0017
Block 6	0.0016	0.0016	0.0016	0.0016	0.0013	0.0014	0.0014	0.0016
Block 7	0.0006	0.0013	0.0009	0.0005	0.0013	0.0008	0.0248	0.0024
Block 8	0.0003	0.0007	0.0004	0.0011	0.0014	0.0005	0.0029	0.0333

三、中心节点单词表与高频产出单词表的重合度

通过 Concor 分析得到的中心节点单词是 35 个，为了考察这些中心节点单词的特征，我们将其与按照产出频次排序得到的高频产出单词进行对照。表 6-6 列出了中心节点单词和高频产出单词，其中第二列的双特征单词同时是中心节点单词和高频产出单词，第三列的单一特征单词中第一行是中心节点单词("manager""accountant""director""boss")，第二行是高频产出单词("cellist""musician""footballer""architect")。

表 6-6　中心节点单词和高频产出单词表

	双特征单词(88.57%)	单一特征单词(11.43%)
中心节点单词	teacher doctor actor engineer nurse driver cook singer worker waiter writer dancer artist scientist student policeman lawyer farmer firefighter pilot dentist professor coach vet athlete police actress cleaner waitress painter astronaut	manager accountant director boss
高频产出单词	teacher doctor actor engineer nurse driver scientist cook singer worker student policeman waiter writer dentist lawyer dancer professor police actress farmer artist firefighter coach cleaner vet athlete waitress pilot painter astronaut	cellist musician footballer architect

四、中心节点单词表与高频产出单词表的差异

中心节点单词表与高频产出单词表差异的单词数为 4，占总词数的 11.43%，其中属于网络中心节点但不属于高频词的单词包括"manager""accountant""director""boss"，它们的产生频次分别是 14、12、14、8，平

均产出频次为 12；而属于高频词但不属于网络中心节点的单词包括
"cellist""musician""footballer""architect"，它们的产出频次分别是 29、
20、16、14、平均产出频次为 19.75。从它们自身词汇语义范畴来看，前
一系列的单词在语义上主要属于管理、商业、财会领域，涉及国计民生更
重要的领域，所以在词汇联想过程中具有更大的可激活优势，它们更有可
能与大众心理词汇（比如"teacher""doctor""actor"等）形成共现；而后一系
列的单词属于音乐、体育、艺术领域，从词汇认知心理上看，激活优势不
突出，它们的高频次只能是与更多小众词汇形成了共现，这应该是它们没
有进入网络中心节点单词表的原因。

为了详细了解它们的具体连接模式，我们拿第一系列的"manager"和
第二系列的"architect"进行对照，这两个单词具有完全相同的产出频次（都
是 14），也就是说，这两个单词都是由 14 名受试产出，但是与它们共现的
单词有不同的特点。首先，与"manager"共现的单词有 61 个，而与
"architect"共现的单词只有 56 个，因而"manager"在网络中连接的节点单
词更多，它的度数更高。其次，"manager"和"architect"共享了很多高频
词，如"teacher""doctor""engineer""cook""waiter"是产出频次前 10 的单
词。"manager"与这些词的共现频次是 45，"architect"与这些词的共现频次
是 35。这一差异说明"manager"在可激活程度上更具优势，是一般水平的
受试就能产出的单词，可及性更强，而"architect"尽管产出频次相同，但
是其可激活程度更低，能产出该单词的应该是词汇水平更高的学习者。

为了更好地了解"manager"和"architect"的表征特点，我们考查与这两
个单词至少同现两次的单词，结果如下：与"architect"至少同现两次而没
有与"manager"共现的单词是"salesman""fisherman""chemist"
"businessman""artist"；与"manager"至少同现两次而没有与"architect"同
现的单词是"dentist""coach""actress""chef""vet""tutor""prime minister"
"host""guide""designer"。首先，从数量上看，与"manager"同现两次的单
词共有 11 个，涉及医学、体育、科技、商业、政治、艺术、饮食、教育
等更多的领域，即"manager"具有更大的中心优势；而与"architect"共现两

次的单词只有 5 个，主要涉及商业、科技和艺术，范围明显更窄。它们的
个体网络分别如图 6-3 和图 6-4 所示：

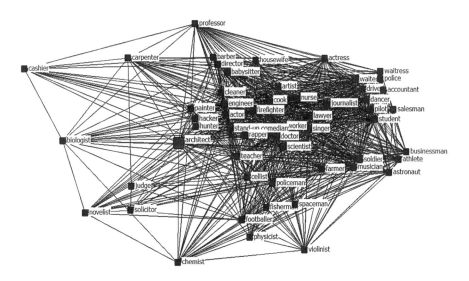

图 6-3　"architect"的个体网络图

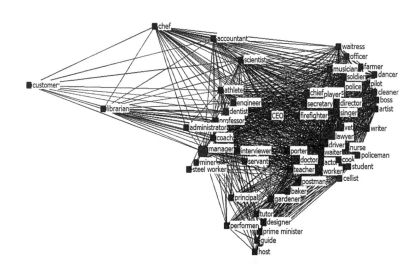

图 6-4　"manager"的个体网络图

比较"architect"和"manager"的个体网络，发现两个网络中分别存在1808条和2102条连接，从图中也可以看出"manager"的个体网明显存在更多连线。两个网络的聚集系数对比情况是："architect"个体网络的聚集系数为7.874，小于"manager"个体网络的聚集系数（7.944），显示"manager"所连接的词之间相互连接程度更高，彼此连接更紧密，网络局部聚集特征更明显。此外，两个词的个体网络都为小世界网络，但是"manager"所在的个体网络的小世界指数为1.367，大于"architect"的小世界指数（1.345），表明"manager"所在网络内部词汇信息提取的效率更高、词汇通达更顺畅。综上，虽然"architect"和"manager"产出的频次相同，但它们连接的词汇以及词汇彼此连接的模式却不相同，"manager"连接的词汇更多，尤其是与高频词的连接更多，且词汇语义范围更广，内部连接更紧密，使得"manager"在词汇语义网络中更具有激活优势，中心性更强，而"architect"虽然产出频次相同，但是连接的节点更少，中心度更低，相对更不容易激活。

第四节　讨　　论

Concor分析将职业词汇语义网络节点分成了连接密度各异的模块，此分区结果不仅能帮助识别中心节点单词，考察具体单词节点在网络中的地位和影响，而且可以显示同一语义范畴中单词之间关联互动的规律，为词汇表征和加工模式的探索提供启示，也可以直接应用于课堂词汇教学以提高词汇学习效率。

一、中心节点单词在词汇语义网络中的地位

从数据分析可以看出，88.57%的中心节点单词也是高频产出单词，并且是学习者习得较早，在英语中使用频率高的单词，这一结果证明了词汇表征的时间和频率效应，和其他研究者关于语义关系发展的发现一致（Haastrup & Henriksen，2000；Crossley et al.，2009，2010，2019；Liu &

Zhong，2016）。该结果支持词汇习得的优先连接模型（preferential attachment model）(Steyvers & Tenenbaum，2005）。根据这一模型，词汇学习的过程就是新词汇通过和网络中已有词汇建立连接而形成词汇网络的过程，而新词汇会首先选择与中心节点单词（即拥有较多连接的单词）建立连接。也就是说，中心节点单词拥有更多的连接，也具有更大的吸引新单词的优势，因而具有更大的扩展网络的潜势。该模型能很好地解释词汇网络结构特征和语言行为之间的对应关系，也能合理地解释词汇学习时间和词汇使用频率对单词可及性的影响（Fitzpatrick & Thwaites，2020）。该模型认为，学习时间早的单词和使用频率高的单词的共同特点是它们积累了更多的网络连接，因而在词汇网络中占据了中心位置，所以更容易被激活和提取，在词汇联想实验中更容易产出。本研究中受试一共产出 295 个单词，其中心节点单词只有 35 个，其余都是相对边缘的节点单词。中心节点单词是二语职业词汇语义网络的核心部分，是该词汇语义网络发展的基础。该研究结果不仅支持了词汇习得的优先连接模型，而且明晰了哪些是职业语义范畴词汇网络的中心节点，为了解优先连接模型在具体的语义范畴中的运作方式提供了依据。

二、词汇语义网络分析方法在词汇表征研究方面的优势

单词频次统计关注的是每个单词产出的总次数，而词汇网络分析方法的重点是通过观察单词同现的规律来考查单词之间建立连接的模式，从而分析词汇社会表征的结构，找出构成词汇社会表征的两个子系统：核心系统和外围系统（Wolter，2018）。中心节点单词构成了该语义范畴词汇社会表征的核心系统。该系统有两个重要的功能：(1)表征功能。就是中心节点代表了最稳定的元素，它们在群体中被多数成员所首先联想出，不受个人经历和联想环境的影响，因此核心系统能给予词汇社会表征以稳定的意义，是社会表征得以被感知的基础。(2)组织功能。中心节点决定了节点之间连接的方式，也就决定了社会表征的组织模式。随着学生语言水平的提高，职业语义范畴词汇会不断增加，但是核心系统不会有很大的改变，

是词汇语义网络发展的基础。另一方面，外围系统是词汇社会表征独特的部分，跟语言水平的关系更密切。外围系统内部的节点之间联系不够紧密，且可变性大，容易受外部因素的影响，但是这并不代表外围系统是不重要的，它恰恰是观察节点单词本身特性和外部因素发挥作用的地方，也是研究词汇社会表征发展应该特别关注的部分。本研究分析结果显示，单词在词汇语义网络中的位置跟词汇学习经历、词汇语义特征相关。首先，单词的频率和学习时间对单词在网络中的位置有重要影响，学习时间早、频率高的单词居于网络的中心，拥有更多的连接，更容易被激活。其次，语义特征对于单词在词汇网络中的位置至关重要。例如，语义更具普遍性的单词更容易进入中心节点，而语义涉及非大众化领域的单词容易进入外围系统。由此，词汇语义网络的方法不仅能甄别中心节点，而且能明晰节点所形成网络的结构特征，有助于了解词汇表征的内在规律。

三、二语词汇语义网络节点分区结果在二语词汇教学中的应用

本研究的词汇网络分析结果能直接应用于课堂词汇教学。首先，Concor 分析结果将词汇分成了中心度不同的模块，因而清晰反映该学生群体在所涉及的语义范畴词汇表征的概貌，为课堂词汇教学提供实时信息和有效指导。具体而言，中心词汇和边缘词汇的区分不仅可用于控制学习材料的词汇难度，也有利于制订合理的词汇学习计划。另外，该结果可以为词汇流利产出能力的提高提供指导。根据 Troyer(2000)的理解，词汇联想的心理过程由串行(clustering)和切换(switching)两部分组成。串行就是在某一次语义范畴中搜索语义相关单词的过程，一个次语义范畴搜索完毕后意识会切换到下一个不同的次语义范畴。比如，在职业词汇联想实验中，当商业范畴的职业(如销售员、送货员、会计等)搜索完毕之后，意识会迅速切换到另一个次语义范畴。如果这个新的次语义范畴是科技，大脑就会开始在这个新范畴进行尽量多的串行：工程师-实验员-材料员等。各次语义范畴单词的丰富性和范畴之间切换的效率决定了语义流利测试的结果。因此，为了提高词汇产出流利度，一方面要增加各次语义范畴词汇的丰富

度，另一方面是通过课堂训练提高次语义范畴之间切换的效率。词汇语义网络结构分析结果将为这两方面的训练提供必需信息。

第五节　结　　论

本研究用社会网络分析工具分析了二语词汇语义网络的结构，将网络中的单词分成了中心度和密度各异的模块，总结了中心节点单词的特点，研究结果为词汇优先连接模型提供了依据。研究发现主要包括：（1）中心节点单词普遍具有词频高、习得时间早的特点。（2）中心节点单词的语义特征更多涉及大众领域，反映了它们在社会生活中的重要性。（3）中心节点单词和高频产出词分布特征和语义特征的不同带来它们在网络中的位置和结构特征的不同。

本研究通过比较中心节点单词和高频产出单词的差异，揭示了网络结构分析方法在研究词汇表征方面的优势。该方法不仅可以分析词汇语义网络结构，而且能展示在中观和微观层面词汇的具体活动方式，分析结果显示了中心节点单词在词汇语义网络构建和发展中的重要作用。该研究方法也可应用于其他语义范畴（水果、蔬菜、交通工具等）来考察学习者在不同领域词汇加工的水平，还适用于语言学的其他领域（如语音、词形、句法等），以期用网络科学的理论和方法解决更多语言研究领域的问题。最后，本研究的分析结果可以直接应用于指导词汇教学，有利于学习资料的选择、学习者词汇产出能力的提高和词汇网络意识的增强。

第七章　二语词汇语义网络中的
语义连接模式①

第一节　二语词汇语义网络中的语义连接模式研究背景

　　语义连接是词汇语义网络的基本构件之一，语义连接的类型有多种，但关于各种类型的连接在二语词汇语义网络中的分布如何，至今还没有定论。Aitchison(2012)总结了一语脑部受伤者的词汇联想测试结果以及正常人语误研究结果后发现，词汇语义网络中连接强度最大的类型依次可能是：并列连接、搭配连接、上下义连接、近义连接。国内对心理词典的研究主要集中在二语语义表征与一语的关系(崔艳嫣、刘振前，2011；张文鹏、张茜，2007；魏晶等，2011；陈士法，2006)，二语语义表征、句法表征和形式表征之间的关系(张淑静，2005；刘绍龙等，2012；张萍，2010；李辉、李德高，2010)，词汇知识提取的制约因素(李红，2003)等方面，还没有具体涉及二语词汇表征中不同类型语义连接的分布模式。李德高等(2010)通过记忆-自由回忆和迫选判断两种实验发现，第二语言能力较低的双语者的共享语义记忆应该是类似分类学联系概念的普遍性知识，而不包括类似主题关联联系概念的文化专门性知识，也就是说，一语语义网络和二语语义网络在词汇信息内容上有交叉部分，那么它们在连接类型上

---

　　①　本章引自《中国英语学习者心理词典中的语义网络研究》一文，该文发表于《外语教学与研究》2014年第3期435-455页。作者：冯学芳。有改动。

的一致性如何？对词汇语义连接类型的研究将为词汇语义网络组织结构的构建提供启示。另外，通过一语和二语语义连接类型的对比，可以探索一语心理词典和二语心理词典相互作用的方式，特别是一语在二语中迁移的发生机制和动因。基于以上考虑，本章利用语义学的词汇关系理论，尝试提出一种简易的词汇语义关系分类办法，通过词汇联想测试检验该分类方法的可行性，并比较一语和二语词汇语义网络中词义连接模式的异同。具体回答如下问题：（1）中国英语学习者二语（英语）和一语（汉语）的词汇语义连接类型是否相同？（2）中国英语学习者的英语词汇语义连接类型和英语母语者是否相同？（3）二语和一语词汇语义连接匹配度有多高？

第二节　语义关系分类

一般认为，词汇在使用者头脑中不是孤立存在的，而是根据意义相互关联，形成有一定结构特征的网络。各个单词在网络中的位置不同，与之相连接的单词数量也不相同，连接的方式也不相同。根据语义学原理，词汇之间语义关系通常被分为以下几种：同义、反义、上下义、整体-部分、个体-集合、分量-总量（Saeed，1997）。该分类方法基于词汇语义元素分析，对于语义关系的描述是有效的，但是在考察词汇语义网络结构时它明显不太适用。首先，该分类方法涉及的是纯粹的语义关系，没有包含与语义关系有密切联系的句法搭配关系，其视域宽度明显不够。实际上，意义和搭配是密切相关的，在一定程度上意义是搭配的基础，句法搭配特征是构成词汇意义的重要元素之一，所以在分析词汇语义网络的结构时不能仅考虑纵聚合而不考虑代表词汇句法搭配特点的横组合。在应用词汇联想测试方法研究心理词典的表征方式时，无论是语音-横组合-纵聚合三分法（Namei，2004；Nissen & Henriksen，2006；Wolter，2001），还是语音-语义-句法三分法（Mcneill，1966；Woodrow & Lowell，1916；Zareva，2005），或是基于形式的反应-基于意义的反应-基于位置的反应三分法（Fitzpatrick，2006），都将句法搭配置于和语义并重的地位。也有研究者将横组合和纵聚合统辖于语义反应（Fraser，1995；Henriksen，2008；Laufer，1989b；张萍，2010）。另外，在进行词汇连接方式的准确分类时，对搭配关系也必须有更严格的界定。有些研究将能够在句子中相邻位置出现的同一词性的词汇归属于搭配关系（Zareva，2005；张萍，2010）。考虑到同一词性的修饰词和被修饰词之间的语义距离和不同词性的修饰词和被修饰词之间的语义距离不同，本研究将前者划分为语义邻接关系（由于属于同一语义场，经常在同一句子中出现），而将后者划为搭配关系。比如：university students 和 intelligent students 不同，后者属于搭配关系的典型成员，而前者是搭配关系的非典型成员，所以将其从该类型中划出，归入语义邻接关系一类。

此外，同一语义场中的单词的意义关系各有亲疏。比如，dormitory-roommate 和 peak-proud 相比，前一对的语义关系更密切，它们可能同时出现在同一短语中（例如，roommates of the dormitory），有些研究将其看成搭配关系，本书将其标记为语义邻接；而后一对的两个单词之间语义距离相对较远，它们之间的联系可以通过以下句子看出：People feel proud when they reach the peak of the mountain. peak 和 proud 的连接是通过 people 建立起来的，经过了两条路径：

$$peak \longrightarrow people \longrightarrow proud$$

这两个单词在同一句子中出现，但语义关系相对较远，因为它们之间的联系通过其他的单词作为桥梁，本书将其标记为语义远亲。有时两个单词的意义联系可能要经过 3 条或更多的路径才能通达。按照这种以两个单词在同一句子中出现时它们之间实际距离的标准可以将整体-部分关系（例如 the door of the car）、个体-集合关系（例如 a tree of the forest）、分量-总量关系（例如 a drop of liquid）归入语义邻接，因为这三类所包括的两个单词经常会通过 of 或其他介词连接起来形成名词短语，在语义上相互照应。

基于以上分析，本研究根据单词词性和语义距离将传统的词汇语义关系简化为如下几种：

同义——可以相互替代，意义相近，词性相同。

反义——可以互相替代，但意义相反，词性相同。

上下义——词性相同，两个词所表达的概念分属不同的层次范畴，一个概念包含或涵盖另一个。

搭配——词性不同，可以在句子中共现，有修饰和被修饰关系或补充关系或动词和它的论元之间的关系。

语义邻接——词性相同，可以在句子中共现，有修饰和被修饰关系或并列关系。

语义远亲——词性相同或不同，经过其他单词的中介，比较容易建立意义的连接，但是通常不存在搭配关系。

第三节　研 究 设 计

一、研究对象

参与本研究的实验对象分为两组：第一组为来自教育部某直属高校土木工程专业一年级大学英语提高班的学生共 35 人，他们的母语均为汉语，英语为第二语言。在进入大学之前他们有 6 到 8 年的英语学习经历，正在备考大学英语四级，经检测平均词汇量为 4512 词。第二组为新西兰坎特伯雷大学工程学院 22 名学生，母语为英语，均没有汉语学习的经历。

二、研究工具

本研究的联想测试实验所使用的测试词汇来自大学英语四级词汇表中的 20 个英语名词，其中 5 个抽象名词、5 个具体名词、10 个类别名词。测试词使用名词的理由是基于 Palmer(1984)的研究发现，在所有词类中名词最容易形成语义连接，特别是纵聚合的语义连接，对语义网络构建的作用相对更大，更容易显示出网络结构特点。影响词汇联想反应结果的另外一个重要因素是单词的具体性(张萍，2011)，所以在测试词的选择上注意了具体词和抽象词的搭配。另外，为了探索词汇语义网络的层级关系特征，选择了 10 个有明显类别意义的名词，它们的所指很容易分成若干有不同特性的类别，如 crime 就包括 robbery，theft，murder 等不同的犯罪行为。为了对比英汉语词汇语义网络连接的异同，前述 20 个英语词汇联想刺激词被翻译成汉语，得到汉语联想测试的刺激词。这两组测试刺激词如表 7-1 所示：

表 7-1　英语联想测试词

具体词-抽象词	challenge	discrimi-nation	evolution	mercy	success	dormitory	peak	sign	peacock	atom
类别词	quality	symptom	crime	occupation	religion	traffic	institute	product	disaster	pest

表 7-2　汉语联想测试词

具体词-抽象词	挑战	歧视	进化	仁慈	成功	宿舍	顶峰	标记	孔雀	原子
类别词	品质	症状	犯罪	职业	宗教	交通	机构	产品	灾难	害虫

三、研究过程

两个测试组的实验先后在中国和新西兰课堂进行。中国学生组先进行英语单词联想测试。在课堂上老师先讲清测试的目的和要求。测试的目的是了解被测试名词在学习者头脑中的语义连接模式，进而预测学生对于这些四级单词的熟练程度以及他们的词汇能力。具体要求是：学生看到每个测试词后尽快写出三个与之有意义联系的单词；学生被要求不查词典、课本或其他参考书，不和别人讨论并独立完成测试；如遇到不认识的单词，他们将跳过该词继续往下直到完成所有词项。学生完成测试后马上将测试卷上交老师，不用仔细检查核对。一周之后在同一课堂上再进行汉语的词汇联想测试，具体要求和前一次相同。两次测试都要求学生填写真实姓名、专业、班级，以方便做英汉联想模式的匹配度的分析。

新西兰学生组只进行英语词汇联想测试，测试方法和要求与中国学生组相同。

第四节 数据分析

测试结束后，所有联想结果被输入计算机，创建 Excel 文件，并按照测试组和不同的词汇类型(具体词-抽象词和类别词)分别建立数据库。对于每个联想词，根据其与刺激词之间的语义关系，归入第二节中所标明的 6 种语义关系中的某一种，分别加以字母标记：A：同义，B：反义，C：语义远亲，D：上下义，E：搭配，F：语义邻接。如果字迹无法辨认，或者反应词和刺激词之间没有任何语义关系(如 PRODUCT-how，MERCY-swallow)，或者联想词是刺激词发音或拼写相近的词而没有语义联系(如 SIGN-sigh，PEST-past)，或者联想词是刺激词的变形(只改变词性，意义不变，如 EVOLUTION-evolve)时，该反应词被标注为 G，该类将不参与分析和统计。

联想词汇归类方法：对于一个和刺激词有语义联系的联想词，首先看它和刺激词的词性是否相同。如果词性相同，分析它们是否属于同义、反义或上下义。如果前三种语义关系不存在，就看它们有没有语义邻接关系，也就是分析它们是否可以相互修饰或以并列关系共现于句子中，或者说是否存在整体-部分、个体-集合、分量-总量、并列等关系。如果答案是肯定的，就会被标记为 F(语义邻接)。如果语义邻接关系不存在，那么就考察它们是否属于语义远亲。

表 7-3 语义连接分类举例

	举例 1	举例 2	举例 3
A：同义	PEAK-top	SYMPTOM-indicator	INSTITUTE-organization
B：反义	DISCRIMINA-TION-respect	PEAK-valley	QUALITY-quantity
C：语义远亲	OCCUPATION-fired	MERCY-upset	PRODUCT-technology

续表

	举例 1	举例 2	举例 3
D：上下义	PEACOCK-animal	DISASTER-earthquake	RELIGION-Christianity
E：搭配	QUALITY-good	RELIGION-believe	DISCRIMINATION-hurt
F：语义邻接	SUCCESS-effort	CRIME-case	OCCUPATION-salary

为了检验二语学习者英语联想反应词和汉语联想反应词之间的匹配程度，本研究对所有中国学生受试者每个刺激词的第一个反应词在另外一种语言中语义的对等词进行了搜索，如果能找到对等词，就标记为"有对等"。然后用下列公式计算每个刺激词的联想反应词在另外一种语言中的匹配度：

匹配度=有对等词的联想反应词的数目/总联想反应词的数目

比如，在中国学生英语测试组，"challenge"这个单词的反应词之一是"danger"，其汉语的对等词为"危险"。为了计算"challenge"的联想反应词在汉语中的匹配度，首先在"挑战"这个词所激发的所有反应词中搜寻"危险"，结果发现有该反应词存在，所以"danger"被标记为"有对等词"。在"challenge"的 28 个第一反应词中有 18 个存在汉语对等反应。所以"challenge"的联想反应汉语匹配度为：18/28＝64.3%。用同样的方法可以计算出每个汉语刺激词的英语联想匹配度。

本项目基于两组实验对象(中国二语学习者和英语母语者)、英汉两种语言、具体-抽象词和类别词两种刺激词，建立了 6 个数据库(中国学生英语具体-抽象词联想数据库、中国学生英语类别词联想数据库、中国学生汉语具体-抽象词联想数据库、中国学生汉语类别词联想数据库、英语母语者英语具体-抽象词联想数据库、英语母语者英语类别词联想数据库)。为了回答本章第一节中提出的三个研究问题，完成对中国学生词汇语义网络的总特征的描述并与英语母语者对比，将前两个数据库合并成为中国学生英语词汇联想数据库，将中间两个数据库合并为中国学生汉语词汇联想数据库，将最后两个合并为英语母语者词汇联想数据库。分析工具为

SPSS17.0，作为分类变量的语义连接类型有 6 个项目，通过单因素卡方拟合度检验可以看出各个项目的频数分布是否有显著差异。

第五节　研究结果与讨论

下文将汇报中国英语学习者英汉词汇语义连接模式和英语母语者英语词汇语义连接模式对比结果。

一、中国英语学习者英汉词汇语义连接类型对比

中国学生英语联想词共 1567 个，其中 G 类（无法辨认或非语义连接）65 个（占 4.1%）被剔除，所剩下的 1502 个联想词全部属于语义联想词，都能被成功划归于 A～F 中的某一类，其统计结果如表 7-4 所示：

表 7-4　中国英语学习者英语词汇语义网络连接类型比

	A：同义	B：反义	C：语义远亲	D：上下义	E：搭配	F：语义邻接	total
number	122	34	367	252	347	380	1502
percentage	8.1%	2.3%	24.4%	16.8%	23.1%	25.3%	100%

卡方检验结果为：$\chi^2 = 411.617$（df = 5，p = .000）。数据显示，各语义连接类型的分布呈显著差异，其中所占比例最高的依次是语义邻接、语义远亲和搭配，所占比例最低的依次是反义、同义和上下义。

中国学生汉语联想词总数是 1669 个，其中非语义反应词为 47 个，占总数的 2.8%，该部分被剔除后剩下语义联想反应词为 1622 个，各类型的语义连接所占比例如表 7-5 所示。

卡方检验结果为：$\chi^2 = 724.459$（df = 5，p = .000）。各语义连接类型的分布呈显著差异，所占比例最高的是语义邻接、语义远亲，其他四种连接从高到低的顺序是：上下义、搭配、同义、反义。

表 7-5　中国英语学习者汉语词汇语义网络连接类型比

	A：同义	B：反义	C：语义远亲	D：上下义	E：搭配	F：语义邻接	total
number	118	44	417	267	198	578	1622
percentage	7.3%	2.7%	25.7%	16.5%	12.2%	35.6%	100%

从以上数据可以看出，中国英语学习者词汇语义连接有明显特征：第一，和刺激词属于同一语义场的反应词(语义邻接+语义远亲+上下义)占到了绝大多数：汉语的比例是 77.8%，英语是 66.5%，这证实了 Aichison (2012)中所描述的词汇语义网络主要按语义场来表征的观点。同一语义场的词有密切的语义关系，在语境中共现的机会更多，所以很容易形成更强的语义联系。词汇语义网络按语义场连接似乎是母语及高水平二语具有的典型模式。

第二，搭配所占的比例在一语和二语之间差别很大，在英语中是 23.1%，在汉语中只占 12.2%。词汇搭配知识是词汇习得的重要内容之一，但是到目前为止，关于搭配在心理词典中地位的研究得出了不同的结论：Fitzpatrick(2006)通过一语和二语词汇联想模式的对比发现一语者倾向于更多地联想出搭配连接。Zareva 和 Wolter(2012)则得出了相反的结论：二语中级水平者倾向于比高水平者和母语者联想出更多的搭配型连接。第二种观点与大多数基于一语习得的研究结果趋于一致(Brown & Berko, 1960；Ervin，1961；Entwisle，1966；Anglin，1970)，即认为在语言发展的初级阶段，心理词典中词汇连接以横组合为主，随着语言水平的提高，横组合逐渐让位于纵聚合。张萍(2010)发现以汉语为母语的二语习得者中横组合和纵聚合呈非均衡发展，纵聚合知识增长的幅度高于横组合增长的速度。本研究的实验数据显示，中等水平的二语习得者的二语词汇联想中搭配连接比母语中的搭配连接比例更高。分析得出不同结论的原因，首先，不同的研究对搭配的界定方法不同，Fitzpatrick(2006)在判定搭配连接时主要是依据实验对象的访谈，如果实验对象报告该连接是搭配，它就被划归为搭配，不管它有没有理论依据；而 Zareva（2012）等则依据语料库的统计结果，如果两个单词在语料库中达到一定的共现频率，它们就会被划归为搭配连接。本研究则依据语义学的定义，用搭配特指不同词性在句子中共现的连接，从句法理论上讲更具搭配的典型性。搭配连接在二语中级水平者词汇网络中的高比例可以很好地反映出此阶段的二语学习者在词汇搭配方面高度的关注。英语是中国学生的第二语言，在中级阶段很多词汇都是刚刚学会不久的词汇，在学习过程中对于跟它们搭配的词印象深刻，所以刺激词的出现很容易激活与之相连接的搭配词；而相对而言，他们的汉语已经达到较高水平，对搭配已经熟悉到视而不见的程度，除非在具体的语境中需要使用到相关搭配词时，它们才会自动显现。所以，搭配在二语习得高级阶段之前应该成为学生学习的重点知识之一。

第三，英语和汉语联想词中比例最高的语义关系都是语义邻接，而且汉语语义邻接（35.6%）明显高于英语的语义邻接（25.3%）。该结果和 Jenkins（1970）关于一语语义连接模式的结论有一致的地方。Jenkins 通过对四个刺激词（"butterfly""hungry""red""salt"）的词汇联想实验找到了英语母语者词汇网络中四种最重要的意义连接，它们依次是并列、搭配、上下义和同义。在 Jenkins 的语义关系分类中，并列包含了语义邻接和反义。本研究将反义从并列中划分出来，让它单独成为一种类型，结果发现，一语（汉语）和二语（英语）中的语义邻接关系仍然是最重要的类型，上下义和同义的比例依次降低。而且，从二语者的英语联想词汇中可以看出汉语语义邻接关系的痕迹，如：quality-good（品质—优良），traffic-crowded（交通—拥堵），religion-believe（宗教—信仰）。也就是说，一语词汇语义网络中的语义邻接关系会对二语语义连接产生较大的影响，造成在二语中的迁移。

二、英语母语者词汇语义连接类型与中国英语学习者汉英词汇语义连接类型对比

实验所搜集到的英语母语者联想词汇总数为 1194 个，其中非语义反

应词为 36 个(占 3.0%),剔除这部分反应词之后,剩下的语义反应词共有 1158 个。全部的语义反应连接类型分布情况如表 7-6 所示:

表 7-6　英语母语者英语词汇语义网络连接类型比

	A: 同义	B: 反义	C:语义 远亲	D:上 下义	E: 搭配	F:语义 邻接	total
number	171	10	226	207	209	335	1158
percentage	14.8%	0.86%	19.5%	17.9%	18.0%	28.9%	≈100%

卡方检验结果为:$\chi^2 = 288.487$(df = 5,p = .000)。数据显示,各语义连接类型的分布呈显著差异,其中所占比例最高的是语义邻接、语义远亲,其他四种连接从高到低的顺利是:搭配、上下义、同义、反义。

对比英语母语者和英语二语者的联想词汇语义连接类型可以发现如下不同:第一,英语母语者的搭配型连接低于二语者英语中的搭配型连接,但是高于后者的汉语搭配型连接。这一点印证了上文关于二语学习者更多关注句法搭配,因而会联想出更多横组合连接的结论。但是为什么英语母语者英语搭配连接会高于汉语母语者的汉语搭配连接呢?这可能跟这两种语言的性质有关。汉语是语义型的语言,没有严格的语法显性规则的制约,更多的是遵守潜在的语义规则,而英语是形态型的语言,外在形式的配合得到更多的重视(潘文国,1997)。

第二,英语母语者语义远亲连接类型比例(19.5%)明显低于二语者的汉语和英语的比例(分别为 25.7% 和 24.4%)。这可能跟中国人的思维模式有很大的关系。汉语是发散型思维,比较注重大局和环境,而英语是逻辑型思维,强调直入正题,不喜欢拐弯抹角。这一点从下面的联想词有所反映(前者是联想刺激词,后者是联想反应词):

症状—医院　机构—金钱　产品—工厂　孔雀—动物园　职业—生活
灾难—国家　成功—磨难　原子—物质　职业—公司　慈善—穷困

这是中国受试组常见的联想连接，刺激词和反应词属于同一语义场，但是语义连接不太紧密，通常涉及刺激词所指称的主体存在的状态或事件发生的场所和周围环境。这类连接在英语母语者的联想中发生的机率小得多。

第三，二语(英语)中的语义邻接比例低于英语母语者联想词汇中语义邻接的比例。对比两组实验对象英语联想词可以发现，其中一个重要原因是二语词汇量还没有达到母语者词汇量的水平，很多英语母语者所联想的语义邻接型联想词汇二语学习者还没有掌握，或者还没有建立牢固的连接，比如：discrimination-minority，symptom-precaution，crime-criminal，peacock-feather，occupation-fulfillment。尽管汉语的联想词中出现了"犯罪-罪犯""职业-成就"，但是学生只会选择使用频率更高、他们更熟悉的英语单词：crime-killer，judge，court；occupation-happy，income。这些熟悉的高频词实际上很多属于联想刺激词的语义远亲，造成二语词汇网络平均连接路径增加。由此可见，二语词汇语义网络的密度不如一语词汇网络大，对于课堂词汇教学而言，如何通过语义邻接词的强化学习增加已经掌握的熟悉单词的单路径连接词应该是值得思考的问题。

三、中国英语学习者英汉词汇语义联想连接匹配度

根据上文关于一语和二语连接匹配度的公式计算出以汉语为母语的英语学习者英语和汉语联想刺激词所激发的反应词的吻合的比例如表 7-7 至表 7-10 所示：表 7-7 和表 7-8 分别是英语具体-抽象词和类别词引发的联想在汉语中的匹配情况；表 7-9 和表 7-10 分别是汉语具体-抽象词和类别词引发的联想在英语中的匹配情况。

表 7-7　英语具体-抽象词引发的联想在汉语中的匹配情况

challenge	discrimi-nation	evolution	mercy	success	dormitory	peak	sign	peacock	atom
74.1%	61.5%	73.1%	59.3%	57.1%	40.7%	98%	63.0%	89.3%	92.3%

表 7-8　英语类别词引发的联想在汉语中的匹配情况

quality	symptom	crime	occupation	religion	traffic	institute	product	disaster	pest	average
64.3%	71.4%	64.3%	70.4%	57.7%	84.6%	48.1%	70.4%	74.1%	51.9%	68.3%

表 7-9　汉语具体-抽象词引发的联想在英语中的匹配情况

挑战	歧视	进化	仁慈	成功	宿舍	顶峰	标记	孔雀	原子
85.7%	85.7%	82.1%	82.1%	85.7%	89.3%	82.1%	46.4%	75.0%	85.7%

表 7-10　汉语类别词引发的联想在英语中的匹配情况

品质	症状	犯罪	职业	宗教	交通	机构	产品	灾难	害虫	平均数
64.3%	85.7%	64.3%	78.6%	82.1%	89.3%	60.7%	92.9%	92.9%	71.4%	79.0%

从以上平均数可以看出，在汉语的联想连接中有近 80% 在英语连接之中出现了，它们有可能是借用汉语连接的结果，而汉语和英语共享的联想连接占到了英语联想连接的近 70%。也就是说，英语和汉语共享的连接在两个集合中所占比例并不相同，交叉共享部分更偏向于汉语，汉语很大程度上影响着英语词汇联想模式。另外，从单个英语联想刺激词所激发的反应与汉语匹配比例来看，不同的词表现差别很大，变化的幅度是从 40.7%（dormitory）上升到 98%（peak）。变化的趋势显示，学习者越熟悉的单词，也就是与他们生活联系越紧密的单词匹配率越低。比如，从 dormitory-classroom，convenient，bedroom，house 可以看出，dormitory 能让测试者回想起很多与该词有关的学习和生活经历，这些单词很容易被激活，不需要母语的中介，和汉语的匹配率低。相反，peak-mountain，top，climb，high 式的联想，因刺激词离学习者日常生活相对较远，很有可能是首先翻译成汉语，借助于母语的连接而达成英语的反应。该结果显示，中级阶段的二语学习者在针对与其生活密切相关的英语熟悉词汇时，联想反应词母语中介作用较小，而对于与其生活联系不大的英语单词则更多借助汉语的

中介形成英语的词汇联想连接。由此可见，二语词汇知识和百科知识是密不可分的，词汇语义网络只能看作百科知识这个有机体中由意义相连而成的内置网络，而整个有机体是与个人生活学习经历密切相关、受社会文化制约的动态发展结构。

第六节 结 论

本章通过词汇联想测试对比了以汉语为母语的英语学习者词汇语义网络中语义连接类型在英语和汉语中的异同，并与英语母语者的词汇语义连接进行了对比。研究发现如下：（1）无论是一语还是二语，最重要的连接类型都包括语义邻接、语义远亲和搭配，这三种类型一起构成了词汇语义网络的整体框架。（2）二语词汇语义网络与一语的差异主要体现在语义邻接和搭配上。一语中语义邻接明显高于二语，并且有被迁移到二语词汇联想结果中的迹象，表明一语词汇语义网络通过语义邻接对二语造成影响的趋势明显。另外，搭配在二语词汇连接中有明显优势，这可能来自注意焦点在词汇联想反应中的特殊作用。（3）二语词汇联想模式与一语（汉语）总的来说有较高的匹配度，但具体数据跟单词本身的性质有很大的关系，其决定因素不仅是词频，而且包括单词跟学习者生活的密切程度，由此可知心理词典和学习者自身的百科知识紧密相关。（4）二语词汇语义网络密度与二语语义邻接关系词汇习得程度相关，帮助建立词汇邻接关系的课堂词汇教学活动应该可以有效地促进二语词汇语义网络结构的完善和发展。

第八章 二语词汇语义网络与语篇构建能力关联研究

第一节 二语词汇语义网络结构与二语写作的相关性研究背景

词汇语义网络中的横组合和纵聚合关系会导致单词在实际语用中形成搭配或词束。现有研究表明，搭配和词束在作文中的比例与写作者的语言水平正相关。赵永青（2000）发现，组合搭配关系是重要的语篇衔接手段，是共现的词汇在语义上的选择组合或制约的理据，共现词的词义互为依存关系，一起完成信息的表达，缺少任何一方句子意义的表达就不完整了。因此可以推断，单词的组合关系可以影响语篇信息表达的清晰度。冯学芳（2018）认为，语义纵聚合关系在语篇中体现的是替代关系，其具体原理如下：同义词在一定的语境中可以相互替代，表达相近的意义，在语篇信息组织过程中交替出现以保持主题的一致性；反义词之间以替代的形式出现在同一句法结构中表达相反的意义，在语篇构建中不仅可以保持主题的一致性，而且能够不断拓宽主题的视域，引进新的信息以深化主题；上下义词语意义的抽象和具体程度不同构成主题展开的层级性和立体感，形成错落有致的信息空间。由此可见，纵聚合关系的发展对应着语篇主题深化程度的加深。虽然目前词汇语义网络发展的重要性得到了认可，但是还没有实证研究专门考察词汇语义网络和写作能力之间是如何具体关联的。本章的研究专门针对如下两个问题：（1）语义网络的横组合和作文中由正确搭配所带来的信息清晰度是否正相关？（2）语义网络中的纵聚合和语篇主题深化的程度是否正相关？

第二节　研究设计

本研究通过对教育部某直属高校的 77 名一年级学生进行词汇语义连接测试和写作能力测试，探索受试词汇语义网络发展水平与写作能力之间的关联情况。具体研究问题是：

（1）词汇语义连接水平和作文水平是否正相关？（2）词汇语义网络中的横组合水平和语篇信息表达的清晰度是否正相关？（3）词汇语义网络中的纵聚合水平和主题的深化程度是否正相关？

一、研究对象

本项目的研究对象是教育部某直属高校一年级学生（共 77 人），分别来自 3 个不同的专业：集成电路 22 人，软件工程 28 人，药学 27 人，他们的母语均为汉语，英语为第二语言。研究对象有 10 年以上的英语学习经历，高考英语平均分为 117 分（满分 150 分），英语水平为中级。

二、研究工具

本项目的研究工具主要是三个测试：词汇语义网络纵聚合测试、词汇语义网络横组合测试和限时统一命题作文测试。首先，词汇语义网络纵聚合测试采用的题型是词义关系判断，所选词汇来自大学英语四级词汇表中的实义词，包括名词、动词、形容词，其中名词居多，这是因为 Palmer（1984）研究发现，在所有词类中名词最容易形成语义连接，特别是纵聚合的语义连接，对语义网络构建的作用相对更大，更容易显示出网络结构特点。测试的主要语义连接类型包括上下义、反义、整体-部分、同语义场等。词汇语义网络横组合测试采用的是多项选择题，主要测试的是动词-名词搭配、形容词-名词搭配、习惯用语搭配等。最后，限时统一命题作文测试用于检测学生的语篇构建能力，要求和大学英语四级考试中作文题目一致。

词汇语义网络纵聚合测试。词汇语义网络纵聚合测试题型是词义关系判断题，具体形式如下：题目给出一对语义相关词，要求考生准确判断这两个词之间的语义关系，然后从 5 对测试词中选出与题目所给的词对具有相同语义关系的一对词。一共 10 道题目，每题 1 分。比如：

Stove：Kitchen

（A）window：bedroom

（B）sink：bathroom

（C）television：living room

（D）trunk：attic

（E）pot：pan

在上述词义关系判断题中，stove 和 kitchen 具有部分-整体关系，即 kitchen 是包含 stove（关键构件）的整体，在此题中学生需要选择一组具有最类似语义关系的词汇，答案为（B）选项：sink：bathroom。该题目要求学生对词义有准确的理解，第一眼看（A）、（C）、（D）三个选项中两词之间的语义关系也是部分-整体关系，但是只有（B）中的 sink 是 bathroom 的关键构件，跟 Stove：Kitchen 的语义关系是一致的，所以（B）是最好的选择。

词汇语义网络横组合测试。本部分测试包括两个部分：动词-名词搭配连线题和形容词-名词搭配为主选择题。每个题型包括 10 个小题，满分各 10 分。

动词-名词搭配连线题如下：

1)＿＿knowledge   a. achieve

2)＿＿success   b. develop

3)＿＿distress   c. offer

4)＿＿service   d. seek

5)＿＿talent   e. acquire

6)＿＿advice   f. relieve

7)＿＿fire   g. extinguish

8)＿＿plants   h. overcome

9)＿＿difficulty   i. nourish

10)＿＿ reward　　　 j. deserve

所选测试名词中以抽象名词为主(抽象名词和具体名词的比例是7:3)，此安排基于张萍(2011)的研究发现，抽象词的横组合连接发展明显滞后于具体词，所以抽象名词的搭配习得情况更能反映出横组合连接发展的差异。另外，所选名词和动词中的低频词(relieve，extinguish，nourish，deserve)都来源于课堂教学阅读材料，是实验对象入学之后已经接触过、应该已经习得的单词。该部分题目的答案是唯一的，由于每个动词只能被使用一次，所以受试对于每个名词必须选出与之搭配最常用的动词，在特殊的语境下可以接受的非常规搭配不得分，以此来增加测试的区分度。

形容词-名词搭配为主选择题共 10 个，满分 10 分。题目要求实验对象从 4 个选项中选择最合适的词语填空，如:

1)A close shave is similar in meaning to a(an)＿＿ escape from dangers.

　　A. narrow　　　 B. high　　　 C. safe　　　 D. open

2)A ＿＿ question is a matter in dispute which urgently presses for settlement.

　　A. huge　　　 B. burning　　 C. fast　　　 D. live

该部分的测试重点是形容词和名词的搭配，且答案和干扰选项都是高频形容词，目的是测试常见核心词汇的语义连接发展状况，特别是涉及这些词汇的习惯搭配。在以上两例中的 8 个形容词都属于最常用 2000 词频范围，是英语中的核心词汇，但是实验对象必须有一定的阅读量才能习得类似于 narrow escape，burning question 的搭配，这些搭配很难通过语义分析推导出来。

第三节　研究过程

一、先导测试

在实验前一周，课题组在实验班级任课教师所授课的另一个自然班

(专业为土木工程)对语义网络纵聚合连接和横组合连接题目进行了先导测试,规定学生在 30 分钟以内完成这两部分的测试任务,测试情况证明时间安排是合理的,题目的指令清晰度高,学生能顺利理解题目意图并完成测试,学生熟悉测试点和干扰项所涉及的单词,测试题达到了设计目的,符合测试要求。

二、正式测试

正式测试在先导测试一周后的 3 个自然班进行,测试时间是 1 小时。测试主要包括两个部分:第一步,学生在半小时内完成所有词汇语义连接测试题目,要求闭卷独立完成(不查字典,不互相讨论),完成测试后上交该部分试卷。第二步,任课老师分发检测学生语篇构建能力的作文试卷,学生在半小时内完成后上交作文。词汇语义网络测试部分的题目由任课老师按统一标准阅卷。作文部分由 3 名任课老师分别对其总体语篇构建能力、作文表达清晰度、主题深化程度进行计分,力求给分公平公正。其中学生作文思想表达越清楚、具体,其作文表达清晰度分数越高;对主题深化程度的计分基于作文语篇信息树的结构,信息树级别越多,表明深化程度越高,因而分数越高。

三、数据分析

所有测试结果输入电脑制作成 6 个 Excel 文件:词汇语义网络总成绩表、纵聚合语义连接测试成绩表、横组合语义连接测试成绩表、作文清晰度成绩表、作文主题深入度成绩表、作文总成绩表。利用 SPSS10.0 统计软件,根据所需要研究的问题,进行了 Pearson 相关分析。

第四节 研究结果与讨论

本实验的研究结果如表 8-1 和表 8-2 所示:

表 8-1　6 个测试的描述性统计数据分析

	人数	平均分	最高分	最低分	标准差
词汇语义网络测试成绩	77	18.51	26.00	12.00	3.25
纵聚合语义连接测试成绩	77	6.00	9.00	3.00	1.25
横组合语义连接测试成绩	77	12.51	18.00	7.00	2.49
作文清晰度成绩	77	84.91	90.00	78.00	2.78
作文主题深入度成绩	77	84.43	91.00	75.00	3.94
作文总成绩	77	83.36	91.50	69.00	4.02

备注：所有测试的描述性统计数据均精确到小数点后 2 位。

表 8-2　皮尔逊相关性分析结果

测试项目	皮尔逊相关性分析结果
词汇语义连接测试总成绩×语篇构建总成绩	$r = 0.338$，$p < 0.01$
横组合语义连接测试成绩×作文清晰度成绩	$r = 0.389$，$p < 0.01$
纵聚合语义连接测试成绩×作文主题深入度成绩	$r = 0.338$，$p < 0.01$

　　基于本节实验结果，我们可以对本研究最初提出的研究问题进行如下解答：首先，词汇语义网络的总体水平和语篇构建能力存在正相关关系，即学生头脑中的词汇语义网络发展状况越好，学生的语篇构建能力越强。其次，词汇语义网络中的横组合发展水平和语篇信息表达的清晰度相关，即学生的词汇语义网络中的横组合发展水平越高，其语篇信息的表达越清晰。最后，词汇语义网络中的纵聚合发展水平和主题的深化程度之间也存在正相关关系，即学生的词汇语义网络中的纵聚合发展水平越高，其语篇主题的深化程度越高。下节将结合相关理论以及国内外学者相关研究探讨以上研究结果出现的原因和深层次含义。

一、二语词汇语义网络与语篇构建能力之间的相关关系

　　通过表 8-2 可以看出学生的词汇语义网络的总体水平与其语篇构建能

力之间存在正相关关系。笔者认为其背后的原因与学生的词汇产出能力密切相关。Nation(1990)首次提出将词汇能力分为接受性(receptive)和产出性(productive)两种类型，Schmitt 和 McCarthy(1997)也认为，每个语言学习者都会有类似的词汇学习体会：某些词汇在具体语篇中是能够识别的，但是却不能在说和写等产出过程中使用这些词汇。究其原因，是因为这些词汇在心理词典中是相对孤立的，没有在语义网络中建立起丰富而完备的语义连接，所以在语言使用中很难被激活。词汇量大只能表示该网络节点多，但是如果节点之间没有足够多、足够强的语义连接，达到一定的语义连接密度，那么词汇的运用，特别是产出性运用就会有很大的困难。事实上，词汇语义网络发展的过程也就是词汇深度知识习得的过程。Dale(1965)将词汇深度知识的连续体分为 5 个阶段：(1)以前从未见过该词。(2)接触过该词，但不知道其意义。(3)在语境中认识该词，它与××词经常一起出现。(4)知道该词的意义。(5)能够把该词跟其他在意义上有联系的词区分开来。从这个词汇深度知识发展的过程来看，词汇习得的过程就是词汇语义网络发展的过程：第一阶段是该词进入心理词典之前的状态；第二阶段是形式表征建立而语义表征还未建立的时期；第三、四阶段学习者在使用语境中逐渐实现语义表征；第五阶段是通过语义连接的加强发展语义网络的阶段。Nation(1990)将词汇深度知识总结为形式、位置(搭配关系)、功能、意义(概念和联想)四个层面，他从静态的视角透视了词汇知识的组成，并且将意义理解为对概念的联想，这种思路与将单词看作语义网络节点的观点是不谋而合的：只有在发达的词汇语义网络中，已经建立意义连接的单词才能得以顺利地通达和提取，实现形式和概念之间的沟通。由此可见，词汇语义网络结构特征的分析可以很好地反映语言学习者词汇深度知识的习得情况，预测词汇知识整体使用水平和能力。接受词汇和产出词汇之间的区别是接受词汇只能被识别，而在语言产出过程中不能被提取，根本原因是词汇形式和语义网络之间的连接是有方向的，形式和意义之间连接的方向性开始于词汇学习过程的单向性：从表(形式)及里(意义)，即从读音和拼写学习开始，以意义学习为目的。然而在写作过程中，单词的提取是从意义到形式，和词汇学习过程方向相反。在写作过程中，某个单词从语义表征到形式表征的联通是否能顺利实现跟该单词在词汇语义网络中建立连接的程度有关，一个单词跟其他词汇建立的连接越多，该词的意义表征跟形式表征之间的连接越畅通，该词通过意义提取形式越容易，它成为产出性词汇的可能性越大。而对于语言使用者来说，整个词汇语义网络密度越大、结构越完善，词汇产出能力越强。由此可见，词汇产出能力为词汇语义网络发展水平与语篇构建能力之间的关联架起了一座桥梁：词汇语义网络发展水平越高，词汇产出能力越强，语篇构建能力越高。

二、二语词汇语义网络横组合与语篇信息清晰度之间的相关关系

表 8-2 显示词汇语义网络中的横组合水平和语篇信息表达的清晰度之间正相关，这印证了词汇搭配知识对语言表达准确性和写作能力提高的促进作用，和多数研究者的发现是一致的。Hill（1999）发现大多数学习者虽然掌握了大量词汇，但因其搭配知识掌握有限，语言使用的流利性和表达的准确性都受到影响。陆军（2006）利用语料库技术和统计软件对大学英语写作中的词语搭配频率和写作水平进行分析发现：写作水平与词语搭配使用频率显著正相关。陈玫（2005）和霍艳娟（2014）通过分析高校非英语专业部分学生的四级考试作文得出：很多学习者不清楚目标语的搭配和真正用法，在写作中不能从掌握的词汇中选用合适的词来表达自己的思想，倾向于把母语的搭配和结构直接翻译成对应的目标语，造成中式英语的大量涌现，影响了作文表达的清晰度。陆军和卫乃兴（2014）基于短语结构理论，通过对汉英平行语料库的研究发现中国英语学习者在英语同义词短语水平上的搭配、语义类型、语义韵和英语母语者存在差异，而且明显受汉语的影响。事实上，语义网络中横组合发展水平一定程度上解释了词汇在不同层面上对句法的影响模式，如对组合对象、组合框架、角色投射位置的选择限制（赵亮，2018；孙道功、施书宇，2018）。

三、二语词汇语义网络纵聚合与语篇主题深度之间的相关关系

表 8-2 显示词汇语义网络中的纵聚合发展水平和主题深化程度之间正相关。这一研究结果证实了研究假设，表明二语语义连接发展先横组合再纵聚合给语篇构建能力带来的影响。纵聚合关系指可以在一个结构中占据某个相同位置的语言形式之间的垂直语义关系，如同义、反义、上下义等，它和头脑中的概念系统直接相关。词汇语义网络中纵聚合连接的发展直接对应于思维的缜密度和深度的加强。以同义词的习得为例，同义词具有相同的词性和概念意义，但是大部分同义词具有不同文体风格、情感意义或者附加意义等，因此，在语篇当中，这样的同义词相互替换，不仅可以保持主题的一致性，还可以使句子措辞更加丰富多样，增加语言信息的丰富度。束定芳（2000）认为反义词可以分为等级反义词、互补反义词、关系反义词。等级反义词表达事物非恒定、容易变化的特征，两个反义词之间还有中间程度，它们之间呈现一种逐渐递增或递减的关系；互补反义词的最大特征是两者之间没有中间地带，是非此即彼的关系；关系反义词是某一对称关系的两个词。这些不同的反义词在语篇中交替出现，可以使语篇主题的视角更加开阔、文章的内容更加丰富，从而深化主题。

第五节　结　　论

本研究发现：（1）词汇语义网络的总体发展水平和语篇构建能力正相关。（2）词汇语义网络中的横组合发展水平和语篇信息表达的清晰度正相关。（3）词汇语义网络中的纵聚合发展水平和主题的深化程度正相关。由此可见，词汇语义网络的横组合、纵聚合连接发展对应于语篇构建能力的不同方面，词汇语义网络结构中的连接类型、连接强度、连接方式的动态变化对应于词汇产出能力的提高，是词汇语义网络语言功能实现的内在原因。研究结果的教学启示是：首先，在学习者语言发展的初期，教师在词汇教学中应该设法促进单词节点横组合连接的发展，因为单词节点的横组

合方式是语义网络实现其意义和情感表达功能的重要基础。另外，随着词汇深度知识的增长，在教学中要强化纵聚合语义连接的训练。词汇语义网络研究有利于加深对词汇表征模式重要性的了解，有利于探索词汇语义网络结构和功能之间的关系，并且为课堂词汇和写作教学提供指导。

第九章 不同水平学习者二语词汇语义 网络结构比较研究①

第一节 二语词汇语义网络结构与二语 水平关联研究背景

近年来，中国英语学习者二语词汇语义发展受到越来越多的关注，其研究范式主要包括如下两种：(1)基于语料库分析书面语词汇特征以探索词汇语义发展路径(郑咏滟，2015；张会平，2020；邓海龙，2020)。(2)用词汇联想的方法检测词汇语义发展的规律(崔艳嫣、王同顺，2006；王茹、欧阳俊林，2011；张萍，2013；冯学芳，2014；徐欢、贾冠杰，2017)。前者发现词汇语义发展是非线性的动态过程，这类研究基于学习者语言产出，能反映词汇语义发展的某些典型特征，但因其着眼点不在词汇相互关联和作用情况，所以无法解释词汇语义发展的内在动因。相比之下，基于词汇联想的研究能够反映词汇在心理词库中如何相互关联，因而能为词汇表征的研究提供整体视角，并有利于探测心理词库发展的内在机制。冯学芳(2014)用词汇联想测试的方法搜集数据，对比了中国英语学习者与英语母语者的词汇语义连接模式后发现，二语学习者能够在优势语言中建立更丰富的语义关系，促进词汇的相互通达。该发现表明，语义连接

---

① 本章引自《中国初、高中英语学习者二语词汇语义网络结构比较研究》一文，该文发表于《外语教学与研究》2023 年第 3 期 397-409 页。作者：冯学芳、刘洁。有改动。

模式跟语言水平之间关系密切，值得深入研究。

　　网络科学用精确定义的、可测量的参数从宏观、中观、微观等不同视角描述网络结构及其发展模式，解释网络结构和功能之间的关系，为词汇表征和习得研究提供新的思路(Vitevitch，2008；Siew et al.，2019)。网络分析应用于词汇语义表征的具体方法是将单词视作节点，单词间的语义连接视作连线，纵横交错的连线构成词汇语义网络(Wilks，Meara & Wolter，2005；Steyvers & Tenenbaum，2005；Zortea et al.，2014；Dubossarsky et al.，2017；Wulff et al.，2018)。该方向研究主要通过词汇联想、语义流利测试等方法搜集语义关系数据。如 Borodkin 等(2016)基于语义流利测试结果构建词汇语义网络，对比了母语为英语的希伯来语学习者二语和一语词汇语义网络后发现，二语词汇语义网络的结构远没有一语完善，二语的语义连接密度不如一语，由此我们推断语言水平更高的二语学习者词汇语义网络组织模式更优，更有利于词汇信息的高效加工。Li 等(2019)基于词汇联想实验构建了二语词汇网络发展的计算机模型，发现随着词汇量的增加，二语词汇语义网络从分散、疏松的小型星型网络(star-structured network)逐渐过渡到联系紧密的整体网(whole network)。这些开拓性的网络研究证明了二语词汇语义网络结构和语言能力之间的密切关系，但他们的分析主要集中在宏观层面，没有具体揭示网络中观层面的社区分布模式和微观层面的单词在网络中的位置变动情况，没能全面考察二语词汇语义网络结构变化的规律。

　　网络科学研究结果显示，网络中的节点不是均匀分布的，而是根据连接紧密程度不同形成多个社区，社区分布模式与网络的功能有密切的关系(Scott，1991)。词汇语义表征在中观层面的不同社区对应着不同的次语义范畴，社区分布与语义流利测试效果密切相关，因为按照认知心理学的解释(Troyer，2000)，语义流利联想的心理过程由串行(clustering)和切换(switching)两部分组成。串行就是在某一次语义范畴中搜索语义相关单词的过程，一个次语义范畴搜索完毕后意识会切换到下一个不同的次语义范畴，所以整个网络中的社区数、社区中的节点数以及节点间的连接模式直接影响着语义流利测试的效果。现有关于词汇语义网络社区分布的研究主要在一语中进行。对一语的研究发现，自闭症患者的词汇语义网络分区度高于正常语言使用者（Kenett et al.，2016），个人创造力与词汇语义网络分区度负相关（Kenett et al.，2016）。也就是说，一语词汇语义网络的社区分布与认知能力、语言能力密切相关。那么，二语词汇语义网络社区化程度与二语水平之间关系如何？在二语词汇语义网络结构变化过程中中心词的作用如何？这些问题都有待回答。

综上所述，目前对二语词汇语义发展的研究正在逐步推进，但至少存在如下不足：第一，用网络科学方法考察二语词汇语义发展模式的研究才刚刚起步，有待大力加强。第二，虽然有研究显示词汇语义网络和语言水平之间的密切关系，但目前仍缺少直接对比不同水平二语学习者词汇语义网络结构的研究。第三，现有网络分析更多关注二语词汇语义网络的宏观结构，缺乏对网络结构的中观和微观层面的分析。

第二节　研究设计

本研究用语义流利测试的方法，选择"职业"语义范畴搜集语义关系构建并分析二语词汇语义网络结构。按照语义流利测试的要求，语义范畴的选择要考虑到该范畴词汇宽度和范畴内次语义范畴的丰富度，也就是范畴本身的结构性（Borodkin et al.，2016）。由于被试对"职业"语义范畴较熟悉，且具备相当数量的词汇储备，所以可减少词汇量有限对测试结果的影响。另外，"职业"语义范畴有较多清晰的次语义范畴，如商业、教育、医学、科技、人文等领域，其内部结构性较好，能满足语义流利测试的要求。本研究拟回答以下问题：

随着二语水平的提高，

（1）二语词汇语义网络的整体结构有何变化？

（2）二语词汇语义网络的社区结构如何变化？

（3）二语词汇语义网络的中心词有何变化？

一、研究对象

为了探寻二语词汇语义网络结构变化规律，本研究选取初级和中级英语学习者两组被试作横截面对比。初级英语学习者处在英语学习的起步阶段，其词汇语义网络正在形成，结构与中级水平英语学习者更有可能存在明显差异。此外，国内现有研究多以中国大学生为研究对象，对处在更早阶段的初中生关注较少。本研究在中南地区某省两组学习者中进行，每组100人。初级组被试为省级示范学校初二年级的学生，年龄为 13～15 岁，英语学习时间为 5～6 年，词汇量在 1000～1500 个。中级组被试为省级重点高中高三年级的学生，年龄 17～19 岁，英语学习时间为 9～10 年，词汇量大于 3000 个。所有受试的母语均为汉语，二语为英语，在相似的外语教学环境下学习英语。

二、语义流利测试与语义连接

本研究采用语义流利测试搜集语义关系数据，要求受试在 1 分钟内写出尽可能多的属于"职业"范畴的英语单词。测试在课堂环境下以手写方式完成。建立词汇语义网络的关键步骤是定义语义连接。两个单词在语义流利测试产出中的距离远近可构成语义连接强弱的依据，其原理是词汇在语义提取中出现的先后次序能够反映其在词汇网络中的连接情况，两个词在语义流利测试实验中提取的次序越靠近，它们在语义上的联系可能越紧密（Zemla & Austerweil，2018）。以图 9-1 为例，对产出该单词系列的被试来讲，"doctor"与"teacher"的语义连接理论上应该强于"doctor"与"cook"。研究者可根据研究需要选择不同的产出间距作为建立语义连接的标准。

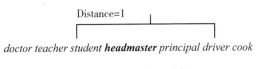

图 9-1　语义距离 1 示例

为考察词汇间语义强连接构成的网络，本研究将产出距离设置为 1，即仅在前后紧邻出现的单词间建立语义连接，如图 9-1 中"headmaster"仅与前后出现的"student""principal"建立连线。语义连接的强度由词汇紧邻出现的次数来定义。由此我们可得到词汇-词汇关系矩阵。在该矩阵中，列和行是学生产出的单词，对应单元格上的值代表两个单词的语义连接强度。以表 9-1 为例，"actor"与"agent"对应单元格上的值为 0，代表两个词之间不存在连线；"actor"与"actress"对应单元格上的值为 7，代表两词存在连接，且强度为 7，即有 7 位被试在写出 actor 的同时紧邻写出了"actress"。词 汇-词 汇 关 系 矩 阵 为 无 向 加 权 矩 阵，不 区 分 连 接 方 向，"student-headmaster"和"headmaster-student"被视为相同意义的连接，该矩阵是构建词汇语义网络的基础。

表 9-1　矩 阵 示 例

	actor	actress	agent	archer	artist	assassin	astronaut
actor	0	7	0	0	4	0	0
actress	7	0	0	0	1	0	0
agent	0	0	0	0	0	0	0
archer	0	0	0	0	0	1	0
artist	4	1	0	0	0	0	0
assassin	0	0	0	1	0	0	0
astronaut	0	0	0	0	0	0	0

三、词汇语义网络分析

词汇语义网络是在前述词汇-词汇关系矩阵的基础上构建的：节点就是受试所写出的所有表示职业的英语单词；如果两个单词被某受试连续产出，它们之间就建立了语义连接；语义连接的强度就是这两个单词被所有受试连续产出的总次数。我们利用 Ucinet 网络分析工具对词汇-词汇关系矩阵进行处理以构建词汇语义网络，并绘制网络可视化图，然后通过参数计算比较两个水平级别的词汇语义网络在宏观、中观、微观层面的结构差异，以总结词汇语义网络的结构变化规律。

本研究采用规模(size)、密度(density)、直径(diameter)、平均路径长度(average distance)、点度中心势(degree centralization)和小世界指数(small-worldness)等参数来刻画网络的整体结构。网络规模，即网络的大小，由网络中的单词数量来衡量。网络密度反映连线的稠密程度。直径是网络中单词间的最远距离。平均路径长度为网络中任意两个单词之间路径长度的平均值，反映单词间建立联系的难易程度。点度中心势表示的是整个网络向中心单词聚集(centralize)的程度，以百分率表示。点度中心势越大，中心单词对网络结构的影响越大。小世界网络是一种有利于信息高效传递和提取的网络，其主要特征是平均路径短、聚类程度高(Scott, 1991)。网络的小世界特征一般通过比较给定网络与同等规模随机网络的聚类特征和路径长度来计算，如果小世界指数大于 1，则网络被视为符合小世界网络的特征。

在中观层面，本研究采用模块度(modularity)来衡量网络的社区结构。模块度越接近 1，网络社区结构性越强，网络的组织性越好。微观层面的分析聚焦单个节点单词如何因连接不同而处于网络中不同的位置，因而在词汇信息处理中起到不同的作用。最常用的反映中心性的参数是点度中心度(即节点连接的其他节点的数量)，它可以描述节点的连接能力以及在网络中的影响力。

第三节 研究结果

将语义流利测试数据进行整理后，我们得到有效答卷每组各 100 份，初级组产出总词次 753，中级组总词次 1052。合并相同单词的不同形式后得到初级组和中级组产出的职业单词各 55 个和 162 个，分别建立 55 * 55 和 162 * 162 的词汇-词汇关系矩阵作为可视化和网络参数计算的基础。

一、二语词汇语义网络宏观结构的变化

图 9-2 和图 9-3 分别显示了初级和中级英语学习者"职业"语义范畴的

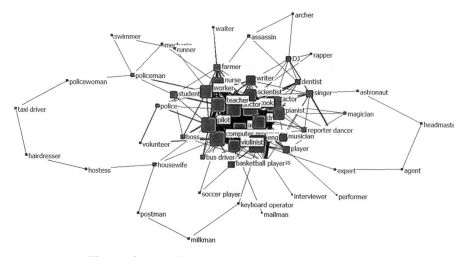

图9-2　中国初级英语学习者"职业"词汇语义网络结构图

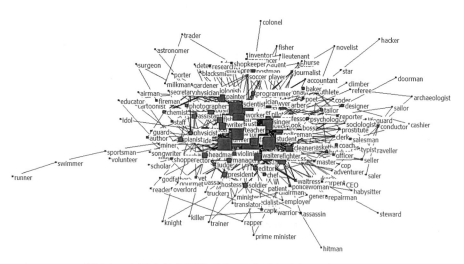

图9-3　中国中级英语学习者"职业"词汇语义网络结构图

词汇语义网络可视化图。图中节点的大小反映的是单词点度中心度的大小，节点越大，对应的单词连线越丰富，中心性越高；线条的粗细反映的是词汇之间语义关系的强度，线条越粗，强度越大。图9-2和图9-3的对照显示，中级英语学习者词汇网络规模更大，"职业"语义范畴的词汇表征更为丰富完整；两图中心位置线条粗，说明中心词汇被多数学习者共享；

边缘位置线条细，因为边缘词汇由少数学习者习得；初级学习者词汇语义网络中心-边缘界限更分明，表明初级学习者普遍倾向于产出少数中心词。

表9-2为两组学习者的"职业"词汇语义网络整体参数。两个水平的二语词汇语义网络结构对比显示如下特征：（1）两个网络都是小世界网络（小世界指数都大于1），而中级网络的小世界特征更强（5.645>2.987）。两组学习者词汇语义网络的平均路径长度较小，不超过3，说明任意两个单词之间平均仅需要一个或两个中间词即可建立连接。（2）中级网络规模扩展明显，因为中级网络中单词节点更多、网络直径更长、平均路径更长。（3）中级网络中语义连接密度更低，因为其网络平均加权度（23.432）低于初级英语学习者（47.273），网络密度值（0.046）也低于初级英语学习者（0.147）。（4）中级学习者网络中心势降低。为了比较网络的点度中心势，本研究遵照网络结构研究的一般做法，构建了100个规模和密度分别与初级和中级网络相同的随机网络，由此在各组计算出100点中心势随机值（random value），然后用各组点度中心势的实际值减去对应的100个随机值得到每组各100个预期值（expected value）。对两组消除随机因素后的预期值进行配对t检验，结果显示，中级英语学习者词汇语义网络的中心势显著小于初级英语学习者（t=−2.541，ρ=.013）。

表 9-2　初级和中级英语学习者词汇语义网络的整体结构

	初级	中级
规模	55	162
密度	0.147	0.046
直径	6	7
平均加权度	47.273	23.432
平均路径长度	2.582	2.812
点度中心势（%）	8.33	2.01*
小世界指数	2.987	5.645
模块度	0.189	0.301

续表

	初级	中级
随机网络模块度	0.268	0.310

＊与初级英语学习者比较，$p<.05$

二、二语词汇语义网络社区化趋势

为了排除网络规模的干扰，我们建立了 100 个和实验中大小、密度一样的 Erdōs-Renyi(ER)随机网络并计算了对应随机网络的平均模块度(见表9-2)。研究发现，两组学习者词汇语义网络的模块度均低于随机网络，表明网络中社区结构松散。但是，对比两个网络的模块度和随机网络的差异后发现，中级英语学习者词汇语义网络的模块度和随机网络比较接近，说明虽然总体模块度仍然偏低，但随着语言水平的提高，网络模块度呈上升趋势。

为了验证上述模块度变化趋势，我们进一步查看了网络中个体词汇的连接情况，发现相比于初级英语学习者，中级英语学习者网络中词汇形成语义模块的趋势更明显，主要表现在：

(1)语义相近的单词之间的语义距离缩短，相互连接的趋势凸显。以"headmaster"和"teacher"为例，这两个单词同属于"学校"这一语义场，且同时为两组受试产出。不同的是这两个词在中级网络中建立了直接联系，可以直接通达(见图9-4)，而在初级组，从"headmaster"通达"teacher"至少需要经过三个中间词，四条连线，如"**headmaster**-astronaut-scientist-doctor-**teacher**"(见图9-5)。类似的例子还有"astronaut-pilot/player-soccer player/dancer-artist"，这些词对在语义上存在相似性，在中级网络中直接通达，在初级组则需要通过中间词建立联系。

(2)随着语言水平的提高、词汇量的增大，语义社区内部成员增多。以"artist"为例，"artist"在初级组和中级组的产出频次分别为 17 和 23，其连接的词汇数量分别为 18 个和 26 个，其中共同连接的词汇有 11 个，与

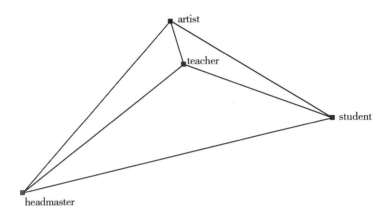

图 9-4 中级组"headmaster-teacher"连接图

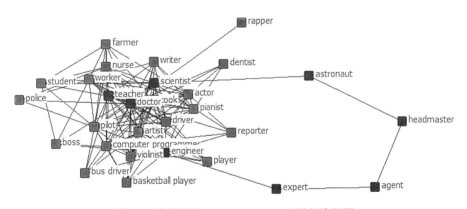

图 9-5 初级组"headmaster-teacher"语义路径图

"artist"同属人文艺术领域的职业词有"actor""actress""violinist""musician""pianist""writer",在中级组中又新增了"painter""dancer""photographer"等词,使得其社区的语义分区更为明显(见图 9-6、图 9-7)。类似的例子还有"scientist""doctor""teacher"等,"scientist"在中级组新增"biologist""chemist""psychologist""physicist"等连接,"doctor"新增"vet""surgeon""physician"等连接,"teacher"新增的连接有"professor""headmaster"等,这些新增的连接与原单词语义相似,形成语义社区。

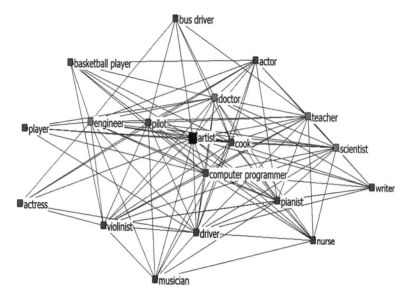

图 9-6　初级组"artist"连接图

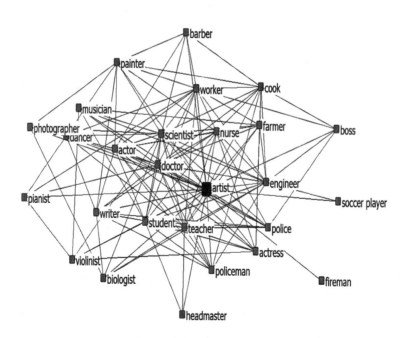

图 9-7　中级组"artist"连接图

三、二语词汇语义网络中心节点的稳定性

为发现英语学习者"职业"表征的中心词汇，我们对两个词汇语义网络进行中心性分析，统计出点度中心度排名前 12(也即中心度大于 40)的单词(结果如表 9-3 所示)。结果显示，两个网络的中心词重合率达到 66.67%(8/12)，表明中心词在两个级别的语义流利测试中具有较好的稳定性。另外，标准化度数中心度显著下降(t = 10.467，ρ = .000)，这和前面网络密度下降的发现一致，说明虽然节点总数增加，但是语义连接的密度并没有同步增加。

虽然中心节点单词被两个级别的词汇语义网络所共享，显示出较好的稳定性，但是其他节点的中心度呈现较大的波动性。"pilot""pianist""violinist""computer programmer"在初级组产出频率高，处于词汇语义网络的中心位置，但是在中级组其点度中心度分别下降到第 24、39、44、45 位，变成边缘词汇。中级组中新进入前 12 位的词汇为"student""nurse""singer""artist"，这几个词拼写简单，和高频词(如"teacher""doctor""actor")有较强连接，已经被结合进网络的重要构架部分，但是在初级网络中它们的中心性还没有完全显现。

表 9-3 初级和中级英语学习者词汇语义网络中的中心词

初级			中级		
词汇	度 degree	nrm degree	词汇	度 degree	nrm degree
doctor	132.00	9.78	doctor	133	2.17
cook	109.00	8.07	teacher	132	2.16
pilot	105.00	7.78	student	100	1.63
pianist	97.00	7.19	actor	76	1.24
teacher	97.00	7.19	engineer	72	1.18
driver	95.00	7.04	scientist	67	1.10
violinist	88.00	6.52	driver	63	1.03
engineer	86.00	6.37	worker	55	0.90

续表

初级			中级		
词汇	度 degree	nrm degree	词汇	度 degree	nrm degree
computer programmer	62.00	4.59	singer	51	0.83
scientist	54.00	4.00	nurse	46	0.75
actor	42.00	3.11	artist	44	0.72
worker	42.00	3.11	cook	44	0.72

第四节　讨　　论

研究结果显示，从网络的整体结构、模块化、中心性三个方面来看，中国初级和中级英语学习者二语词汇语义网络结构差异明显，具体可总结为，随着二语水平的提高，二语词汇语义网络整体呈发展态势，具体表现为：宏观上，网络规模不断扩展，小世界特征增加，模块度增强，但是网络的整体连接密度降低；中观上，模块度呈上升趋势，但是即使对于中级水平者，其数值仍然偏低；微观上，中心词相对稳定，但是其他单词的位置变化较大。下面探讨研究结果的语言学理论意义和教学指导意义。

一、二语词汇语义网络的发展机制

随着学习者词汇语义网络规模的扩展，网络的小世界特征增强，该变化体现了二语词汇语义系统的自组性。二语词汇系统不断接纳新的词汇，但是该过程不是杂乱无章的，而是朝有利于词汇信息高效处理的方向发展，这是由小世界网络特征所决定的。根据网络科学研究结果，小世界特征越强，网络中任何两个节点之间建立连接经过的路径越短，那么信息在网络中的传递会更迅速。小世界网络是典型的复杂网络，其特殊结构是其信息处理功能的内在原因（Scott，1991；Vitevitch，2008；Siew et al.，2019）。本研究发现的二语词汇语义网络的小世界特征可以解释其他研究所发现的二语词汇语义发展的动态复杂特性，如邓海龙（2020）的研究所揭示的二语词汇语义的循环递进非线性发展特征，郑咏滟（2015）所发现的学习者自由产出词汇的跳跃式、阶段性和非匀速发展。

网络模块度上升是网络在发展过程中保持其小世界特征的重要原因，这是复杂动态系统的广泛联接性所导致的（Scott，1991）。本研究的数据分析结果显示，随着语言水平的提高，语义相近的词连接增加，二语词汇语义网络的语义分区更明显，该发现与现有文献中关于二语语义连接类型的研究结果相一致，即随着语言水平的提高，同一语义范畴单词之间的连接丰富度增加（冯学芳，2014）。但是只有本研究的网络整体视角才能展示次语义范畴（即网络社区）内单词之间连接的增加对整个网络宏观结构的影响。同时，在微观层面上，初级和中级网络的中心词高重合率显示了中心词对网络结构的支撑作用，这符合网络增长的优先连接模型（Steyvers & Tenenbaum，2005；Siew et al.，2019）。按照这个模型，新节点加入网络时会优先和中心节点建立联系，所以中心节点连接的其他节点会越来越多，在网络中的地位越来越稳固。但是，随着网络结构的优化，网络对中心节点的依赖会逐渐降低，或者说非中心节点单词的影响力逐步提升。这就是和初级学习者相比较，中级学习者的二语词汇语义网络中心势降低的原因。由此可见，二语词汇语义网络宏观发展模式是在中心节点的支撑下，新增节点有选择地连接已有节点从而导致网络分区性增强而产生的。在网络规模扩展和内部结构改变过程中，节点连接的选择性导致了其非线性特征，这是心理词库发展呈现复杂动态模式的内在原因。

二、研究结果的教学启示

首先，词汇语义网络的结构变化显示网络规模和网络质量的不平衡发展。研究结果显示，中级英语学习者的词汇语义网络的规模增长超过了连接密度的增长。规模的增长表现为网络节点数和网络直径的增加，这是学习者词汇量迅速增长的结果。但另一方面，网络中语义连接的密度不升反降，所以单词语义连接的增长速率跟不上规模的增长。该结果可能跟中国英语学习者词汇学习方法有关。词汇学习策略使用相关研究显示,中国英语学习者最常使用的词汇学习策略是重复记忆和简单的认知操作,而激活策略和联想策略使用明显不够(陈辉,2001;朱竹,2014)。虽然学习者词汇量在短时间之内可能有较大的增加,但是单词之间语义连接范围和强度都相对滞后,词汇语义网络密度难以同步上升。在词汇量增加的同时,只有改善词汇语义网络结构,才能有利于词汇的激活和提取,促进词汇产出能力的提高。王子颖(2014)的研究发现词汇量虽然与 CET-4 总成绩中度相关,但是与 CET-6 总成绩不显著相关,特别是词汇量对需要更多词汇深度和产出知识的写作、翻译和完形填空均不存在预测效度。所以,词汇教学只有加强词汇之间的语义连接、促进词汇语义网络的发展,才能提高词汇学习的效率,特别是促进词汇产出能力的提高。

另外,为了提高词汇产出流利度,一方面要增加各次语义范畴的词汇丰富度,另一方面是通过课堂训练提高次语义范畴之间切换的效率。研究结果显示,虽然中国学生英语词汇语义网络是小世界网络,但是模块性整体水平偏低,即使是中级水平者社区结构仍然松散,所以教学中有必要以次语义范畴为单位,通过增加范畴成员数量并加强范畴成员之间的连接促进网络模块度的提高。再者,尽管中心节点在词汇语义网络中的位置相对稳定,但是大部分其他单词在网络中的位置是动态变化的,所以课堂教学有必要通过语言使用来强化单词之间的语义连接,让更多的单词拥有丰富的语义连接而在网络中发挥更大的作用。本研究所使用的工具可以清晰显示各个单词的中心度,通过检测中心度高的单词在单个学习者语义流利测试中的位置可以判断该学习者对具体单词的掌握情况,为教师实现个性化指导提供依据。

第五节　结　　论

本研究通过对比不同水平二语词汇语义网络结构探索了职业语义范畴词汇表征发展模式,具体研究发现包括:(1)随着二语水平的提高,伴随着词汇数量的增加，词汇语义网络的小世界特征增强，即单词节点之间的平均通达路径减小，节点的局部连接增加，相应带来语义网络的词汇加工效率提高。(2)在中观层面上，随着二语水平的提高，词汇语义网络的分区更明显，带来词汇搜索效率的提高。(3)在微观层面上，中心节点单词的稳定性增强，在词汇语义网络发展过程中起到关键的支撑作用。研究结果能够为二语词汇语义发展的复杂动态系统发展观提供结构解释，并为课堂二语词汇教学提供启示。词汇语义网络结构研究提供了跨学科研究视角，实现了心理语言学研究和词汇习得领域的沟通和交流，并能体现词汇表征的结构性、联系性、动态性和系统性。研究结果显示，在二语水平提高的过程中，词汇语义网络的自组性和联系性得到了很好的体现，但是学习者词汇数量增加的同时，心理词汇组织模式的改善仍然有待加强，由此指出了在二语学习过程中词汇语义连接建立、词汇语义网络构建的重要性和紧迫性。

第十章　特殊语义关系的二语词汇 语义网络研究

——以近义词网络为例

第一节　二语近义词网络研究背景与意义

纵聚合关系即单词之间的语义层级关系，处于这种关系中的单词通常词性相同，共享一部分语义特征，在上下文中能够互相替换。典型的纵聚合关系包括近义关系、上下义关系、反义关系和部分-整体关系。"近义关系"是具有相似概念意义的单词之间的一种纵聚合关系。英语近义词无处不在，在含义和用法上存在细微变化，二语学习者往往难以正确区分而发生误用。近义词通常在语境特征上有所不同，这一点尤其体现在搭配模式方面。基于 Firth（1957）"You know a word by the company it keeps"的观点，很多语言研究者根据近义词的搭配模式来区分近义词（Gries，2001；Liu，2010，2013；Liu & Espino，2012；Taylor，2001），或者基于二语学习者中介语中的近义词搭配模式研究近义词习得过程（Liu & Zhong，2016；陆军，2010；王春艳，2009；张继东、刘萍，2006，等）。现有研究主要是基于频次统计来区分近义词的意义和用法，其不足之处是不能反映近义词之间的相互关联模式以及单个近义词在整个语义范畴中的地位和作用。

近几十年来，随着计算机网络分析工具的开发，网络分析方法在社会科学中得到普遍应用，并延伸到词汇研究领域。正如 Carroll（2008：111）所说，"网络能够很好地展示单词之间的连接模式，为词汇研究提供了新视角"(Hills et al.，2009a，2009b；Jackson et al.，2019；Wolter，2001，2006；Youn et al.，2015)。然而，现有的词汇网络研究大多考察的是词汇联想和词汇共现关系，并未专门关注语义学意义上由语义共享所构成的语义关系(如近义关系、反义关系等)。本研究试图将网络分析方法扩展到近义词的研究中。具体来说，如果两个近义词共享搭配词，它们之间就形成了连接，共享搭配词的数量决定了连接的权重。近义词网络研究的基本理念是：节点在网络中位置的相似性对应于单词的语义相似性，由此，近义词意义和搭配用法的比较可以转换为近义词节点在网络中的位置和连接性的比较。本章基于语料库中近义词的搭配数据，建立近义词搭配共享网络，探索学习者近义词心理表征的结构特征，通过比较 L2 与 L1 近义词网络的结构差异，发现二语学习者在近义词搭配使用上的不足。另外，通过近义词网络结构分析总结母语者近义词搭配的新用法，以补充词典所给释义信息的不足。本章的研究旨在回答以下问题：

(1)L1 和 L2 近义词网络之间的整体结构差异是什么？

(2)目标近义词在 L1 和 L2 近义词网络中的位置和聚类情况有何不同？

(3)从 L1 和 L2 近义词网络结构之间的差异中可以获得哪些有关近义词意义和使用的启示？

第二节　文　献　综　述

一、近义词研究

虽然近义词在概念意义上是相似的，但它们在有些语境中并不能互换。正如 Edmonds 和 Hirst(2002：107)所说，如果两个近义词在任何语境中都可相互替代，没有意义或交际效果上的差别，那么其中一个词将被"弃用"。由于近义词在含义和用法上的细微差别，学习者有时很难选择符合语境的单词来准确表达信息。

在现有研究中，学者们经常根据搭配模式来区分近义词，因为搭配是单词语境特征的重要组成部分。Rubenstein 和 Goodenough（1965：627）在他们的研究中证实了以下假设："通过单词 A 的上下文和单词 B 的上下文所共享的单词比例可以推测出 A 和 B 在意义上的相似程度。"Cruse（1986：11）还指出，"词汇的语义特征可以从实际和可能语境的某些方面反映出来"。简而言之，语境反映单词的意义，搭配相似性体现语义的相似度。

基于语料库的词汇行为特征（Behavior Profile）分析法是从语料库中检索目标词，对该词在每个索引行中的句法、词形、搭配、语义等特征加以标注，然后统计每个特征出现的总频次，各个特征出现的频次百分比所构成的向量就代表该目标词的行为特征（BP）。通过对比近义词的 BP 差异就能知道它们的语义距离（Gries，2006），该方法能够有效地将语义对比转换为更易于观察的分布特征对比。Gries（2001）运用行为特征分析对英语-ic 与-ical 近义词对的语义异同进行了归纳。Liu（2010）应用基于语料库的 BP 方法分析了一组近义形容词（"chief""main""major""primary"和"principal"）的语义和用法差异。词汇行为特征分析因其能够对词汇在语料库中的分布特征进行量化统计，研究结果可信度高，所以赢得了语言研究者的青睐（Arppe，2008，2009；Divjak，2007；Divjak & Gries，2006；Gries，2001；Gries & Otani，2010；Hanks，1996；Janda & Solovyev，2009；Liu，2010）。但是，由于词汇行为特征分析的焦点仍然是近义词之间两两对比，所以无法发现近义词集合的语义分布概貌和单个近义词在整个语义范畴中的作用和地位。

认知语言学的范畴理论认为，范畴中的成员地位并不均等，有些是范畴典型成员，拥有更多与其他成员共享的特性，而另外一些是非典型成员，因其与典型成员的差异而显示更多的独特性（赵艳芳，2008）。包含多个近义词的近义词集合构成语义范畴，范畴中每个近义词与其他范畴成员共享部分语义特征，由于成员之间共享的语义特征数量不同，所以它们在语义范畴内的典型性也不同。例如，动词"eat（吃）""nibble（啃咬）"和"devour（吞噬）"形成近义词集合，都共享"将食物放进嘴里"的基本概念意义，但"eat（吃）"是这个语义范畴中最典型的成员，因为它的大部分意义被其他两个近义词共享，在大多数语境中可以替换它们以表达基本语义而不会引起上下文所传达信息的根本变化。相比之下，在大多数情况下，"nibble（啃咬）"和"devour（吞噬）"不能用来代替"eat（吃）"，否则会在语境中增加不必要的额外信息。简言之，近义词集合中的成员在语义范畴中扮演着不同的角色，因为它们各自不同的语义负载在集合中表现出不同程度的典型性。但是，由于研究方法和工具的限制，现有研究未能从语义范畴整体上分析近义词之间的关联和它们在范畴中的语义分布特征。

二、汉语为母语的英语学习者英语近义词习得研究

近义词的复杂性给二语学习者带来了挑战。现有研究发现，中国英语学习者的英语近义词水平显著低于英语母语者。王春艳（2009）从搭配模式、语义韵、句子中的语法分布以及"非词化"程度几个方面研究了中国英语学习者和英语母语者在使用"real"和"true"时的差异。陆军（2010）基于对一组近义动词（"cause""lead to""result in"和"bring about"）的搭配模式和语义韵的语料库研究指出，中国英语学习者在区分近义词的搭配词方面存在困难。此外，他还在英语搭配中发现了汉语负迁移的痕迹。Liu 和 Zhong（2014）的实证研究则通过比较中国英语学习者与英语母语者对两组近义名词和两组近义副词的使用后发现，中国英语学习者很难掌握不常见的搭配用法，并且经常无法在特定的上下文中选择正确的近义词。由此可见，中国英语学习者在近义词的区分，特别是近义词的正确搭配词的选择方面存在困难。

三、Happen 义动词的现有释义

本研究考察英语母语者对于五个近义动词及一个近义动词短语（occur/happen/emerge/arise/appear/take place）的使用情况。这些词汇出现的语境丰富，使用频率高，但是现有词典中对这些词的定义无法将它们区分开来。例如，*Oxford English Dictionary*，*11th Edition*（2005）将"occur"定义为"... Of a person or thing：to be met with or found，to turn up or appear"，将

"happen"定义为"to take place, to come to pass, occur", *Merriam-Webster, Collegiate Dictionary, 11th Edition* (2003)将"emerge"定义为"to rise or appear from a hidden or unknown place or condition", 对"arise"的解释是"to begin to occur or to exist", 而"take place"是"happen and occur"。这些单词在词典中是互相定义的, 二语学习者无法根据这些定义区分它们的意义, 更不用说在真实的语境中正确地使用它们。

现有文献中有几项研究探索了这些目标词的区别, 但也是目标词之间的两两对比, 缺少统一的比较标准, 因而系统性较差。张继东和刘萍 (2006)的研究发现母语者"happen"和"occur"的使用在语域、句法行为、搭配、类连接和语义韵方面有所不同。根据马拯(2010)的说法, "happen"在英语母语者语料库中的搭配比中国英语学习者语料库少, 并且当"happen"与"what"和"thing(s)"同时出现时, 经常会出现消极语义韵, 这是中国英语学习者语料中没有出现的。由此可见, 这组动词的用法对中国英语学习者具有挑战性, 值得进一步深入和系统地研究。

四、网络分析方法

近年来, 网络科学因其用图形表示复杂抽象现象从而简化研究的优点而扩展到包括心理词典在内的各种复杂认知结构的研究之中。网络科学认为节点之间的关系与节点本身一样重要, 甚至更重要(Siew et al., 2019)。词汇语义网络的建立主要基于单词联想关系或词汇共现关系, 理论上该方法也可用于研究单词之间因义素共享而形成的语义关系。Youn 等(2015)应用网络方法, 通过测量连接两个概念的多义词在不同语言中出现的频率来计算概念间的语义接近度并生成加权网络来表示语义结构, 从而考查是否存在跨语言的通用语义结构。Jackson 等(2019)还应用网络方法来研究"情感"语义领域内的"共词化(colexization)"现象(也称为"多义", 是指两个或两个以上的意义共享一个形式)。他们以情感概念间的"共词化"现象为连接建立了2474种语言的情感概念关联网络, 节点代表情感概念, 连线代表概念之间的共词化现象, 连线的强度由共词化现象的语言数量表示。研究结果表明，世界上 20 个语言家族的情感网络存在显著差异，而且地理因素可以有效地解释这种差异。

上述研究证明了网络分析方法能够有效展现语义网络整体特征以及网络内部的连接模式。本研究尝试将网络分析方法引入近义词研究之中。具体来说，将一组近义词看作节点，如果两个近义词共享搭配词，它们之间就建立起连接，共享搭配词的数量决定了连接的权重，这些节点和纵横交错的连接就构成了近义词网络。节点在近义词网络中位置的相似性对应于单词的语义相似性，也就是说，近义词意义和用法的比较可以转换为网络中节点的位置和连接模式的比较。

第三节 研究设计

我们建立了 6 个 happen 义动词的近义词网络，这些单词表达了与"happen"相同的概念意义(即"occur""emerge""appear""arise""take place"和"happen"本身)。在网络中，近义词是节点，当两个近义词共享名词主语作为搭配词时，两个近义词之间会建立一个连接。从网络科学的角度来看，近义词节点在网络中占据不同的位置，一些是中心节点，而另一些则是外围节点。网络中心位置的单词与其他单词具有更多的连接，这意味着它们与其他单词共享更多的搭配词，因此成为近义词集中最具普遍性的单词。由于中心词与其他近义词共享大量搭配词，因此它们应该适用于更多语境。相比之下，外围词与其他近义词相对疏离，在选择语境方面受到更多限制。此外，两个单词共享的搭配词越多，它们在语义上的连接就越强，两个节点在词汇语义网络中的位置就越近。因此，近义词网络的结构特征可以反映语言使用者在脑海中对近义词的表征。相应地，如果母语者的近义词知识被认为是二语学习者的理想发展状态，则二语学习者的近义词网络与母语者的近义词网络之间的结构差异可以反映二语学习者近义词使用的不足。为了探索近义词网络的结构特征，本研究利用密度、中心性和派系等网络参数，分别探讨了中国英语学习者和母语者心理词典中近义词之间的联系。

一、语料库的选择

本研究使用以下两个语料库来收集有关近义词搭配的数据：中国英语学习者语料来自 200 多万字容量的 SWECCL（"中国学生英语口笔语语料库"），其中包含 20 世纪 90 年代末到 21 世纪初来自 9 个不同大学的以汉语为母语的英语专业学生的口语和书面英语；英语母语者语料库来自包含 20 世纪 90 年代至今当代美国口语和书面英语语料的 COCA（当代美国英语语料库），语料库文本超过 10 亿字（1990—2019 年每年超过 2500 万字）。选择这两个语料库的原因是它们分别代表中级水平的中国英语学习者和英语母语者近年来的口语和书面英语表达，而且这两个语料库都容量大，能提供研究所需要的大量样本。

二、目标词的选择

研究目标词是一组 happen 义动词——"occur/happen/emerge/arise/appear/take place"。选择动词的原因是动词对句子的结构具有决定性作用，对于二语学习者来说难度系数更高。动词的难学之处在于它们在不同的语言系统中差异更大，并且往往没有现实世界中的具象指向物（Gentner，2006）。本研究选择 happen 义动词的原因有两个：一是作者注意到中国英语学习者经常误用这六个词，尤其在搭配模式上的错误很常见；另一个原因是在 SWECCL 语料库中这组近义词的出现频率较高，这为数据收集提供了便利。

三、数据收集与分析

借助 COCA 强大的在线搜索引擎，我们直接在线收集母语者的语言数据。对于二语学习者的语言数据，我们使用语料库检索工具 Antconc。在两个语料库中分别检索了上下文中的所有目标动词及其左侧（跨距 5 个单词以内）的名词搭配。收集名词搭配词的原因是目标近义词搭配模式的主要差异存在于它们前面的名词主语中，因此基于主语-谓词搭配关系构建的 happen 义近义词网络将揭示这组动词的用法和意义差异。本研究使用了频率和互信息（MI）值两个指标筛选搭配词，因为频率可以有效地获取目标单词最常见的搭配，而 MI 值可以过滤掉高频出现的非典型搭配。具体选择标准是频率最高的前 20 个搭配词中 MI 值高于 3 的名词。该标准来源于 Hunston（2002）的研究，将 MI 值超过 3 的搭配视为强搭配。另外，本研究合并了目标动词的不同时态以及它们名词搭配的单复数，数据统计使用它们的类符。

社会网络分析工具 Ucinet 6 分别用于建立和分析中国英语学习者和英语母语者的近义词网络。由于 Ucinet 6 只能处理矩阵形式的数据，因此在 Excel 工作表中创建了两个二模近义词-搭配词矩阵（仅涉及测量一组因子的矩阵称为一模矩阵，涉及测量两组因子的矩阵称为二模矩阵），以便进一步加工从两个语料库中检索到的结果。在此类矩阵中，近义词集中的目标词显示在第一行中，而语料库中找到的目标词的前 20 个搭配项显示在第一列中。每个单元格的数值为“0”或“1”，其中“0”表示属于此行的名词不在对应列目标动词的前 20 个高频搭配词之列中，而“1”表示该名词是相应动词的前 20 个常用搭配词之一。二模矩阵显示的是目标动词与从语料库中检索到的名词搭配之间的搭配关系。表 10-1 给出了矩阵的样本。在 SWECCL 中，“idea(s)”一词属于“occur”“happen”和“appear”的前 20 个搭配词之列。但是，对于其他三个近义词，“idea(s)”不在其前 20 个搭配词列表中，因此单元格中的数值是“0”。

表 10-1　SWECCL 中的二模矩阵示例

	occur	arise	emerge	happen	appear	take place
idea(s)	1	0	0	1	1	0
problem(s)	1	1	0	1	1	0
people	1	0	1	1	1	0
thing(s)	1	0	1	1	1	0

	occur	arise	emerge	happen	appear	take place
generation	0	1	0	1	1	0
…	…	…	…	…	…	…

　　然后我们在 Ucinet 里将两个二模近义词-搭配词矩阵转换为两个一模矩阵("近义词-近义词矩阵"),以显示近义词之间的相互关系。表 10-2 给出了此类一模矩阵的示例。此一模矩阵显示每对近义动词共享的名词搭配数量。每个单元格的值是对应行和列两个目标词共享的搭配数量。例如,"arise"与"occur"共享 1 个搭配,而"emerge"与"appear"共享 6 个搭配。由共同搭配词形成的任何两个动词的连接表示它们的语义相似性,因为两个动词共享的搭配越多就表明它们在语义上越相似。因此,对于中国英语学习者来说,"emerge"和"appear"在意义上比较接近,因为它们共享 6 个名词主语,因此可互相替代的程度较高。

表 10-2　SWECCL 中的一模矩阵示例

	occur	arise	emerge	happen	take place	appear
occur	—	1	2	2	1	1
arise	1	—	1	0	0	1
emerge	2	1	—	1	2	6
happen	2	0	1	—	0	2
take place	1	0	2	0	—	1
appear	1	1	6	2	1	—

　　在两个一模矩阵的基础上我们建立了近义词网络,在这样的网络中近义词被视为节点,如果它们共享搭配,任意两个节点之间就会创建连接。此外,如果单元格中的值大于 1,则相应的两单词之间连接的数量就会是

单元格的值。将数据输入 Ucinet 6 后，我们可以进行计算并可视化网络，使用宏观、中观和微观层面的一系列参数探索近义词网络的结构属性。微观层面侧重于测量节点和连接的不同关系属性，中观层面的测量侧重于社区结构，宏观层面的测量则强调网络的整体结构(Siew et al.，2019)。

宏观层面上，我们测量了两个一模近义词网络的密度。"密度"参数用于测量网络中节点互相连接的程度(Wilks & Meara，2002)，是当前网络连接的数量与可能出现的最多连接数量的比率(Wasserman & Faust，1994)，用公式表示为(D)：D=2L/(n(n-1))，其中 L 是现有连接的数量，n 是节点的数量，n(n-1)/2 计算了最大可能的连接数。简而言之，网络的密度表示网络编织的紧密程度。在本研究中，近义词网络的密度越高，表明近义词之间存在更多的连接(由共有搭配词建立)，这表明它们可以在语境中进行更多的替换，从而表明近义词之间的语义距离更近。

在中观层面，我们对网络进行了派系分析。在社会网络科学中，网络中的子群分析至关重要，因为它能够透视网络内部结构，了解网络节点之间相互作用的模式(刘军，2019)。网络中的派系是含有三个或更多节点的最大完整子群，所有这些节点都相互连接，并且派系外没有其他节点连接到该派系的所有成员(如图 10-1 所示)。由于一个派系是完整的，那么该派系中的所有成员在连接意义上都是相同的(Hararyt et al.，1953；Luce & Perry，1949)。在本研究中，我们对近义词网络进行了派系分析，以观察近义词之间的语义距离。

图 10-1　不同大小的派系

此外，我们利用"度数中心度"探索近义词在网络中的地位。度数中心度测量了每个节点拥有的直接连接数，具有较高度数中心度的节点可以在整个网络的信息交换中发挥更重要的作用(Siew et al.，2019)。也就是说，具有较高度数中心度的节点通常被认为位于网络的中心，而具有较低度数中心度的节点则位于网络外围。

第四节 研 究 结 果

名词搭配的单复数形式合并后，在 COCA 中，6 个近义词共得到 99 个名词搭配，在 SWECCL 中，共得到 90 个名词搭配。一语和二语二模搭配词矩阵共生成了两个二模近义词搭配网络。为了更好地显示近义词之间的关系，我们将二模网络转换为两个一模网络，即一语/二语近义词-近义词网络(参见图 10-2 和图 10-3)，并对其进行结构分析以探索两个网络在不同层面上的特征。在这些网络中，方形节点表示目标近义词；连线代表不同节点之间的现有连接；每个连线上的值表示连接的权重(即连接强度)，该值的大小由两个近义词共享的搭配数决定。

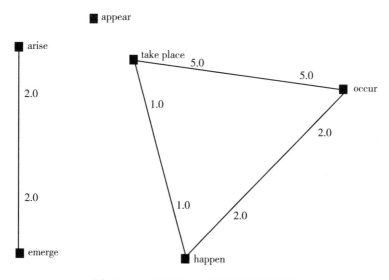

图 10-2　一语近义词-近义词网络可视化

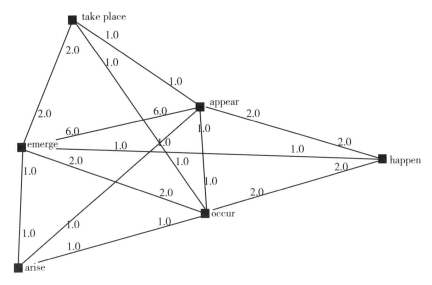

图 10-3　二语近义词-近义词网络可视化

一、近义词-近义词一模网结构

宏观结构结果。尽管一语和二语近义词-近义词网络都是 6 节点的，但它们在连接模式和强度上差异明显。从总体布局来看，一语近义词网络并不是完整的，它由一个孤立节点"appear"、一条由"arise"和"emerge"组成的孤立连接，以及一个由"happen""occur"和"take place"组成的子网络构成。相比之下，二语近义词网络是由 6 个互连节点组成的完整网络。一语和二语近义词网络中最强的连接强度（两个近义词共享的搭配数量）分别为5.0 和 6.0。此外，两个网络的总密度分别为 0.667 和 1.4。为了测试密度结果是否具有显著性差异，我们进行了独立配对 t 统计检验，结果显示，一语和二语网络之间存在显著差异（$t = -3.1897$，$p = 0.0036 < 0.05$），表明二语近义网络的密度明显高于一语网络。

派系分析结果。为了探究这些近义词之间的相互关系，对这两个网络进行派系分析，结果如图 10-4 和图 10-5 所示。图 10-4 显示出一语近义词网络只包含一个由"occur""happen"和"take place"组成的派系。由于每两

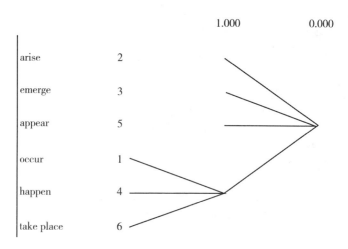

图 10-4　一语近义词派系树形图

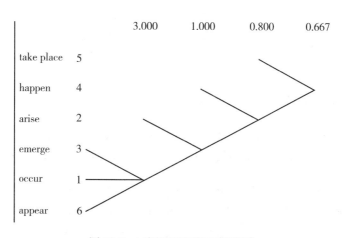

图 10-5　二语近义词派系树形图

个成员之间的连接意味着存在共享搭配词，所以可以认为在一语中，派系中的三个词具有较高的语义相似度。对于其余三个单词"arise""emerge"和"appear"，它们既不会自己形成派系，也不会与其他单词形成派系，这表明它们与其他近义词之间存在着严格的语义边界。

相反，在二语近义词网络中形成了三个派系，其组成部分分别如下：（1）occur, emerge, happen, appear；（2）occur, emerge, take place, appear；（3）occur, arise, emerge, appear（见图 10-5）。该图显示，

"emerge""occur"和"appear"位于二语同义词网络的中心，因为它们由三个派系共享，而派系中其余三个单词中的每一个都分别只属于一个派系。这一结果表明，"emerge""occur"和"appear"共享更多搭配词，彼此之间具有更多的语义相似性，它们是语义范畴里的典型成员。

中心度结果。度数中心度，即一个节点所拥有的直接连接的数量，可以用来衡量每个节点在网络中的地位。一语和二语中近义词的中心度值如表 10-4 所示。现有一语词汇网络分析的结果表明，词的度数中心度与词频成正比，高中心度的词往往具有高词频（Deyne & Storms，2008）。为了探究词频对二语近义词网络中词汇中心度的影响，我们将这 6 个目标词在一语和二语语料库中的总体词频列于表 10-3 中，并与表 10-4 的中心度进行比较。

表 10-3　一语和二语语料库中近义词的词频

一语		二语	
word	frequency	word	frequency
happen	552899	happen	1169
appear	221291	appear	400
occur	112673	emerge	123
emerge	54394	take place	91
take place	49495	occur	66
arise	28932	arise	41

表 10-4　一语和二语语料库中近义词的中心度

一语		二语	
word	centrality	word	centrality
occur	7	emerge	12
take place	6	appear	11
happen	3	occur	7

续表

一语		二语	
arise	2	happen	5
emerge	2	take place	4
appear	0	arise	3

　　如表 10-3 所示，这组近义词在两个语料库中词频的排名非常相近。我们只能观测到以下三个词的排名变化："emerge""take place"和"occur"。前两个单词"emerge"和"take place"在二语列表中上升了一位，而"occur"下降了两位；"happen"和"appear"都排在前两位，而"arise"排在最后一位。这种相似性表明，二语学习者大体知道每个单词被本族语使用者使用的频率，并能将这些知识在日常用语中体现出来。

　　如表 10-4 所示，一语和二语列表中单词的中心度排名差异很大："appear"上升了四个排名，从一语列表的底部位置跃到二语列表中的第二位；"emerge"上升了四个排名，"take place"下降了三个排名；"occur"和"arise"都下降了两个排名；"happen"的排名变化最小，但它仍然下降了一个排名。这种对比表明，二语学习者很难正确地认识语义范畴中的典型单词。对于以英语为母语的人来说，"occur"是该范畴中最典型的单词，因为它与其他近义动词共享最多的名词搭配；在二语学习者的认知中典型单词是"emerge"，而它的典型性在一语列表中排名倒数第二。

二、近义词-搭配词二模网结构

　　图 10-6 和图 10-7 中的二模网络不仅反映了这组近义词在一语和二语近义词-搭配网络中的相对位置，也反映了它们的搭配模式。在两个网络可视化图中，连线代表不同近义词和搭配词之间存在的搭配关系。

　　在一语近义词-搭配词网络中，"take place/happen/occur"共享的搭配词是"attack(s)""event(s)""changes(s)""shooting(s)""incident(事件)"和"accident(s)"。"emerge"和"arise"有两个共享搭配："differences"和

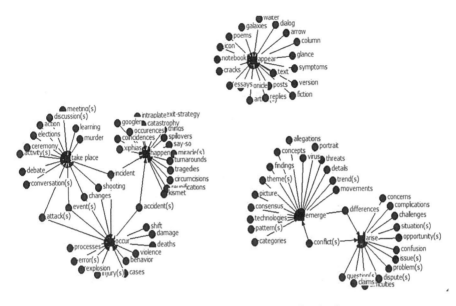

图 10-6　一语二模近义词-搭配词网络可视化

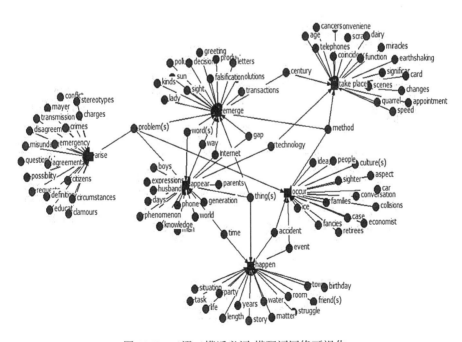

图 10-7　二语二模近义词-搭配词网络可视化

"conflict(s)"。作为一个孤立的节点，"appear"与其他节点隔离开来，与它们没有共享的搭配。二语近义词搭配网络中，"emerge"和"appear"之间的连接最强。它们的共享搭配词有"problem(s)""word(s)""way""Internet""gap"和"thing(s)"。其他词之间的连接都比较松散，最多共享两个搭配词。由此可见，这组近义词在一语和二语中的搭配模式上以及由此显示的语义距离和分区上都存在较大差异。

第五节　讨　　论

一、一语与二语近义词网络的宏观结构差异

一模网络密度的比较结果显示，二语近义词网络的密度高于一语对应网络。这表明在二语心理词典中，这些近义词具有更强的联系，彼此共享更多的搭配词，并且在语境中更具可替代性。这一发现与Laufer(1991)的观察结果一致，即二语学习者倾向于用相同的单词表达不同的概念，说明二语学习者可能难以根据句子中给定的名词主语从近义词集合中选择正确的单词。换句话说，这些近义词之间的界限在中国英语学习者的脑海中往往是模糊的，因此他们会对每个目标单词的具体用法感到困惑，并在不同的语境中误用它们。与此相反，一语近义词网络中的节点不是紧密连接的，显示在母语者心理词典中，尽管这些近义词意义相近，用法容易混淆，母语者还是能区分它们不同的用法，在实际语言使用中将这些近义词和不同的名词搭配使用。另外，早期词汇网络研究(Meara，1992；Wilks & Meara，2002)得出的结论是一语网络通常比二语网络密度大，这与本研究的结论相反。这种分歧是由网络中连接的性质不同引起的。在早期词汇网络中，单词由于联想或共现关系而连接，更高的密度意味着单词间更高的连接性，但本研究中，近义词由于共享的搭配词而连接，所以语言使用者语言水平越高，越有可能区分不同的近义词，让近义词共享的搭配越少，因此形成密度更小的网络。

二、近义词集成员之间的关系

本研究采用派系分析，以量化和客观的方式探索这些近义词之间的联系模式。派系分析结果表明，在一语近义词网络中只存在一个由"occur，happen，take place"组成的派系，这三个词也是近义词网络中心度最高的三个词。二语近义词网络中的派系有三个——"occur，emerge，happen，appear""occur，emerge，take place，appear"以及"occur，arise，emerge，appear"。二语网络中的这三个派系因其共享的词语而发生交叉："occur""emerge"和"appear"。这三个词是每个派系的成员，也拥有最高的度数中心度，因此它们位于网络的中心。

在一语中，"occur""take place"和"happen"的一个常见搭配词是"incident"。除了"incident"外，"occur"和"take place"还共享一些常见的搭配，如"event（s）""shooting""attack（s）"和"changes"，而"occur"和"happen"共享一个搭配词"accident（s）"。可以发现，这些搭配词都带有"事件"的语义特征，而且大多是"坏事"，所以"occur""take place"和"happen"的一个常见用法是描述某些特定事件的发生，而且最有可能是负面事件。另外，因为这三个词具有最高的度数中心度，位于一语网络的中心位置，而中心词的搭配模式可以代表整个近义词集的主要用法，因此高中心度单词的常见搭配所共有的语义特征可以投射出整个近义词集的语义倾向。简言之，该近义词集的语义倾向是"描述某些特定事件的发生，特别是负面事件的发生"。在二语近义词网络中，这三个词之间的联系相对较弱——"take place"与"happen"没有共同的搭配，它与"occur"共享一个搭配"method"；"occur"和"happen"共享两个搭配词——"accident"和"event"。这两个搭配词也表达了"事件"的含义，"accident"还特别指代"意外发生且不好的事"，与一语网络的语义倾向一致，这表明二语学习者对"occur"和"happen"的常见用法有一定的了解。"occur""emerge"和"appear"在二语二模近义词-搭配词网络中占据中心位置。"emerge"和"appear"共享的搭配词是"way""Internet""word（s）""gap"和"problem (s)"；" appear "和" occur "只共享一个搭配词" problem（s）问题"；"emerge"和"occur"只共享一个搭配词"method"。由于这些搭配词明显属于不同的语义范畴，无法概括出有关其常见用法的规律，因此，该二语近义词集的语义倾向并不清晰。

三、一语与二语近义词网络中单个节点的中心度

由于本研究中的网络分析方法使用中心度来衡量语义范畴中单词的普遍性水平，因此结论可以很好地反映实际使用中单词之间的相互关系，这是通过频率测量难以实现的。也就是说，近义词的频率不能完全预测它们的中心度。根据表 10-3，二语列表中所有目标单词的频率要比一语列表低得多，但它们的度数中心度要高得多，这表明这些近义词在二语学习者的心理词典中更具可替代性，意味着中级二语学习者会在上下文中混用这些近义词。"happen"是一语和二语列表中频率最高的词（见表 10-3），但在这两个列表中，它的中心度并不高（见表 10-4）。度数中心度和频率之间的不一致是高频单词与它的近义词之间的弱连接造成的。虽然母语者经常使用"happen"，但他们只是在有限的语境中使用它，因此它前面的名词主语通常不与其他近义词搭配。"happen"在 COCA 中的频率高于其他近义词，其名词搭配在一语网络中却是非常有限的。"things（事情）"是一语网络中"happen"最普遍的搭配词（频率为 18688），"accident（s）（事故）""incident（事件）"和"miracle（s）（奇迹）"紧随其后。对索引行的进一步分析结果与马拯（2010）的结果一致，即"happen"的大多数主语不是名词，而是代词和 wh-疑问词。二语网络中"happen"的搭配词比在一语中的搭配词更多，而且前 20 个搭配词都是生活中的常用词。简而言之，一语和二语中"happen"的搭配模式显著不同。另一点值得注意的是，二语学习者已经掌握了"happen"的主要用法，即与名词"thing（s）"共同出现，因为这个搭配词在二语"happen"子网络中也具有优势地位。这一发现与 Liu 和 Zhong（2014）的发现一致，即二语学习者能够更熟练地使用高频单词和高频搭配词。

　　以上分析表明，词汇网络中单词的中心度可以反映单词在说话者心理词典中的重要性。更具体而言，在语义相似网络中，中心度可以反映单词相对于语义范畴其他成员而言的普遍性或典型性。根据 Taylor（2001：8955）的说法，"人们基于一些范畴内的典型示例来理解一个范畴。只要事物与典型示例相仿，就能与该范畴建立联系"。一个类别中最典型的示例被称为"原型"。Hampton（2006）也对原型理论作出了进一步的阐述，提出词与词的区别不在于语义特征，而在于它们与"原型"的相似程度。一组近义词形成一个语义范畴，其中"原型"应该是与其他单词共享最多特征的单词，也是类别中最具代表性的单词。中心度是能决定近义词集中"原型"的一个很好的参数，网络中最高中心度的单词与其他单词共享最多的搭配，因此可以被视为近义词语义范畴中的原型。研究结果表明，二语学习者似乎没有把握语义范畴中每个单词的正确地位（就普遍性和典型性而言），他们在所研究的语义范畴里具有与英语母语者不同的原型单词，该结果会对二语近义词的正确使用产生负面影响。

　　综上所述，我们对两个近义词网络进行对比分析，发现了一语和二语近义词心理表征的如下特点：（1）母语者可以更好地识别近义词之间的细微差别，从而在语境中正确选择搭配词，而二语学习者缺乏对它们独特用法的了解，因此在实际语言使用中出现了更多的近义词混用现象。（2）happen 义动词的语义倾向是"负面事件的发生"，但二语学习者对这组动词的使用比较随意，没有表现出明显的语义倾向。（3）虽然近义词共享相似的概念意义，但它们彼此之间的语义距离不同。在英语母语者的心理词典中，"occur""happen"和"take place"在意义和用法上更接近，"emerge"更接近"arise"，而"appear"最为孤立，但对于中国学习者来说，这六个词都是可互相替换的。（4）happen 义动词的"原型"在一语中是"occur"，而在二语中是"emerge"。由此可见，二语学习者对 happen 义近义词的习得远未达到母语者的水平。

四、研究结果的理论与教学启示

本研究结果支持了 Jiang(2000)的二语词汇发展三阶段理论。根据 Jiang(2000)的说法，一语词汇表征的优点是，词汇条目一旦建立，不同方面的词汇信息(如语音、正字法、形态学、语义和句法特征)可以同时获得。相比之下，在二语学习过程中，学习者在习得词汇条目之前需要经历三个阶段——形式阶段，一语标义词位调节阶段和二语词条整合阶段。在这三个阶段中，使用者会借助一语词汇知识进行交流，尽管基于一语翻译学习二语单词在初级阶段是有效的，但从长远来看，它可能会降低学习者从语境中提取意义的动机，因此不利于词汇水平的提高。由于所有 happen 义动词的中文翻译几乎相同("发生"或"出现")，学习者会自然求助于相同的一语词目信息来学习这六个近义动词，而不去注意它们特定的语境特征，从而产生语境中的误用。Jiang 还提出在教学环境下二语词汇发展的另一个制约因素是二语输入在数量和质量方面的欠缺。二语输入的有限导致学习者对近义词的搭配模式缺乏了解。因此，本研究为未来的二语词汇教学和研究提供了启示。对于二语学习者来说，学习单词不仅意味着识别单词的发音和拼写，还意味着理解同一语义范畴的单词如何互相连接以形成网络。教师应强调不同的语义关系，帮助学生发展二语语义网络，全面提高词汇水平。

第六节　结　　论

通过二语与一语近义词网络结构比较，本研究发现，在宏观、中观和微观层面上，一语和二语近义词网络之间都存在显著差异。二语与一语近义词网络的结构差异揭示了二语学习者在学习二语近义词方面的主要不足：无法区分每个近义词的正确搭配，对近义词集原型的识别不准确，以及对不同单词之间语义距离的错误判断。另外，本研究发现了现有的字典和参考书中所没有提及的目标近义词集的语义倾向。这些发现可以增强对近义词集的理解，并强调了近义词整体教学的重要性。本研究采用的网络分析方法可以描绘某个语义范畴的心理表征图景，这是其他方法难以实现的。该方法可以用于研究二语习得中其他类型语义关系的发展。作为在词汇关系研究中采用社会网络方法的一个尝试，本研究仅基于近义词前 20个最常见的搭配。未来的研究可以对更多数量的搭配词进行研究，以建立更完整的网络，以期得出更全面的结论。

第十一章 二语词汇语义网络研究总结、教学启示与未来展望

用网络的方法研究二语词汇表征能很好地体现词汇表征的联系性、系统性和整体性。随着网络科学理论的发展和网络分析工具的开发，对词汇表征的不同层面进行精确的计量分析成为可能。该研究范式能够有效地揭示二语词汇语义网络的结构特征，解释这些结构特征与词汇行为之间的关系，并为词汇表征的结构改善和词汇能力的提高提供有效启示。另外，由于该研究范式在中观和微观能够聚焦单词之间的语义连接模式，特别是单个单词在词汇语义网络中的位置以及单词的不同特性对语义连接的影响，所以能够有效探索词汇表征结构改变的内在原因，追溯词汇语义网络结构形成所涉及的语言学习过程因素、学习者因素、文化因素等。该研究范式视野开阔，能有效沟通心理语言学、词汇习得、语言对比、课堂教学方法等不同学科领域的研究成果。

第一节 二语词汇语义网络研究总结

本书从第五章到第十章的六个实证研究从不同角度对二语词汇语义网络进行了探索，发现了传统的词汇表征和习得研究很难发现的现象和规律。首先，二语词汇语义网络较一语词汇语义网络更复杂，其中一个重要原因是一语会对二语词汇表征和加工造成影响。为了揭示一语词汇表征和二语词汇表征之间的作用和关联情况，第五章对比了二语词汇语义网络与一语词汇语义网络的结构，总结了它们的异同。对比结果发现，一语词汇

语义网络较二语词汇语义网络规模更小，但是密度更大，因而整体更为凝炼。一语词汇语义网络的中心势低于二语，也就是说，一语在词汇加工时不会过多依赖中心节点，所有节点的影响力相对均衡，而二语词汇语义网络的中心势更高，中心节点在网络中的地位更突出。另外，一语和二语词汇语义网络的共享部分在网络的中心核系统更多，而在外围系统相对更少。也就是说，二语词汇语义网络和一语词汇语义网络从中心核到外围系统，差异越来越大。由此可见，二语词汇表征的独特性主要通过外围系统展现，而中心核系统更倾向于表征不同语言的共核部分。网络的方法能够清晰描绘语义范畴的概貌，清晰展示一语和二语词汇表征的中心核系统和外围系统。

在微观的角度，本书研究了二语词汇语义网络中的语义连接类型和中心词在网络中的作用及其主要特性。不同的单词在词汇语义网络中的地位和作用各不相同，中心节点单词对词汇网络的形成和发展起到关键的支撑作用。中心节点单词一般词频高，习得时间更早，但是它们是高频词中的一部分，具有一些独特的语义特征和网络结构特征。第六章的实证研究具体比较了中心节点单词和高频产出单词之间的区别，结果显示，虽然中心节点单词和高频产出单词的重合度高，但是它们在网络中的连接能力、连接模式、在网络发展中的作用都有不同。在连接模式上，中心节点单词和高频产出单词的具体区别是前者连接的节点更多，所拥有的局部网络密度更大，所连接的单词之间更容易互相关联。相反，非中心节点的高频产出单词对所连接的单词选择性更大，局部网络密度较低，所连接的单词之间不容易形成相互关联。究其原因，主要是中心节点单词不仅词频高，而且其语义特征更倾向于表达更具普遍性的话题和信息。中心节点单词在网络构建和发展中的作用为优先连接模型提供了证据，该模型描述了词汇网络发展的一般模式，即新节点更有可能与网络中心节点建立联系，这样就导致了中心节点连接越来越多、中心节点的连接度与边缘节点的连接度的区别越来越大的结果，也就是形成了网络节点度的两级分化，这是网络无标度结构的形成原因。由此可见，中心节点的有选择连接导致了二语词汇网络的小世界特征的加强，这是该网络能够高效激活和加工词汇的内在结构原因。由此，中心节点单词和中心核系统对词汇社会表征网络的定义和支撑作用得到了解释。另外，边缘节点的不稳定性和多样性是造成不同词汇网络间差异的主要原因，应该成为网络结构对比及网络结构优化需要重点关注和研究的对象。

根据语义学的理论，单词之间的语义关系是多种多样的，这些不同的语义关系（如同义、反义、上下义、整体-部分、语义邻接等）都可以让单词之间相互激活，形成词汇联想，但是不同类型语义连接的强度如何？相互之间激活的效果如何？第七章的实证研究给出了明确的答案：第一，在所有类型的语义连接中，语义邻接、语义远亲、上下义的强度超过了其他类型，让相关单词比较容易相互激活，其中，语义邻接的效果尤甚。语义邻接关系连接的词汇词性相同，不同于传统的搭配关系，因为搭配关系连接的是词性不同的单词。表面上看，搭配关系连接的单词关系密切，但是从联想类型所占比例来看，语义邻接更普遍，特别是由名词所构成的语义邻接关系占比更高。该现象可能来源于语言的指称作用，世界上的事物纷繁复杂，但是语言描述世界的过程也是将客观复杂的世界条理化的过程。在此过程中，具有邻接关系的词汇会被语言串联在一起，形成语言表达中的常见组合（比如学校学生、国家民族、体育运动、语言现象、社会活动等）。第二，一语的语义邻接关系被借用到二语中的比例较高，形成在二语使用中的迁移，或者可以理解为是一语与二语词汇表征共享的部分，这为一语和二语词汇语义表征存在交叉共享提供了证据。第三，搭配在二语词汇语义表征中占有相当的比重，而且明显高于在二语学习者的一语和单语者母语中搭配的地位，由此可以推断在语言学习过程中，搭配是学习者比较关注的部分，这是学习过程中注意力集中于此所带来的结果。但是，随着学习者语言水平的提高，搭配逐渐让位于其他的语义关系。另外，一语的搭配特征也很容易被借用到二语的表征中，该现象类似于一语语义邻接对二语词汇表征的影响，也体现了一语和二语词汇表征的交叉关系。第四，二语学习者的词汇表征中与其生活密切相关单词的联想受一语中介作用较小，而与其生活联系不大的英语单词更多借助一语的中介形成二语的词汇联想连接。由此可见百科知识在二语词汇心理表征中的作用和影响。

词汇语义网络结构代表了词汇在头脑中表征的模式，不同结构对应着不同的词汇加工效率和不同的词汇产出能力，也对应着不同的语篇构建结果。第八章探索了词汇语义网络结构和语篇构建能力之间的关联情况，证实了词汇语义网络中的横组合和纵聚合在语篇发展中所起到的不同作用。首先，从整体上来讲，词汇语义网络结构与语篇构建能力显著相关，也就是词汇网络结构越完善（主要表现为连接密度高），语篇构建能力越强，构建的语篇质量越高。其次，网络中的不同语义连接类型对应于语篇构建能力的不同方面，其中横组合的发展与语言信息表达的清晰度显著相关而纵聚合关系的发展与语篇主题深入的程度显著相关。该研究结果明确了词汇语义连接的不同类型对应于语言产出结果的不同方面，能更好地说明网络结构优化改善的必要性和具体目的，也指出了语言写作不同层面的提高可以着力的方向和可以采取的措施。

学习者头脑中的词汇语义网络不是固定不变的，而是动态发展的。第九章通过中国初级和中级英语学习者二语词汇语义网络结构差异勾勒出了二语词汇语义网络的大致发展路径，为词汇表征效果的改善和词汇能力的提高方法提供了启示。宏观层面上，随着二语水平的提高，二语词汇语义网络规模不断扩张，但是网络密度和中心势降低，网络半径和直径增加，网络小世界增强。中观层面上，网络的分区效果更加明显；在微观层面上，网络的中心词表现出极大的稳定性，但是其他单词节点在中心性上起伏较大。该研究结果显示，随着二语水平的提高，中国英语学习者词汇语义网络质量的提升赶不上网络规模的扩展，所以才会出现网络密度和中心势下降的趋势。尽管如此，由于网络发展过程体现的自组性以及网络节点的有选择连接，使网络的小世界特征增强，让网络的结构朝有利于词汇表征和加工的方向发展。随着语言水平的提高，二语词汇语义网络中观层面上的分区更明显，具体体现是单个节点单词所连接的语义相关词更多，局部网络的密度增强。中国英语学习者英语词汇语义网络随着语言水平的提高局部密度上升而整体密度下降的模式显示出二语学习环境质量及二语语言输入质量上的不足。该模式与一语词汇语义网络发展的模式不同。在一语中，当语言水平提高时，词汇语义网络的整体密度上升，说明语义连接数量与节点数同步上升，而且新节点与不同次语义范畴的节点都建立连接而导致整个网络的密度提高。与此相反，二语词汇语义网络随着语言水平提高密度增加主要发生在局部，而网络整体密度不升反降。究其原因，二语学习者的语言学习主要是在课堂环境中进行，因此单词的学习主要是依赖词典的定义和有限的语言输入，结果导致语义连接增加的范围明显不足，相应地，网络密度增加的范围也较小。

语义关系有多种，比如同义、反义、上下义等，不同的语义关系构成的网络可以看成词汇语义大网络中的小网络，对这些小网络的探测和研究可以更深入地了解词汇表征结构。但是，目前词汇网络研究对由具体的语义关系构成的小网络的考察和研究较少。第十章聚焦近义词网络，探测其整体结构特征、近义词之间的连接方式、具体近义词在近义词集合所代表的语义范畴中的地位和作用。该研究最重要的发现是，和母语者的近义词网络相比，二语使用者的近义词网络密度大，中心词汇不同，说明二语使用者不能正确区分近义词在意义上的细微差异，出现了近义词的混用，而且不能正确识别范畴典型成员以及近义词两两之间的语义距离。该研究展示了如何用网络的方法有效地区分近义词，了解近义词在实际应用中的语义差异以及不同的近义词在近义词集合中的地位和影响力。所用方法可用来测量二语学习者的近义词掌握情况。另外，该研究基于英语母语者的近义词使用模式发现了词典所没有提供的目标近义词的新用法和新意义。近义词网络结构研究表明，网络结构分析能够应用于不同类型的语义关系所构成的网络，清晰透视词汇表征在不同层面和视角的组织模式。近义词集合的网络研究方法可以应用于其他不同的语义关系类型。

下面总结二语词汇语义网络的一般结构特征和发展模式：

（1）关于语义连接。二语学习者头脑中的词汇连接以语义连接为主，非语义连接（包括语音连接和词形连接）的比例远远低于语义连接，说明了语义在二语词汇表征中的关键地位。对语义连接的类型分析显示，二语词汇语义网络中的语义连接凸显语义场在语言使用和词汇相互作用中的重要地位，语义连接中比例最高的连接类型（包括语义邻接、语义远亲、上下义）指向属于同一语义场的单词。该发现说明，词汇在心理表征中有很好的结构性和组织性，其中语义连接是关键。在具体的语言使用活动中，词汇之间的语义连接得到强化，语义场的划分明晰了让单词之间相互关联而形成的结构。在同一语义场中，单词之间语义连接密度大，随着词汇网络的结构性加强，词汇信息加工效率会更高。另一方面，单个单词只有与同一语义场的单词建立足够多、足够强的联系，才能在心理表征中占据有利地位，因而在词汇加工中表现更高的可及性，在词汇网络发展中起到支撑作用。由此可见，心理词典中的语义连接可以解释外在的词汇行为，可以看作词汇应用能力的心理基础。

（2）关于单词在二语词汇语义网络中位置的影响因素。作为语言信息表达的基本单位，单词的特征是多维的。每个单词都有形式特征、分布特征、语义特征。分布特征包括词频、学习时间、语境多样性等；语义特征包括具体度、形象度、语义多样性、情感度、熟悉度等。每个特征都会影响到单词的学习难度和学习效果，而且这些特征之间存在复杂的交互关系，所以要清楚、准确把握某个特征对习得的影响是复杂的，可操作性不强。但是这些特征的综合作用会对应于单词在词汇语义网络中的特定位置。网络中心词有词频高、习得时间早的特点，这些单词在网络中连接丰富，所以在词汇加工中更容易被激活和提取。另外，单词的语义特征也影响着它们在词汇语义网络中的位置，例如，跟学习者的生活关系更密切、在国计民生中更具重要性的单词往往具有更高的中心性，这些单词使用频率可能不是最高，但它们常常拥有丰富的连接，因而也很容易被激活和提取。另外，效价高、意义更积极的单词更趋向于拥有更高的中心性。

（3）二语词汇语义网络的发展模式——优先连接模型。在二语词汇语义网络发展过程中，中心词起到关键的支撑作用，这是因为中心词能更有效地吸纳新的词汇，补充语义范畴中的节点，扩展语义范畴的规模。节点的有选择连接一方面保证了中心核系统的稳定和网络基本功能的实现，另一方面促进了不同社区的逐步发展壮大。和其他的复杂网络一样，二语词汇语义网络的优先连接发展模型体现了网络发展的规律性和优化特征，其主要表现是不同水平层次上的二语词汇语义网络虽然节点数不同，密度也不同，但是任意两个节点之间的距离较小，节点的局部连接性较强，这是保证网络词汇提取和加工效率的基础。优先连接模型是二语词汇语义网络的小世界和无标度特征形成的原因。

（4）二语词汇语义网络的组织模式。社区分布是词汇语义网络组织性的重要体现。和语义场在二语学习者词汇行为中的作用一样，社区分布说明了语义表征的组织性特征。语义连接在头脑中是有规律分布的，同一社区的单词节点连接更紧密，不同社区的节点之间连接更稀疏，形成错落有致的社区结构。同一社区的单词之间更容易相互激活，该特点在词汇加工过程中可以缩短目标词汇的搜索时间，提高单词提取效率。随着学习者语言水平的提高，词汇语义网络分区趋势更明显，因为同一分区的节点数增加，节点之间的连接更紧密，所以同一分区中的节点之间更容易通达。但是，和一语词汇语义网络中社区分布发展状况相比，二语词汇语义网络表现出社区之间节点连接增强不足，所以网络整体密度无法跟上网络规模扩展的步伐。一语和二语在该方面的差异反映出二语词汇学习的环境和学习方法的欠缺。

（5）关于一语对二语词汇语义网络结构的影响。一语对二语词汇表征的影响普遍存在，但是随着二语者语言水平的升高，其影响逐渐降低。从一语向二语迁移的语义连接类型来看，语义邻接占比最高，由于语义邻接涉及的是在同一语境中共现的词性相同的词语，所以语言使用和百科知识对语言迁移的影响显著，特别是涉及离语言学习者自身生活较远的语境中语义连接的迁移更明显。由此可见，语言使用在很大程度上决定了一语词汇在二语中的迁移。另外，基于语义流利测试数据建立的一语和二语词汇语义网络的差异性从核心系统向外围系统越来越大，所以当二语的外围系统还未发展完善时，二语学习者最有可能借用一语的语义连接来表达信息，这就造成了一语向二语中的迁移。与此相似，在同一组近义词的区分和选择时，典型性越差的近义词(也就是处于近义词网络外围的单词)越有可能被学习者混淆而造成使用的错误。由此可见，单词节点的结构特征能够很好地反映语言实际使用情况，网络的方法可以将单词节点在网络中的位置及结构特征与单词在词汇加工中的表现很好地对应起来。

第二节　二语词汇语义网络研究的教学启示

二语词汇语义网络研究在网络基本构成、网络结构特征、网络发展模式、一语对二语词汇语义网络结构的影响和作用模式等方面的研究结果对二语课堂词汇教学有重要的启示意义。

第一，增强词汇网络发展观念。对中国学生二语词汇语义网络发展模式的研究发现，随着学习时间的增加，中国学习者英语词汇语义网络规模扩展显著，但是网络密度和分区特征并没有同步增加，结果严重影响了词汇激活和提取，也影响了词汇应用能力的提高。所以，在课堂英语教学过程中，英语教师应该重视学生词汇语义网络的发展，增强学生词汇语义连接的意识，通过多种多样的课堂活动优化和改善二语词汇语义网络的结构，让其朝有利于词汇能力提高的方向发展。

第二，合理安排词汇学习顺序。根据网络发展的优先连接模式，在词汇语义网络发展过程中，新加入的单词首先跟中心词建立联系，所以中心词在网络发展的初级和中间阶段发挥巨大的构架作用。所以，教师在英语课堂要体现中心词的优先学习原则，在词汇学习的先后顺序上要考虑词汇的语义连接能力，保证中心词能够首先习得，尽早搭建词汇网络发展的支架。

第三，扩大课堂输入词汇的语义范畴。由于不同的语义范畴的单词都会形成规模各异的小网络，所以广泛的语义范畴可以让词汇网络中小网络的数目增多，扩大词汇网络的规模。同时，因为同一语义范畴的单词在各自网络中的位置也不同，所以范畴内的单词的学习先后顺序也要体现先中心后边缘的原则。

第四，增加词汇语义网络密度。词汇语义网络局部和整体密度的增加都很重要，所以不但要通过词汇练习(如同义词、反义词、上下义词的辨析)促进语义连接的发展，而且要在有意义的交际活动中使用英语以便建立不同语义范畴单词之间的语义关联，让网络的整体密度增加。

第三节　有益于二语词汇语义网络发展的课堂活动举例

一、单词接龙

单词接龙活动介绍：该活动可以作为全班活动或小组活动进行，目的是先激活贮存在学生头脑中的单词。该活动形式简单，可操作性强。具体是从老师给定的一个单词开始，按照座位顺序学生轮流说出一个由前一单词的最后一个字母开始的单词。要求学生听懂前一个同学所说出的单词，在心里拼出该单词，在清楚了该单词的最后一个字母后，想出另一个由该字母开始的单词，并大声说出该单词。要求发言准确，让其他同学能听懂该单词。比如：environment-teacher-read-desk-keep-pen-nor-rate-easy-yesterday-yellow-will-lid-day。

特别要求：

(1)不要重复前面已经说过的单词。

(2)可以根据具体的教学内容限制单词范围。比如，可以限制单词的长度、单词的词性、单词的意义范围。

(3)限制说出单词的时间，比如不超过 5 秒。超过时间而没有说出单词的同学自然淘汰出局，这样参与者的数目会越来越少，最后留下来的同学就是胜利者。

该活动的优点是能激活学生心理词典中多层次的词汇知识：发音、拼写、意义，特别是发音和拼写，检验学生单词发音的准确性和单词听力理解的能力，适合各层次水平学生的课堂教学。

二、词网编织

词网编织活动介绍：该活动适合作为阅读课上读前预热环节来激发学生对课文主题的兴趣，激活主题相关词汇。具体方法是老师给出课文主题词，让学生说出或写出和该主题词有语义关联的所有单词，所有这些单词以主题词为中心会形成一个该主题的词汇网络。老师可以带领学生在黑板上画出网络图。

以上海外语教育出版社出版的《大学英语综合教程》第一册第七单元 Text A 为例。该课文的主题是 Animal Intelligence。

第一步：教师给出主题词：animal。

第二步：学生进行头脑风暴，说出他们所能想到的和 animal 有关的单词。

可能的单词有：dog，tiger，panda，snake，bird，water，grass，meat，crawl，wing，fur，claw，bite，brutal，lovely，teeth，tail。

第三步：学生将所有和 animal 有关的词进行分类。

第四步：教师给出主题词：intelligence。

第五步：学生进行头脑风暴，说出他们所能想到的和 intelligence 有关的单词。可能的单词有：stupid，smart，slow，clever，think，remember，cognitive。

第六步：学生将所有和 intelligence 有关的词进行分类。

第七步：教师带领学生画词汇网络图。（见图 11-1）

词网编织活动的优点如下：

（1）有利于建立词汇之间的语义连接，提高词汇学习效率。因为单词的学习不是孤立的，而是与其他词汇密切关联。互相关联的词汇，比如同义词、反义词、上下义词等可以促进相互的学习和记忆，缩短词汇激活和提取的时间。

（2）有利于心理词典中词汇语义网络密度的增加、网络联通性的增强。

（3）有利于词汇产出能力的提高。因为只有建立了丰富语义连接的单

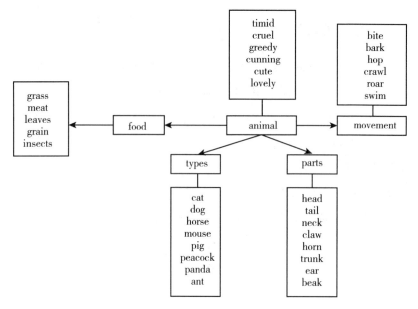

图 11-1　词汇网络图

词才能在语言使用中及时被激活，在当下的语境中参与信息的表达，成为产出性词汇，否则就属于只能辨识但不会使用的接受性词汇。

（4）有利于词汇应用流利度的提高。词汇语义连接越丰富和紧密，单词越容易被激活，使用者词汇应用流利度越高。

三、了解旧词新义的来源

在阅读过程中学生经常会遇到以前熟知的单词，但是在新的语境中出现了新的词义和用法，所以引导学生研究新词义（即派生意义）的来源、新词义形成的认知心理过程、与原始意义之间的关系。该活动有助于了解词义发展的规律，形成对多义词不同意义的准确理解和掌握。

例如，《大学英语综合教程》第三册第二单元中的 head 一词中心意义为 part of a body（身体的部位），次要意义如下：

（1）the top of anything：the *head* of a nail, the head of a walking stick

（2）the highest or uppermost part of a thing：the *head* of a bed

(3) a leader：a head of state，the *head* of delegation

(4) the head of a coin：I bet the *head*

(5) the source of a stream：the *head* of Yangtze River

(6) the hydraulic sense：fifty meters *head* of waters

(7) promontory：Beechy *Head*

(8) an army force

(9) a person or individual：quick lunches at five dollars a *head*

(10) a unit of counting：five *head* of cattle

(11) the main points：the *heads* of the discourse

(12) mental power：use your *head*

派生义与原始义之间的关系多样，主要可能包括如下几种：

(1) 原始义的扩展。

如，orientation 原始义是"向东"，经过词义扩展之后意为"方向"；

holidays 原始义是"圣诞节、复活节等"，后经过扩展指所有的节日；

layman 原始义是"有别于僧侣、牧师的俗人"，其意义后来扩展为"外行"。

(2) 原始义的缩小。

如，garage 原始义是"安全的地方"，后来词义缩小为"车库"；grocer 原始义是"批发商"，后来词义缩小为"（经营茶叶、咖啡、水果等杂货）的零售商"；

liquor 原始义是"液体"，后来经过词义缩小变为"酒"。

(3) 原始义的升格。

executive 原是贬义词，意义是"一般的执行者"，在使用中逐渐升格为"行政官员"；

craftsman 原始义是指"善于骗人的能手"，后来升格为"工匠、名匠"；

shrewd 原始义是"邪恶的"，后来逐渐失去贬义，变为"机灵的"。

(4) 原始义的降格。

gossip 原始义是"教父"，现指"爱讲闲话的人"；

cunning 原始义是"有学问的"，现指"狡猾的"。

（5）抽象词义转化为具体词义。

The student is a *credit* to the university.

He is the *pride* of the school.

She was the *hope* of the family.

（6）具体词义转化为抽象词义。

Did you ask any of your friends to *grill* you at a mock interview？

该活动充分利用学生成熟的心智，探究和学习单词词义发展的规律，扩展已有的词汇知识，并培养学生积极的思维能力。

四、词汇联想

和词网编织不同，词汇联想活动的目的是在更微观的层面上精准地强化具体语义连接类型，比如同义词联想、反义词联想、上下义词联想、整体-部分语义关系联想等。这些语义关系都属于纵聚合关系，具有这些关系的词语词性相同，在具体的语境中可以相互替代，不会改变句子的语法结构，但是可以改变句子的意义。这些联想活动会通过梳理纵向的语义连接增加语义网络的密度和连通性。

（一）同义词联想

英语以其词汇量大而著称，对于某一概念，往往有多个单词与之对应，这些单词都是同义词。同义词意义相同，但是形位结构、音位形状和用法各不相同。语言中的绝对同义词可能是凤毛麟角，同义词之间往往存在来源、意义、用法、搭配、感情色彩等方面的差异，所以在学习一个单词时，首先要知道它有哪些同义词，然后去弄清楚它们之间的区别是什么，只有这样，才能建立清晰的、丰富的、正确的同义词局部网络。

如《大学英语综合教程》第一册第一单元 Text A 所包含的同义词局部网络（语义同义场）如下：

associate：link，connect，relate，hook

agony：pain，distress，hurt

tedious：boring，dull，monotonous，unchanged，rigid

comic：funny，humorous，amusing，teasing

tackle：handle，treat，deal，cope，manage

severe：serious，prim，solemn，plain

具体活动形式如下：

（1）老师给出一个单词让学生写出或说出其同义词并讲出它们的区别特征。

（2）设计填空题，让学生从所给的单词中选择正确的单词填空。

（3）给出一系列的单词让学生选择判断哪些是同义词。

（二）反义词联想

语义相反或相对的词即反义词。反义词在具体的语境中可以互相替代，从正反不同的方面对主题进行深刻、清晰的描述，准确地传达信息，起到很好的效果。反义词的类别包括相对反义词、互补反义词、换位反义词等。

相对反义词语义相对，形成两极，如 old-young，big-small，wide-narrow，love-hate。这种对立是有层次性的，比如，love-hate 之间可以插入 attachment，liking，indifference，antipathy 等词。另外，相对反义词存在标记特征，比如 wide-narrow 中，wide 是无标记项，而 narrow 是有标记项。

互补反义词的互补性指的是非此即彼或者非彼即此，这种反义词中不容插进表示层次性对立的词，也不存在标记性的差异。比如：boy-girl，brother-sister。

换位反义词指的是两个词在语义上既表示对立关系，又表示相互依存关系。比如：sell-buy，husband-wife，实际上是同一关系由不同的视角称述产生的结果。例如，《大学英语综合教程》第三册第一单元通过对比乡村生活和城市生活描述了如何通过居住环境的改变来提高生活质量，其中涉及的反义词对如下：

countryside	city
self-sufficient	dependent
tough	easy
tranquil	hustling
natural	artificial
relaxed	anxious
thrifty	extravagant

具体活动形式如下：

（1）老师给出一个单词让学生写出或说出其反义词，并区别不同类型的反义词。

（2）老师给出相对反义词，让学生填充中间层次词，充分显示该语义场的层次性。

（3）老师给出相对反义词对，让学生判断每个词的标记性。

（4）老师给出名词互补反义词对，让学生给出分别可以跟它们搭配的形容词，这些形容词就形成了同义词对。

（5）老师给出动词互补反义词对，让学生总结它们的语法特征（特别是与它们搭配的副词的特点和它们对时态的限制性选择特征）。

（三）同义结构的联想

一个词在不同的语言环境中可形成同义结构；一个词的功能变换也能形成同义结构。思维语言是灵活的，语言必须通过形式的变换适应语言信息的灵活表达，因此在语言学习中要经常练习同义结构的灵活转换。以下例句来源于《大学英语综合教程》第三册第一单元和第二单元课后练习：

a. Misused words often *generate* misleading thoughts.

　Misleading thoughts *are often caused by* words that are misused.

b. *Great importance is attached to* a combination of theory and practice.

　We *attach great importance to* a combination of theory and practice.

c. People *tend to believe* that a person who thinks money will do everything may do everything for money.

　　A person who thinks that money will do everything *may well be suspected of* doing everything for money.

d. A completely different approach to life could *result from* a different experience of the world.

　　A different experience of the world could *forge* a completely different approach to life.

e. *We firmly believe* that the cloning of human beings is bound to cause many ethical and social problems in the long run.

　　It is our conviction that cloning of human beings is bound to cause many ethical and social problems in the long run.

　　课本的练习中给出了第一句和第二句的非斜体部分，要求学生写出第二句的斜体部分，该练习能够激发同义结构之间的联想和互相变换，让学生在表达语义的前提下增强句法形式切换的灵活性。

五、词汇搭配的学习

　　词汇语义网络中除了纵向连接之外，还有一种非常重要的连接，即横向组合，或称共现关系，也就是搭配关系。单词的搭配特征是其深度知识的重要内容，因为它跟词义有一定的关系，但是很多时候受目标语言文化的影响而具有很大的任意性，必须通过与真实语言的接触加以归纳和总结。鉴于英语的词汇量大和词汇搭配本身非常灵活的特点，词汇搭配的学习给学习者带来巨大的困难，学习者在没有掌握每个单词的搭配时只好套用母语的搭配，结果往往造成错误或者奇怪的搭配。搭配的地道性往往成为衡量学习者词汇能力的重要指标。基于以上原因，在课堂学习过程中只有有意培养学生的词汇搭配能力才能切实提高其词汇应用能力。具体应用方法如下：

　　（1）学习使用搭配词典。建议学生在学习一个生词时，不仅要学习该词的意义，而且要特别应用搭配词典学习它地道的搭配。

（2）应用语料库查询生词最常用的搭配。语料库的优点是能在大量的语料中统计各种搭配出现的频次，从而显示该搭配的普遍性程度，或者显示该搭配出现的语体、语域特征。

（3）设计搭配练习，强化词汇搭配的学习。

如下面的名词和动词的搭配练习简单实用，有助于正确搭配的学习。

Match nouns in the left-hand column with verbs in the right-hand column.

1. ____talent   a. achieve

2. ____knowledge   b. develop

3. ____formula   c. deserve

4. ____pain   d. accumulate

5. ____teachers   e. endure

6. ____tickets   f. attend

7. ____luggage   g. memorize

8. ____college   h. arrange

9. ____success   i. offend

10. ____reward   j. purchase

六、词频感的培养

词频是单词非常重要的特征，它代表着该词在语言使用中的普遍程度。二语词汇习得研究中，二语写作水平的衡量标准之一是低频词的比例。能够用低频词准确表达思想是二语词汇能力的要求。因此，在词汇学习过程中培养学生对单词词频特征的敏感性能提高他们对高频词和低频词的区分能力，并使他们体会低频词丰富的意义内涵，增加学习低频词的动力。

具体方法如下：

（1）学习不同词频范围的词表。

（2）老师给出一个单词，让学生根据自己的语感判断其属于哪一个词频级别，然后老师给出答案，让学生评判自己的词频感。

（3）老师给出一个单词，让学生说出或写出不同词频级别的同义词。

（4）老师给出一个低频词，让学生用高频词进行解释和定义。

七、习语的学习

英语习语有两个特征：一是语义的统一性，二是结构的固定性。习语是个固定的词组，在语义上是个不可分割的统一体，其整体的意义往往不能从组成习语的各个词汇意义中揣测出来。从结构上讲，习语也有本身的完整性，其中各个部分是固定的，不可任意拆开或替换。

习语的统一性给其学习和应用带来困难，所以在课堂学习中要加强对习语意义的理解和用法的训练。

具体方法如下：

（1）将每一单元的习语抽出，做成习语表，供学生专门学习。

（2）习语意义理解：老师给出某一习语，学生给出英语解释或造句。

（3）学习习语背后所蕴藏的文化背景并与汉语进行对比。

（4）将关键词相似的习语放在一起进行对照学习。

《大学英语综合教程》第三册的习语举例如下：

in... league

get by

on balance

set aside

pass for

be intent on

close in around

hook up to

on the latch

with a small margin

not give fig for

get to doing sth.

in a flash

at sea

第四节　二语词汇语义网络研究的未来展望与建议

随着网络科学技术的进步和应用的推广，越来越多的学者正在尝试用网络科学的方法解决语言研究中的难题。作为语言表征和习得研究的重要方向，二语词汇语义网络的研究虽然已经取得了可观的研究成果，但是还有很多方面值得进一步地探索和深入，特别是词汇语义网络研究结果的理论解释、词汇语义网络技术的更新和精密度的提高、词汇语义网络研究结果的教学应用都有可以进一步拓展和提高的空间。以下几个方面的话题应该会吸引更多的关注和投入：

（1）多层词汇网络的构建和分析。词汇看似简单，实际上包含多层面、多角度、多特征、多因素。这些不同方面和因素之间相互关联，要想清楚地展示这些复杂的相互作用模式，多层词汇网络的构建将是必不可少的。结合了语义连接、语音连接、句法连接等不同连接形式的多层网络将更能显示该研究方法的巨大潜力，让复杂的词汇问题变得更直观、更简单，具备更高的可操作性。

（2）二语词汇语义网络与不同语言技能之间的相关性研究。词汇语义网络结构研究的目的是探寻词汇表征和词汇能力发展的规律。不同的语言技能对应着词汇知识的不同层面，因而也对应着词汇网络的不同层面的结构特征。只有理清了词汇在网络中的结构特征与不同语言技能之间的对应关系，才能解锁这些技能的影响因素，才有可能通过不同的干预措施促进语言技能的提高。

（3）词汇语义网络与学习方法、学习环境和学习材料之间的关系。现有二语词汇语义网络研究表明，词汇语义网络结构是语言使用和学习过程的结果。只有弄清了学习者因素、环境因素和学习过程对词汇语义网络结构的作用方式，才能通过这些因素的改变促进词汇语义网络朝理想的目标状态发展，取得预先设定的效果。

（4）二语词汇语义网络结构特征的理论解释。词汇语义网络结构特征跟传统的词汇表征和习得理念有很好的对应性，但是现有的词汇加工和表征模式的理论无法很好地解释词汇语义网络研究发现的所有规律。而且，二语词汇语义网络与一语词汇语义网络也有很大的区别，如何用网络理论解释一语和二语词汇网络之间的相关作用、二语词汇语义网络中单词节点的行为特征、单词分布特征和语义特征对单词在网络中位置的影响等，这些问题的回答涉及语义学、心理语言学、词汇习得、课堂词汇教学、网络科学等不同领域的理论，需要集中不同研究方向的专家和学者的智慧和力量。

我们相信，在大家的共同努力下，作为数字人文研究的重要领域，词汇语义网络研究一定会取得更多突破性的成果。

195

参 考 文 献

Aitchison, J. (2003). *Words in the mind*. Blackwell.

Aitchison, J. (2012). *Words in the mind: An introduction to the mental lexicon*. Blackwell.

Albert, R. , & Barabási, A. L. (2002). Statistical mechanics of complex networks. *Reviews of Modern Physics*, 74(1), 47-97. https://doi. org/ 10. 1103/REVMODPHYS. 74. 47.

Anglin, J. (1970). *The growth of word meaning*. The MIT Press.

Ardila, A. , Ostrosky-Solís, F. , & Bernal, B. (2006). Cognitive testing toward the future: The example of Semantic Verbal Fluency(ANIMALS). *International Journal of Psychology*, 41(5), 324-332. https://doi. org/ 10. 1080/00207590500345542.

Arppe, A. (2008). *Univariate, bivariate, and multivariate methods in corpus-based lexicography—a study of synonymy* [University of Helsinki]. http://ethesis. helsinki. fi/.

Arppe, A. (2009). Linguistic choices vs. probabilities—how much and what can linguistic theory explain? In S. Featherston & S. Winkler(Eds.), *The Fruits of Empirical Linguistics Volume 1: Process* (pp. 1-24). De Gruyter. https://doi. org/10. 1515/9783110216141. 1.

Barabasi, A. L., & Albert, R. (1999). Emergence of scaling in random networks. *Science*, 286, 509-512.

Bogaards, P. (2001). Lexical units and the learning of foreign language vocabulary. *Studies in Second Language Acquisition*, 23(3), 321-343. https://doi. org/10. 1017/S0272263101003011.

Borge-Holthoefer, J., & Arenas, A. (2010). Semantic networks: Structure and dynamics. *Entropy*, 12, 1264-1302. https://doi. org/10. 3390/e12 051264.

Borodkin, K., Kenett, Y. N., Faust, M., & Mashal, N. (2016). When pumpkin is closer to onion than to squash: The structure of the second language lexicon. *Cognition*, 156, 60-70. https://doi. org/10. 1016/J. COGNITION. 2016. 07. 014.

Breiger, R. L., Boorman, S. A., & Arabie, P. (1975). An algorithm for clustering relational data with applications to social network analysis and comparison with multidimensional scaling. *Journal of Mathematical Psychology*, 12.

Brown, R., & Berko, J. (1960). Word association and the acquisition of grammar. *Child Development*, 31, 1-14.

Buchanan, L., Westbury, C., & Burgess, C. (2001). Characterizing semantic space: Neighborhood effects in word recognition. *Psychonomic Bulletin and Review*, 8(3), 531-544. https://doi. org/10. 3758/BF03196189.

Carroll, D. (2008). *Psychology of language*(*5th ed*). Cengage Learning.

Castro, N., & Siew, C. S. Q. (2020). Contributions of modern network science to the cognitive sciences: revisiting research spirals of representation and process. *Proceedings of the Royal Society A*, 476 (2238). https://doi. org/10. 1098/RSPA. 2019. 0825.

Collins, A. M., & Loftus, E. F. (1975). A spreading-activation theory of semantic processing. *Psychological Review*, 82(6), 407-428. https://doi. org/10. 1037/0033-295X. 82. 6. 407.

Collins, A. M., & Quillian, M. R. (1969). Retrieval time from semantic memory. *Journal of Verbal Learning and Verbal Behavior*, 8(2), 240-

247. https：//doi. org/10. 1016/S0022-5371(69)80069-1.

Colunga, E., & Smith, L. B. (2005). From the lexicon to expectations about kinds： a role for associative learning. *Psychological Review*, 112(2), 347-382. https：//doi. org/10. 1037/0033-295X. 112. 2. 347.

Cramer, P. (1968). *Word association.* New York： Academic Press.

Crossley, S. A., & Skalicky, S. (2019). Making sense of polysemy relations in first and second language speakers of English. *International Journal of Bilingualism*, 23(2), 400-416. https：//doi. org/10. 1177/136700691772 8396.

Crossley, S., Salsbury, T., & McNamara, D. (2009). Measuring L2 lexical growth using hypernymic relationships. *Language Learning*, 59(2), 307-334. https：//doi. org/10. 1111/j. 1467-9922. 2009. 00508. x.

Crossley, S., Salsbury, T., & McNamara, D. (2010). The development of polysemy and frequency use in english second language speakers. *Language Learning*, 60(3), 573-605. https：//doi. org/10. 1111/j. 1467-9922. 2010. 00568. x.

Cruse, D. A. (1986). *Lexical semantics.* Cambridge： Cambridge University Press.

Dale, E. (1965). Vocabulary measurement： Techniques and major findings. *Elementary English*, 42, 895-901, 948.

De Deyne, S., & Storms, G. (2008a). Word associations： Network and semantic properties. *Behavior Research Methods*, 40(1), 213-231. https：//doi. org/10. 3758/BRM. 40. 1. 213/METRICS.

De Deyne, S., & Storms, G. (2008b). Word associations： Norms for 1, 424 Dutch words in a continuous task. *Behavior Research Methods*, 40, 198-205.

De Deyne, S., Navarro, D. J., & Storms, G. (2013). Better explanations of lexical and semantic cognition using networks derived from continued rather than single-word associations. *Behavior Research Methods*, 45（2）, 480-498. https：//doi. org/10. 3758/s13428-012-0260-7.

De Groot, A. M. B. （1989）. Representational aspects of word imageability and word frequency as assessed through word association. *Journal of Experimental Psychology：Learning, Memory, and Cognition*, 15（5）, 824-845. https：//doi. org/10. 1037/0278-7393. 15. 5. 824.

De Groot, A. M. B. （1992）. Bilingual lexical representation：A closer look at conceptual representations. In R. Frost, & L. Katz. Orthography, phonology, morphology, and meaning. Amsterdam：Elsevier, 389-412.

De Groot, A. M., & Nas, G. L. （1991）. Lexical representation of cognates and noncognates in compound bilinguals. *Journal of Memory and Language*, 30(1), 90-123. doi：10. 1016/0749-596x（91）90012-9.

Deese, J. （1962）. Form class and the determinants of association. *Journal of Verbal Learning and Verbal Behavior*, 1（2）, 79-84. doi：10. 1016/ s0022-5371（62）80001-2.

Deese, J. （1966）. *The structure of associations in language and thought.* Baltimore：Johns Hopkins University Press.

De Jesus Holanda, A., Pisa, I. T., Kinouchi, O., Martinez, A. S., & Ruiz, E. E. S. （2004）. Thesaurus as a complex network. *Physica A：Statistical Mechanics and Its Applications*, 344（3-4 SPEC. ISS.）, 530-536. https：//doi. org/10. 1016/j. physa. 2004. 06. 025.

Deyne, S. De, Perfors, A., & Navarro, D. J. （2016）. *Predicting human similarity judgments with distributional models：The value of word associations*, 1861-1870. https：//aclanthology. org/C16-1175.

Divjak, D. （2007）. Ways of intending：Delineating and structuring near-synonyms. In S. Th. Gries & A. Stefanowitsch（Eds.）, *Corpus-based approaches to syntax and lexis*(pp. 19-56). De Gruyter Mouton. https：// doi. org/doi：10. 1515/9783110197709. 19.

Divjak, D., & Gries, S. T. (2006). Ways of trying in Russian: Clustering behavioral profiles. *Corpus Linguistics and Linguistic Theory*, 2(1), 23-26. https://doi.org/10.1515/CLLT.2006.002.

Dubossarsky, H., de Deyne, S., & Hills, T. T. (2017). Quantifying the structure of free association networks across the life span. *Developmental Psychology*, 53(8), 1560-1570. https://doi.org/10.1037/dev0000347.

Duñabeitia, J. A., Avilés, A., & Carreiras, M. (2008). NoA's ark: Influence of the number of associates in visual word recognition. *Psychonomic Bulletin & Review*, 15(6), 1072-1077. https://doi.org/10.3758/PBR. 15. 6. 1072.

Edmonds, P., & Hirst, G. (2002). Near-synonymy and lexical choice. *Computational Linguistics*, (2), 105-144. https://doi.org/10.1162/089 120102760173625.

Ellis, N. C., Römer, U., & O' Donnell, M. B. (2016). *Usage-based approaches to language acquisition and processing: Cognitive and corpus investigations of Construction Grammar*. Wiley-Blackwell.

Engber, C. A. (1995). The relationship of lexical proficiency to the quality of ESL compositions. *Journal of Second Language Writing*, 4(2), 139-155. https://doi.org/10.1016/1060-3743(95)90004-7.

Engelthaler, T., & Hills, T. T. (2017). Feature biases in early word learning: network distinctiveness predicts age of acquisition. *Cognitive Science*, 41, 120-140. https://doi.org/10.1111/cogs. 12350.

Entwisle, D. R., Forsyth, D. F., and Muuss, R. (1964). The syntactic-paradigmatic shift in children's word association. *Journal of Verbal Learning and Verbal Behavior*, 3, 19-29.

Entwisle, D. R. (1966). *Word associations of young children*. Baltimore, MD: Johns Hopkins Press.

Erdos, P., & Rényi, A. (1960). On the evolution of random graphs.

Publication of the Mathematical Institute of the Hungarian Academy of Sciences, 5, 17-61.

Ervin, S. M. (1961). Changes with age in the verbal determinants of word association. *American Journal of Psychology*, 74, 361-372.

Fellbaum, C. (1998). *WordNet: An electronic lexical database*. Cambridge, MA: MIT Press.

Fenson, L., Dale, P., Reznick, S., Thal, D., Bates, E., Hartung, J., et al. (1993). *MacArthur communicative development inventories: User's guide and technical manual*. San Diego, CA: Singular Press.

Ferrer I Cancho R., Solé R. V., Köhler R. (2004). Patterns in syntactic dependency networks. *Phys. Rev E*, 69, 051915.

Firth, J. R. (1957). *Papers in linguistics*, 1934-1951. Oxford University Press.

Fitzpatrick, T. (2006). Habits and rabbits-Word associations and the L2 lexicon. In S. H. FosterCohen, M. M. Krajnovic, & J. M. Djigunovic (Eds.), *EUROSLA yearbook* (Vol. 6, pp. 121-145). https://doi. org/ 10. 1075/eurosla. 6. 09fit.

Fitzpatrick, T., & Thwaites, P. (2020). Word association research and the L2 lexicon. *Language Teaching*, 53 (3), 237-274. https://doi. org/10. 1017/S0261444820000105.

Forde, M. E., & Humphreys, G. W. (Eds.), Category-Specificity in Brain and Mind(pp. 211-249). Hove, UK: Psychology Press.

Fraser, S. (1995). The organization of the mental lexicon. *Studies in English Language Education: A Bulletin for Teacher of English as a Foreign Language*, 37.

Gentner, D. (2006). Why verbs are hard to learn. *Action Meets Word: How Children Learn Verbs*, 544-564. https://doi. org/10. 1093/ACPROF: OSO/9780195170009. 003. 0022.

Gravino, P., Servedio, V. D. P., Barrat, A., & Loreto, V. (2012). Complex structures and semantics in free word association. *Advances in Complex Systems(ACS)*, 15(03n04), 1-22. https://doi. org/10. 1142/S021952 5912500543.

Gries, S. T. (2001). A corpus-linguistic analysis of English -ic vs -ical adjectives. *ICAME Journal*, 25, 65-108.

Gries, S. T. (2006). Corpus-based methods and cognitive semantics: The many meanings of to run. In St. Th. Gries and A. Stefanowitsch(Eds.), *Corpora in cognitive linguistics: corpus-based approaches to syntax and lexis*, 57-99. Berlin and New York: Mouton de Gruyter.

Gries, S. T., & Otani, N. (2010). Behavioral profiles: A corpus-based perspective on synonymy and antonymy. *ICAME Journal*, 34, 121-150.

Griffiths, T. L., Steyvers, M., & Firl, A. (2007). Google and the mind-Predicting fluency with PageRank. *Psychological Science*, 18(12), 1069-1076. https://doi. org/10. 1111/j. 1467-9280. 2007. 02027. x.

Guar, J. (2016). *Six degrees of separation: A play*. New York, NY: Vintage.

Haastrup, K., & Henriksen, B. (2000). Vocabulary acquisition: Acquiring depth of knowledge through network building. *International Journal of Applied Linguistics*, 2.

Hampton, J. A. (2006). Concepts as prototypes. *Psychology of Learning and Motivation—Advances in Research and Theory*, 46, 79-113. https://doi. org/10. 1016/S0079-7421(06)46003-5.

Hanks, P. (1996). Contextual dependency and lexical sets. *International Journal of Corpus Linguistics*, 1(1), 75-98. https://doi. org/10. 1075/ IJCL. 1. 1. 06HAN.

Harary, Frank, Norman., & Robert Zane. (1953). *Structural models: An introduction to the theory of directed graphs*. New York: John Wiley and Sons.

Henriksen B. (1999). Three dimensions of vocabulary development. *Studies in Second Language Acquisition*, 21(2), 303-317.

Henriksen, B. (2008). Declarative lexical knowledge. In D. Albrechtsen, K. Haastrup, & B. Henriksen(Eds.), *Vocabulary and writing in a first and second language: Processes and development*. Palgrave Macmillan.

Hill, J. (1999). Collocational competence. *English Teaching Professional*, 11, 3-6.

Hills TT, Maouene J, Riordan B, Smith LB. (2010). The associative structure of language: contextual diversity in early word learning. *J Mem Lang*, 63 (3), 259-273.

Hills, T. T., Maouene, M., Maouene, J., Sheya, A., & Smith, L. (2009a). Categorical structure among shared features in networks of early-learned nouns. *Cognition*, 112 (3), 381-396. https://doi. org/10. 1016/j. cognition. 2009. 06. 002.

Hills, T. T., Maouene, M., Maouene, J., Sheya, A., & Smith, L. (2009b). Longitudinal analysis of early semantic networks: Preferential attachment or preferential acquisition? *Psychological Science*, 20 (6), 729-739. https://doi. org/10. 1111/J. 1467-9280. 2009. 02365. X.

Hudson, R. (2007). *Language Networks: The New Word Grammar*. Oxford University Press. https://philpapers. org/rec/HUDLNT.

Hunston, S. (2002). Corpora in Applied Linguistics. In *Corpora in Applied Linguistics*. Cambridge University Press. https://doi. org/10. 1017/CBO 9781139524773.

Jackson, J. C., Watts, J., Henry, T. R., List, J. M., Forkel, R., Mucha, P. J., Greenhill, S. J., Gray, R. D., & Lindquist, K. A. (2019). Emotion semantics show both cultural variation and universal structure. *Science*, 366 (6472), 1517-1522. https://doi. org/10. 1126/SCIENCE. AAW8160/ SUPPL_FILE/AAW8160_TABLE_S5. PDF.

Janda, L. A., & Solovyev, V. D. (2009). What constructional profiles reveal about synonymy: A case study of Russian words for sadness and happiness. *Cognitive Linguistics*, 20(2), 367-393. https://doi. org/10. 1515/COGL. 2009. 018.

Van Hell J., & De Groot A. (1998). Conceptual representation in bilingual memory: Effects of Concreteness and cognate status in association. *Bilingualism: Language and Cognition*, 1(3), 193-211. doi: 10. 1017/S1366728998000352.

Jenkins, J. J. (1970). The 1952 Minnesota word association norms. *Norms of word association*, 1-38. https://doi. org/10. 1016/B978-0-12-563050-4. 50004-2.

Jiang, N. (2000). Lexical representation and development in a second language. *Applied Linguistics*, 21(1), 47-77. https://doi. org/10. 1093/APPLIN/21. 1. 47.

Johnston, Frederick S. (1974). Fundamental relationships and their logical formulations. New York: Philosophical Library.

Judith F. Kroll J. F., & Tokowicz, N. (2001). The development of conceptual representation for words in a second language. In J. Nicol (Ed.), One mind, two languages: Bilingual language processing. Malden, MA: Blackwell Publishers.

Ke, J., & Yao, Y. (2008). Analysing language development from a network approach. *Journal of Quantitative Linguistics*, 15(1). https://doi. org/10. 1080/09296170701794286.

Kenett, Y. N., Gold, R., & Faust, M. (2016). The hyper-modular associative mind: a computational analysis of associative responses of persons with Asperger syndrome. *Language and Speech*, 59(3), 297-317.

Kenett, Y. N., Levy, O., Kenett, D. Y., Stanley, H. E., Faust, M., & Havlin, S. (2018). Flexibility of thought in high creative individuals represented by percolation analysis. *Proceedings of the National Academy of Sciences*, 115(5), 867-872.

Kolers, P. A. (1963). Interlingual word associations. *Journal of Verbal Learning and Verbal Behavior*, 2, 291-300.

Kroll, J. F., & Tokowicz, N. (2005). Models of bilingual representation and processing: Looking back and to the future. In J. F. Kroll & A. M. B. de Groot(Eds.), Handbook of bilingualism: Psycholinguistic approaches(pp. 531-553). Oxford University Press.

Kuperman, V., Stadthagen-Gonzalez, H., & Brysbaert, M. (2012). Age-of-acquisition ratings for 30, 000 English words. *Behavior Research Methods*, 44(4), 978-990. https://doi.org/10.3758/S13428-012-0210-4/FIGURES/5.

Lamb, S. M. (1966). *Outline of stratificational grammar.* Georgetown University Press.

Lambert, W. E. (1955). Measurement of the linguistic dominance of bilinguals. *The Journal of Abnormal and Social Psychology*, 50(2), 197-200. https://doi.org/10.1037/h0042120.

Lambert, W. E., & Moore, N., (1966). Word-association responses: American and French monolinguals with Canadian monolinguals and bilinguals. *Jaurnal of Personality and Social Psychology*, 3(3), 313-320.

Laufer, B. (1989a) What percentage of text-lexis is essential for comprehension? In Lauren, C. and Nordman, M. (Eds.), *Special language: From human thinking to thinking machines, multilingual matters.* Clevedon, 316-323.

Laufer, B. (1989b). A factor of difficulty in vocabulary learning: Deceptive transparency. In P. Nation & R. Carter (Eds.), *Vocabulary acquisition.* Free University Press.

Laufer, B. (1991). The development of lexis in the production of advanced L2 learners[J]. *Modern Language Journal*, 75, 440-448.

Li, Jianyu, & Zhou, J. (2007). Chinese character structure analysis based on complex networks. *Physica A: Statistical Mechanics and Its Applications*, 380(1-2), 629-638. https://doi.org/10.1016/J.PHYSA.2007.02.059.

Li, Jianyu, Zhou, J., Luo, X., & Yang, Z. (2012). Chinese lexical networks: The structure, function and formation. *Physica A: Statistical Mechanics and Its Applications*, 391(21), 5254-5263. https://doi.org/10.1016/j.physa.2012.05.058.

Li, Juan, Jiang, H., Shang, A., & Chen, J. (2019). Research on associative learning mechanisms of L2 learners based on complex network theory. *Computer Assisted Language Learning*, 34(5-6), 637-662. https://doi.org/10.1080/09588221.2019.1633356.

Li, Y., Wei, L., Li, W., Niu, Y., & Luo, S. (2005). Small-world patterns in Chinese phrase networks. *Chinese Science Bulletin 2005*, 50(3), 287-289. https://doi.org/10.1007/BF02897542.

Liu, D. (2010). Is it a chief, main, major, primary, or principal concern?. *International Journal of Corpus Linguistics*, 15(1), 56-87. https://doi.org/10.1075/IJCL.15.1.03LIU.

Liu, D. (2013). Salience and construal in the use of synonymy: A study of two sets of near-synonymous nouns. *Cognitive Linguistics*, 24(1), 67-113. https://doi.org/10.1515/COG-2013-0003.

Liu, D., & Espino, M. (2012). Actually, genuinely, really, and truly. *International Journal of Corpus Linguistics*, 17(2), 198-228. https://doi.org/10.1075/IJCL.17.2.03LIU.

Liu, D. L., & Zhong, S. M. (2016). L2 vs. L1 Use of synonymy: An empirical study of synonym use/acquisition. *Applied Linguistics*, 37(2), 239-261. https://doi.org/10.1093/applin/amu022.

Luce, R. D., & Perry, A. D. (1949). A method of matrix analysis of group structure. *Psychometrika*, 14 (2), 95-116. https：//doi. org/10. 1007/ BF02289146.

McNeill, D. (1966). A study of word association. *Journal of Verbal Learning and Verbal Behavior*, 11.

McRae, K., & Cree, G. S. (2002). Factor underlying category-specific semantic deficits.

McRae, K., Cree, G. S., Seidenberg, M. S., & McNorgan, C. (2005). Semantic feature production norms for a large set of living and nonliving things. *Behavior Research Methods*, 37, 547-559.

Meara, P. (1992). *EFL vocabulary tests (second edition)*. New York： ERIC Clearinghouse.

Meara, P. (1996). The Vocabulary Knowledge Framework. *Vocabulary acquisition research*. Group Virtual Library. Swansea： Swansea University.

Meara, P. (2004). Modelling vocabulary loss. *Applied Linguistics*, 25 (2), 137-155. https：//doi. org/10. 1093/applin/25. 2. 137.

Meara, P. (2009). *Connected words： Word associations and second language vocabulary acquisition*. Amsterdam, Netherlands： John Benjamins.

Merriam-Webster. (2006). Merriam-Webster's dictionary and thesaurus. Springfield： Merriam-Webster.

Mirman, D., & Magnuson, J. S. (2008). Attractor dynamics and semantic neighborhood density： Processing is slowed by near neighbors and speeded by distant neighbors. *Journal of Experimental Psychology： Learning Memory and Cognition*, 34(1), 65-79. https：//doi. org/10. 1037/0278-7393. 34. 1. 65.

Munby, I. (2011). *Development of a multiple response word association test for learners of English as an L2* (Ph. D. dissertation). Swansea University.

Munby, I. (2018). Report on a free continuous word association test(part 3). *HOKUGA*, 175, 53-75.

Namei, S. (2004). Bilingual lexical development: A Persian-Swedish word association study. *International Journal of Applied Linguistics*, 14, 363-388.

Nation, I. S. P. (1990). *Teaching and learning vocabulary.* Newbury House, New York.

Nation, I. S. P. (2001). *Learning vocabulary in another language.* Cambridage: Cambridge University Press.

Nelson, D. L., Evoy, C. L. M. C., & Schreiber, T. A. (2004). The University of South Florida free association, rhyme, and word fragment norms. 36(3), 402-407.

Newman, M. E. J. (2003). The structure and function of complex networks. *SIAM Review*, 45(2), 167-256. doi: 10. 1137/S003614450342480.

Nissen, H., & Henriksen, B. (2006). Word class influence on word association test results. *International Journal of Applied Linguistics*, 16(3).

Oxford English Dictionary (11th ed.). (2005). Oxford University Press.

Palmer, F. (1984). *Grammar.* Penguin.

Pastor-Satorras, R., & Vespignani, A. (2004). *Evolution and structure of the Internet.* https://doi. org/10. 1017/CBO9780511610905.

P. Erdös, & A. Rényi. (1960). On the evolution of random graphs. Publ. Math. Inst. Hung. Acad. Sci.

Ravasz, E., Somera, A. L., Mongru, D. A., Oltvai, Z. N., & Barabási, A. L. (2002). Hierarchical organization of modularity in metabolic networks. *Science*, 297(5586), 1551-1555. https://doi. org/10. 1126/SCIE NCE. 1073374.

Read, J. (1993). The development of a new measure of L2 vocabulary knowledge. *Language Testing*, 10(3), 355-371.

Richards, J. C. (1976). The role of vocabulary teaching. *TESOL Quarterly*, 10, 77-89. https://doi. org/10. 2307/3585941.

ROGET's Hyperlinked thesaurus. (2018). http: //www. roget. org/ accessed.

Rubenstein, H., & Goodenough, J. B. (1965). Contextual correlates of synonymy. *Computational Linguistics*, (10), 627-633. https: //doi. org/ 10. 1145/365628. 365657.

Saeed, J. I. (1997). *Semantics*. London: Blackwell Publishers Ltd.

Schmitt, N., & McCarthy, M. (1997). *Vocabulary: Description, acquisition and pedagogy*. Cambridge University Press.

Schmitt, N. (2014). *Researching vocabulary*. Beijing: Foreign Language Teaching and Research Press.

Schur, E. (2007). Insights into the structure of L1 and L2 vocabulary network: Intimations of small worlds. In H. Daller, J. Milton, & J. Treffers-Daller (Eds.), *Modelling and assessing vocabulary knowledge*. Cambridge, UK: Cambridge University Press.

Scott, J. (1991). *Social network analysis: a handbook*. Sage.

Sharp, D., & Cole, M. (1972). Patterns of responding in the word associations of West African children. *Child Development*, 43, 55-65.

Siew, C. S. Q., Wulff, D. U., Beckage, N. M., & Kenett, Y. N. (2019). Cognitive network science: A review of research on cognition through the lens of network representations, processes, and dynamics. *Complexity*, 2019. https: //doi. org/10. 1155/2019/2108423.

Sigman, M., & Cecchi, G. A. (2002). Global organization of the Wordnet lexicon. *PNAS February*, 5, 1742-1747. www. pnas. orgcgidoi10. 1073 pnas. 022341799.

Sizemore, A. E., Karuza, E. A., Giusti, C., & Bassett, D. S. (2018). Knowledge gaps in the early growth of semantic feature networks. *Nature Human Behaviour*, 2(9), 682-692. https: //doi. org/10. 1038/s41562- 018-0422-4.

Soares, M. M., Corso, G., & Lucena, L. S. (2005). The network of syllables in Portuguese. *Physica A: Statistical mechanics and its appcations*, 355(2-4), 678-684. https://doi. org/10. 1016/j. physa. 2005. 03. 017.

Solé, R. (2005). Syntax for free? *Nature*, 434(7031), 289-289. https://doi. org/10. 1038/434289a.

Steyvers, M., & Tenenbaum, J. B. (2005). The large-scale structure of semantic networks: Statistical analyses and a model of semantic growth. *Cognitive Science*, 29(1), 41-78. https://doi. org/10. 1207/s15516 709cog2901_3.

Storkel, H. L. (2008). Developmental differences in the effects of phono-logical, lexical and semantic variables on word learning by infants. *Journal of Child Language*, 36(2), 291.

Taylor, J. R. (2001). Linguistics: Prototype Theory. *International Encyclo-pedia of the Social & Behavioral Sciences*, 8954-8957. https://doi. org/ 10. 1016/B0-08-043076-7/03066-7.

Taylor, K. E. (2001). Summarizing multiple aspects of model performance in a single diagram. *Journal of Geophysical Research: Atmospheres*, 106 (D7), 7183-7192. https://doi. org/10. 1029/2000JD900719.

Troyer A. K. (2000). Normative data for clustering and switching on verbal fluency tasks. *Journal of Clinical and Experimental Neuropsychology*, 22 (3), 370-378, DOI: 10. 1076/1380-3395(200006)22: 3; 1-V; FT370.

Van Loon-Vervoorn, W. A., & Willemsen, I. (1989). Tijdschrift Voor Gerontologie En Geriatrie, 20(2), 59-65. https://europepmc. org/ article/med/2728098.

Vankrunkelsven, H., Verheyen, S., Storms, G., & De Deyne, S. (2018). Predicting lexical norms: A comparison between a word association model and text-based word co-occurrence models. *Journal of Cognition*, 1(1), 1-14. https://doi. org/10. 5334/JOC. 50.

Vanniarajan, S. (1997). An interactive model of vocabulary acquisition.

Applied Language Learning, 8(2), 183-216.

Verhallen, M., & Schoonen, R. (1998). Lexical knowledge in L1 and L2 of third and fifth graders. *Applied Linguistics*, 19(4), 452-470. https：//doi. org/10. 1093/applin/19. 4. 452.

Vitevitch, M. S. (2008). What can graph theory tell us about word learning and lexical retrieval? *Journal of Speech Language and Hearing Research*, 51(2), 408-422. https：//doi. org/10. 1044/1092-4388(2008/030).

Vitevitch, M. S., & Rodríguez, E. (2005). Neighborhood density effects in spoken word recognition in Spanish. *Journal of Multilingual Communication Disorders*, 3(1), 64-73. https：//doi. org/10. 1080/147696704 00027332.

Wachelke, J. (2012). Social representations：A review of theory and research from the structural approach. *Universitas Psychologica*, 11(3), 729-741.

Wasserman, S., & Faust, K. (1994). *Social network analysis：Methods and applications*. Cambridge University Press.

Watts, D. J., & Strogatz, S. H. (1998). Collective dynamics of 'small-world' networks. *Nature*, 393(6684), 440-442. https：//doi. org/10. 1038/30918.

Wilks, C. (2009). Tangled webs…：Complications in the exploration of L2 lexical networks. In T. Fitzpatrick & A. Barfield(Eds.), *Lexical processing in second language learners：Papers and perspectives in honour of Paul Meara*, 25-37. Multilingual Matters.

Wilks, C., & Meara, P. (2002). Untangling word webs：Graph theory and the notion of density in second language word association networks. *Second Language Research*, 18(4), 303-324. https：//doi. org/10. 1191/02676 58302sr203oa.

Wilks, C., Meara, P., & Wolter, B. (2005). A further note on simulating word association behaviour in a second language. *Second Language*

Research, 21（4）, 359-372. https：//doi. org/10. 1191/0267658305 sr251oa.

Woodrow, H., & F. Lowell.（1916）. Children's association frequency tables. *Psychological Monographs*, 22, 5.

Wolter, B.（2001）. Comparing the L1 and L2 mental lexicon：A depth of individual word knowledge model. *Studies in Second Language Acqui-sition*, 23(1), 41-69. https：//doi. org/10. 1017/S027226310100 1024.

Wolter, B.（2006）. Lexical network structures and L2 vocabulary acquisition：The role of L1 lexical/conceptual knowledge. *Applied Linguistics*, 27(4), 741-747. https：//doi. org/10. 1093/APPLIN/AML036.

Wolter, R.（2018）. The structural approach to social representations：Bridges between theory and methods. *Psico-USF*, 23(4), 621-631. https：//doi. org/10. 1590/1413-82712018230403.

Wulff, G., & Lewthwaite, R.（2016）. Optimizing performance through intrinsic motivation and attention for learning：The OPTIMAL theory of motor learning. *Psychonomic Bulletin & Review*, 23（5）, 1382-1414. https：//doi. org/10. 3758/S13423-015-0999-9.

Wulff, D., Hills, T. and Mata, R. 2018. Structural differences in the semantic networks of younger and older adults. https：//www. researchgate. net/publication/328584040.

Yates, M., Locker, L., & Simpson, G. B.（2003）. Semantic and phonological influences on the processing of words and pseudohomophones. *Memory & Cognition*, 31(6), 856-866.

Youn, H., Sutton, L., Smith, E., Moore, C., Wilkins, J. F., Maddieson, I., Croft, W., & Bhattacharya, T.（2015）. On the universal structure of human lexical semantics. *Proceedings of the National Academy of Sciences of the United States of America*, 113(7), 1766-1771. https：//doi. org/10. 1073/PNAS. 1520752113.

Zareva, A.（2005）. Models of L2 learners' vocabulary knowledge assessment. *System*, 33, 547-562.

Zareva, A., & Wolter, B.（2012）. The "promise" of three methods of word association analysis to L2 lexicalresearch. *Second Language Research*, 28（1）, 41-67. https：//doi. org/10. 1177/02676583 11423452.

Zemla, J. C., & Austerweil, J. L.（2018）. Estimating semantic networks of groups and individuals from fluency data. *Computational Brain &Behavior*, 1（1）, 36-58. https：//doi. org/10. 1007/s42113-018-0003-7.

Zinszer, B. D., Malt, B. C., Ameel, E., &Li, P.（2014）. Native-likeness in second language lexical categorization reflects individual language history and linguistic community norms. *Frontiers in Psychology*, 5（OCT）. https：//doi. org/10. 3389/FPSYG. 2014. 01203.

Zortea, M., Menegola, B., Villavicencio, A., & de Salles, J. F.（2014）. Graph analysis of semantic word association among children, adults, and the elderly. *Psicologia-Reflexao e Critica*, 27（1）, 90-99. https：//doi. org/10. 1590/S0102-79722014000100011.

曹慧玲.（2012）. 二语心理词汇表征视角下的二语词汇习得策略探讨[J]. 语文学刊(外语教育教学), 10, 88-89, 168.

曹震宇, 林枫, 王蓓蓓.（2012）. 不同性别对"残疾"的社会表征. 中国康复, 5, 397-400.

陈辉.（2001）. 非英语专业的中国学生学习英语词汇的策略 ——一份分析词汇学习策略的调查报告. 外语教学, 22(6).

陈玫.（2005）. 从纵聚合和横组合关系看英语写作中的措辞缺陷. 外语与外语教学, 6, 32-35.

陈士法.（2006）. 从二语词汇习得看双语心理词典中的语义表征. 外国语言文学, 1.

陈芯莹.（2009）. 汉语虚词的复杂网络特征研究. 北京：中国传媒大学.

崔艳嫣, 刘振前.（2011）. 第二语言词汇语义自主性发展研究. 外语教学, 5.

崔艳嫣, 王同顺. (2006). 接受性词汇量、产出性词汇量与词汇深度知识的发展路径及其相关性研究. 现代外语, 4, 9.

邓海龙. (2020). 英语学习者书面语词汇语义动态发展研究——一种语义计算路径. 现代外语, 1, 56-68.

方富贵. (2012). 图论的算法和应用研究. 计算机与数字工程, 40(2), 115-132.

冯学芳. (2006). 二语词汇深度习得研究综述. 外语教育, 44-49.

冯学芳. (2014). 中国英语学习者心理词典中的语义网络研究. 外语教学与研究, 46(3).

冯学芳. (2018). 二语词汇语义网络的图论研究. 海外英语, 5, 1-4, 10.

关润池. (2008). 汉语语义树库标注及语义自动分析. 北京: 中国传媒大学.

何旭良. (2004). 非英语专业本科生英语作文选词策略. 外语界, 5(103), 47-53.

胡发稳, 李丽菊, 王沛, 韩忠太. (2018). 族际冲突的社会表征: 词汇网络分析视角. 复杂系统与复杂性科学, 15(2), 54-61.

黄会芸. (2009). 图论思想在生活中的运用. 赤峰学院学报(自然科学版), 25(12), 23-24.

霍艳娟. (2014). 大学英语四、六级写作中搭配失误分析: 一项基于语料库的研究. 湖北第二师范学院学报, 31(1), 27-30.

李德高. (2010). 大学生汉、英条件下不同概念联想意识比较. 外语教学与研究, 2.

李红. (2003). 第二语言语义提取中的词汇知识效应. 现代外语, 4.

李辉, 李德高. (2010). 独立学院大学生与英语母语者词汇联想的对比研究. 中国外语教育, 3.

刘东虹. (2004). 写作策略与产出性词汇量对写作质量的影响. 现代外语, 27(3), 302-330.

刘海涛. (2009). 汉语语义网络的统计特性. 科学通报, 14.

刘海涛. (2010). 翻译的复杂网络视角. 北华大学学报(社会科学版),

11(4),59-63.

刘军.(2019).整体网分析(第三版).上海:格致出版社.

刘绍龙.(2003).论二语词汇的习得与发展——基于实证调查的词汇知识发展差异假说.外语教学,6,47-50.

刘绍龙,傅蓓,胡爱梅.(2012).不同二语水平者心理词汇表征纵横网络的实证研究.解放军外国语学院学报,2.

陆军.(2006).一项基于语料库的英语写作研究——大学英语写作中词语搭配的实证研究.外国语言文学,23(3),171-176,216.

陆军.(2010).基于语料库的学习者英语近义词搭配行为与语义韵研究.现代外语,33(3),276-286.

陆军,卫乃兴.(2014).短语学视角下的二语词语知识研究.外语教学与研究,46(6),865-878,960.

吕长竑.(2004).词汇深度知识之关系.外语教学与研究,36(2),116-123.

马拯.(2010).基于语料库的 HAPPEN 语义韵的对比研究.外语教学理论与实践,7,20-27.

潘文国.(1997).汉英对比纲要.北京:北京语言大学出版社.

邵华.(2002).普通高师院校学生大学英语四级阶段词汇水平实证研究.外语教学与研究,34(6),0-4.

束定芳.(2000).现代语义学.上海:上海外语教育出版社.

孙道功,施书宇.(2018)."句法—语义"接口视域中词汇与句法的互动制约研究.外语学刊,4,29-35.

王春艳,(2009).基于语料库的中国学习者英语近义词区分探讨.外语与外语教学,6(243):27-31.

王茹,欧阳俊林.(2011).英语语言水平与联想词类型之相关性研究.天津外国语学院学报,2,56-62.

王寅(2001). Cognitive Linguistics in Lakoff & Johnson's Writings. 外国语,134(4),15-21.

王子颖(2014).词汇量测试对语言水平的预测性的实证研究.外语教学理论

与实践, 2, 71-75.

魏晶, 黄皓, 李艳, 陈士法. (2011). 双语心理词典的语义表征研究. 山东外语教学, 2.

吴旭东, 陈晓庆. (2000). 中国英语学生课堂环境下词汇能力的发展. 现代外语, 23(4), 349-360.

肖善香, 刘绍龙. (2003). 论二语词汇深度习得及其研究的若干问题. 暨南学报, 1.

肖桐, 邬志辉. (2019). 城乡意象的社会表征——基于原型范畴理论的词汇联想研究. 青年研究, 6, 70-79, 93.

徐欢, 贾冠杰. (2017). 不同水平中国英语学习者心理词库组织及发展的实证研究. 外国语言文学, 2, 102-112.

燕子宗, 张宝琪. (2007). 图论及其应用. 重庆科技学院学报(自然科学版), 9(2), 121-123.

张会平. (2020). 中国英语初学者写作词汇丰富性的发展特征研究. 现代外语, 4, 527-540.

张继东, 刘萍. (2006). 动词 happen、occur 和 "发生" 的语言差异性探究——一项基于英汉语料库的调查与对比分析. 外语研究, 5, 19-22. https: //doi. org/10. 3969/j. issn. 1005-7242. 2006. 05. 004.

张年生. (2009). 基于图论的树状河流空间关系表达. 测绘信息与工程, 34(3), 43-44.

张萍. (2010). 中国英语学习者心理词典联想模式对比研究. 外语教学与研究, 1.

张萍. (2011). 英汉语心理词库联想反应的具体性效应对比研究. 外语教学理论与实践, 3.

张萍. (2013). 探索二语心理词库——一项基于 FJT 的词汇联想研究. 东南大学学报(哲学社会科学版), 5, 122-127.

张淑静. (2005). 从联想测试看二语心理词典之间的联系. 解放军外国语学院学报, 2.

张文鹏，张茜. (2007). 熟练晚期汉英双语者心理词典语义表征与词汇提取机制研究. 外语教学, 6.

赵亮. (2018). 词汇与句法界面研究：从"动词中心"到"构式中心"的范式更替和模式嬗变. 解放军外国语学院学报, 41(3), 51-59.

赵艳芳(2000). 认知语言学概论. 上海：上海外语教育出版社.

赵永青. (2000). 词汇同现在语篇中的作用. 外语与外语教学, 11, 21-23.

郑咏滟. (2015). 基于动态系统理论的自由产出词汇历时发展研究. 外语教学与研究, 276-288.

周大军，文渤燕. (2000). 理工科学生英语词汇量状况全程调查. 外语教学与研究, 32(5), 356-400.

周焊荣. (2012). 关于对基于图论的网络结构分析. 佳木斯教育学院学报, 11, 427-428.

周启强，谢晓明. (2009). 认知词汇语义学的主要理论及其运用. 外语学刊, 3, 52-55.

朱竹. (2014). 外语院校非英语专业学生词汇学习策略使用调查. 西安外国语大学学报, 22(1).

附录一 第五章语义流利测试数据

汉语语义流利测试数据

学生序号：1;;

联想词汇：老师;; 科学家;; 工程师;;

学生序号：2;;

联想词汇：科学家;; 教师;; 警察;;

学生序号：3;;

联想词汇：消防员;; 警察;; 护士;;

学生序号：4;;

联想词汇：老师;; 工程师;; 医生;;

学生序号：5;;

联想词汇：教师;; 司机;; 程序员;;

学生序号：6;;

联想词汇：军人;; 警察;; 教师;;

学生序号：7;;

联想词汇：老师;; 医生;; 包工头;;

学生序号：8;;

联想词汇：警察;; 医生;; 老师;;

学生序号：9;;

联想词汇：老师;; 保安;; 厨师;;

学生序号：10;;

联想词汇：老师;; 医生;; 消防员;;

学生序号：11;;

联想词汇：医生;; 老师;; 科学家;;

学生序号：12;;

联想词汇：教师;; 医生;; 工程师;;

学生序号：13;;

联想词汇：老师;; 科学家;; 工程师;;

学生序号：14;;

联想词汇：警察;; 教师;; 消防员;;

学生序号：15;;

联想词汇：医生;; 教师;; 工程师;;

学生序号：16;;

联想词汇：医生;; 护士;; 消防员;;

学生序号：17;;

联想词汇：老师;; 医生;; 护士;;

学生序号：18;;

联想词汇：医生;; 老师;; 科学家;;

学生序号：19;;

联想词汇：教师;; 公务员;; 建筑师;;

学生序号：20;;

联想词汇：服务员;; 司机;; 警察;;

学生序号：21;;

联想词汇：老师;; 医生;; 警察;;

学生序号：22;;

联想词汇：医生;; 工程师;; 建筑师;;

学生序号：23;;

联想词汇：医生;; 老师;; 律师;;

学生序号：24；；

联想词汇：科学家；；工人；；教师；；

学生序号：25；；

联想词汇：吉他手；；护士；；医生；；

学生序号：26；；

联想词汇：主播；；网店卖家；；程序员；；

学生序号：27；；

联想词汇：教师；；演员；；歌手；；

学生序号：28；；

联想词汇：老师；；建筑师；；程序员；；

学生序号：29；；

联想词汇：餐厅评论员；；大提琴手；；护士；；

学生序号：30；；

联想词汇：教师；；科学家；；学生；；

学生序号：31；；

联想词汇：教师；；医生；；科学家；；

学生序号：32；；

联想词汇：修理工人；；护士；；餐厅评论员；；

学生序号：33；；

联想词汇：教师；；发明家；；演员；；

学生序号：34；；

联想词汇：医生；；建筑工人；；商人；；

学生序号：35；；

联想词汇：老师；；工程师；；大提琴手；；

学生序号：36；；

联想词汇：警察；；医生；；老师；；

学生序号：37；；

联想词汇：老师；；医生；；消防员；；

学生序号：38；；

联想词汇：老师；；工程师；；警察；；

学生序号：39；；

联想词汇：老师；；医生；；工程师；；

学生序号：40；；

联想词汇：老师；；医生；；护士；；

学生序号：41；；

联想词汇：老师；；医生；；司机；；

学生序号：42；；

联想词汇：律师；；厨师；；教授；；

学生序号：43；；

联想词汇：教师；；警察；；医生；；

学生序号：44；；

联想词汇：老师；；医生；；设计师；；

学生序号：45；；

联想词汇：教师；；医生；；学生；；

学生序号：46；；

联想词汇：医生；；教师；；理发师；；

学生序号：47；；

联想词汇：医生；；教师；；清洁工；；

学生序号：48；；

联想词汇：老师；；医生；；木匠；；

学生序号：49；；

联想词汇：教师；；医生；；厨师；；

学生序号：50；；

联想词汇：教师；；医生；；秘书；；

学生序号：51；；

联想词汇：老师；；司机；；警察；；

学生序号：52;;

联想词汇：医生;;　老师;;　司机;;

学生序号：53;;

联想词汇：学生;;　工人;;　董事长;;

学生序号：54;;

联想词汇：警察;;　教师;;　清洁工;;

学生序号：55;;

联想词汇：教师;;　医生;;　军人;;

学生序号：56;;

联想词汇：程序员;;　教师;;　消防员;;

学生序号：57;;

联想词汇：学生;;　老师;;　警察;;

学生序号：58;;

联想词汇：工人;;　总裁;;　财务;;

学生序号：59;;

联想词汇：厨师;;　医生;;　教师;;

学生序号：60;;

联想词汇：程序员;;　老师;;　厨师;;

学生序号：61;;

联想词汇：医生;;　教师;;　总经理;;

学生序号：62;;

联想词汇：教师;;　工人;;　研究员;;

学生序号：63;;

联想词汇：医生;;　厨师;;　老师;;

学生序号：64;;

联想词汇：医生;;　律师;;　法官;;

学生序号：65;;

联想词汇：教师;;　工程师;;　机械师;;

学生序号：66；；

联想词汇：教师；；警察；；厨师；；

学生序号：67；；

联想词汇：厨师；；医生；；护士；；

学生序号：68；；

联想词汇：老师；；厨师；；消防员；；

学生序号：69；；

联想词汇：教师；；工人；；科研工作者；；

学生序号：70；；

联想词汇：科学家；；工程师；；老师；；

学生序号：71；；

联想词汇：教师；；警察；；科学家；；

学生序号：72；；

联想词汇：老师；；工人；；警察；；

学生序号：73；；

联想词汇：科学家；；医生；；运动员；；

学生序号：74；；

联想词汇：科学家；；老师；；警察；；

学生序号：75；；

联想词汇：老师；；医生；；警察；；

学生序号：76；；

联想词汇：老师；；警察；；医生；；

学生序号：77；；

联想词汇：老师；；学生；；医生；；

学生序号：78；；

联想词汇：医生；；老师；；警察；；

学生序号：79；；

联想词汇：研究员；；医生；；老师；；

学生序号：80;;

联想词汇：警察;; 教师;; 医生;;

学生序号：81;;

联想词汇：教师;; 医生;; 警察;;

学生序号：82;;

联想词汇：老师;; 教授;; 特警;;

学生序号：83;;

联想词汇：老师;; 警察;; 医生;;

学生序号：84;;

联想词汇：教师;; 公务员;; 清洁工;;

学生序号：85;;

联想词汇：老师;; 医生;; 护士;;

学生序号：86;;

联想词汇：教师;; 警察;; 外科医生;;

学生序号：87;;

联想词汇：老师;; 警察;; 医生;;

学生序号：88;;

联想词汇：老师;; 科研工作者;; 记者;;

学生序号：89;;

联想词汇：科学家;; 总统;; 将军;;

学生序号：90;;

联想词汇：教师;; 学生;; 球员;;

学生序号：91;;

联想词汇：教师;; 清洁工;; 汽修工;;

学生序号：92;;

联想词汇：老板;; 程序员;; 警察;;

学生序号：93;;

联想词汇：老师;; 医生;; 警察;;

学生序号：94；；

联想词汇：运动员；；医生；；律师；；

学生序号：95；；

联想词汇：教师；；校长；；医生；；

学生序号：96；；

联想词汇：教师；；警察；；清洁工；；

学生序号：97；；

联想词汇：老师；；程序员；；算法工程师；；

学生序号：98；；

联想词汇：教授；；程序员；；医生；；

学生序号：99；；

联想词汇：老师；；工程师；；总裁；；

学生序号：100；；

联想词汇：警察；；教师；；护士；；

学生序号：101；；

联想词汇：教师；；护士；；医生；；

学生序号：102；；

联想词汇：律师；；老师；；警察；；

学生序号：103；；

联想词汇：医生；；教师；；程序员；；

学生序号：104；；

联想词汇：教师；；工程师；；微商；；

学生序号：105；；

联想词汇：教师；；学生；；清洁工；；

学生序号：106；；

联想词汇：司机；；工匠；；白领；；

学生序号：107；；

联想词汇：电竞选手；；调酒师；；工程师；；

学生序号：108;;

联想词汇：老师;;　医生;;　护士;;

学生序号：109;;

联想词汇：教师;;　清洁工;;　经理;;

学生序号：110;;

联想词汇：老师;;　科学家;;　警察;;

学生序号：111;;

联想词汇：教师;;　警察;;　医生;;

学生序号：112;;

联想词汇：教师;;　学生;;　校长;;

学生序号：113;;

联想词汇：医生;;　教师;;　护士;;

学生序号：114;;

联想词汇：教师;;　警察;;　工程师;;

学生序号：115;;

联想词汇：医生;;　老师;;　护士;;

学生序号：116;;

联想词汇：老师;;　运动员;;　法官;;

学生序号：117;;

联想词汇：科学家;;　经理;;　工程师;;

学生序号：118;;

联想词汇：教师;;　司机;;　园丁;;

学生序号：119;;

联想词汇：工程师;;　程序员;;　教授;;

学生序号：120;;

联想词汇：老师;;　工人;;　教授;;

学生序号：121;;

联想词汇：老师;;　医生;;　军人;;

学生序号：122；；

联想词汇：程序员；；工程师；；教师；；

学生序号：123；；

联想词汇：警察；；乘务员；；工人；；

学生序号：124；；

联想词汇：教师；；消防员；；军人；；

学生序号：125；；

联想词汇：护士；；医生；；教师；；

学生序号：126；；

联想词汇：老师；；工程师；；科学家；；

学生序号：127；；

联想词汇：教师；；厨师；；律师；；

学生序号：128；；

联想词汇：教师；；工程师；；程序员；；

学生序号：129；；

联想词汇：教师；；公务员；；程序员；；

学生序号：130；；

联想词汇：老师；；辅导员；；警察；；

学生序号：131；；

联想词汇：科学家；；医生；；律师；；

学生序号：132；；

联想词汇：老师；；律师；；理发师；；

学生序号：133；；

联想词汇：老师；；教授；；工程师；；

学生序号：134；；

联想词汇：导演；；幼师；；医生；；

学生序号：135；；

联想词汇：医生；；老师；；工程师；；

学生序号：136；；

联想词汇：老师；；消防员；；清洁工；；

学生序号：137；；

联想词汇：医生；；老师；；大提琴手；；

学生序号：138；；

联想词汇：老师；；医生；；企业家；；

学生序号：139；；

联想词汇：医生；；教师；；建筑设计师；；

学生序号：140；；

联想词汇：老师；；医生；；程序员；；

学生序号：141；；

联想词汇：医生；；教师；；公务员；；

学生序号：142；；

联想词汇：儿科医生；；大提琴手；；喜剧演员；；

学生序号：143；；

联想词汇：科学家；；教师；；警察；；

学生序号：144；；

联想词汇：教师；；程序员；；演员；；

学生序号：145；；

联想词汇：医生；；工程师；；程序员；；

学生序号：146；；

联想词汇：医生；；消防员；；警察；；

学生序号：147；；

联想词汇：消防员；；警察；；护士；；

学生序号：148；；

联想词汇：程序员；；警察；；医生；；

学生序号：149；；

联想词汇：教师；；警察；；医生；；

学生序号：150；；

联想词汇：教师；；警察；；科学家；；

学生序号：151；；

联想词汇：教师；；医生；；工人；；

学生序号：152；；

联想词汇：教师；；工人；；农民；；

学生序号：153；；

联想词汇：医生；；老师；；护士；；

学生序号：154；；

联想词汇：教师；；工人；；运动员；；

学生序号：155；；

联想词汇：老师；；警察；；工人；；

学生序号：156；；

联想词汇：老师；；医生；；警察；；

学生序号：157；；

联想词汇：教师；；医生；；厨师；；

学生序号：158；；

联想词汇：老师；；医生；；程序员；；

学生序号：159；；

联想词汇：演员；；乘务员；；列车长；；

学生序号：160；；

联想词汇：教师；；厨师；；调酒师；；

学生序号：161；；

联想词汇：老师；；警察；；医生；；

学生序号：162；；

联想词汇：老师；；医生；；环卫工；；

学生序号：163；；

联想词汇：程序员；；厨师；；科学家；；

学生序号：164;;

联想词汇：医生;; 厨师;; 老师;;

学生序号：165;;

联想词汇：教师;; 科学家;; 医生;;

学生序号：166;;

联想词汇：化学家;; 物理学家;; 教师;;

学生序号：167;;

联想词汇：医生;; 老师;; 厨师;;

学生序号：168;;

联想词汇：教师;; 商人;; 猎人;;

学生序号：169;;

联想词汇：教师;; 工人;; 医师;;

学生序号：170;;

联想词汇：老师;; 足球运动员;; 翻译家;;

学生序号：171;;

联想词汇：教授;; 教师;; 工人;;

学生序号：172;;

联想词汇：护士;; 医生;; 老师;;

学生序号：173;;

联想词汇：学生;; 教师;; 警察;;

学生序号：174;;

联想词汇：警察;; 教师;; 工人;;

学生序号：175;;

联想词汇：医生;; 教师;; 律师;;

学生序号：176;;

联想词汇：老师;; 工人;; 职员;;

学生序号：177;;

联想词汇：工程师;; 司机;; 老师;;

学生序号：178；；

联想词汇：老师；；总统；；运动员；；

学生序号：179；；

联想词汇：兽医；；导游；；医生；；

学生序号：180；；

联想词汇：医生；；护士；；老师；；

学生序号：181；；

联想词汇：医生；；教师；；警察；；

学生序号：182；；

联想词汇：教师；；儿科医生；；牙医；；

学生序号：183；；

联想词汇：教师；；木匠；；护士；；

学生序号：184；；

联想词汇：医生；；老师；；厨师；；

学生序号：185；；

联想词汇：医生；；护士；；程序员；；

学生序号：186；；

联想词汇：教师；；医生；；工程师；；

学生序号：187；；

联想词汇：老师；；医生；；建筑家；；

学生序号：188；；

联想词汇：医生；；护士；；老师；；

学生序号：189；；

联想词汇：医生；；兽医；；警察；；

学生序号：190；；

联想词汇：教师；；医生；；护士；；

学生序号：191；；

联想词汇：医生；；护士；；老师；；

学生序号：192;;

联想词汇：医生;; 老师;; 警察;;

学生序号：193;;

联想词汇：老师;; 医生;; 宇航员;;

学生序号：194;;

联想词汇：医生;; 教师;; 科学家;;

学生序号：195;;

联想词汇：医生;; 老师;; 艺术家;;

学生序号：196;;

联想词汇：医生;; 老师;; 警察;;

学生序号：197;;

联想词汇：教师;; 前端工程师;; 厨师;;

学生序号：198;;

联想词汇：医生;; 教师;; 警察;;

学生序号：199;;

联想词汇：医生;; 护士;; 老师;;

学生序号：200;;

联想词汇：教师;; 医生;; 演员;;

学生序号：201;;

联想词汇：教师;; 演员;; 工程师;;

学生序号：202;;

联想词汇：工程师;; 护士;; 喜剧演员;;

学生序号：203;;

联想词汇：教师;; 译者;; 记者;;

学生序号：204;;

联想词汇：老师;; 教授;; 工人;;

学生序号：205;;

联想词汇：教师;; 医生;; 护士;;

学生序号：206;;

联想词汇：医生;; 护士;; 空姐;;

学生序号：207;;

联想词汇：教师;; 医生;; 护士;;

学生序号：208;;

联想词汇：医生;; 护士;; 老师;;

学生序号：209;;

联想词汇：医生;; 老师;; 工人;;

学生序号：210;;

联想词汇：医生;; 护士;; 律师;;

学生序号：211;;

联想词汇：教师;; 医生;; 护士;;

学生序号：212;;

联想词汇：老师;; 医生;; 工人;;

学生序号：213;;

联想词汇：工人;; 医生;; 护士;;

学生序号：214;;

联想词汇：教师;; 医生;; 工程师;;

学生序号：215;;

联想词汇：教师;; 教授;; 医生;;

学生序号：216;;

联想词汇：医生;; 教师;; 厨师;;

学生序号：217;;

联想词汇：老师;; 医生;; 厨师;;

学生序号：218;;

联想词汇：作家;; 画家;; 指挥家;;

学生序号：219;;

联想词汇：医生;; 教师;; 清洁工;;

学生序号：220；；

联想词汇：医生；；护士；；教师；；

学生序号：221；；

联想词汇：老师；；医生；；律师；；

学生序号：222；；

联想词汇：医生；；老师；；程序员；；

学生序号：223；；

联想词汇：医生；；警察；；消防员；；

学生序号：224；；

联想词汇：医生；；护士；；老师；；

学生序号：225；；

联想词汇：教师；；医生；；会计；；

学生序号：226；；

联想词汇：医生；；老师；；会计；；

学生序号：227；；

联想词汇：医生；；教师；；篮球运动员；；

学生序号：228；；

联想词汇：医生；；军人；；教师；；

英语语义流利测试数据

学生序号：1；；

联想词汇：worker；；teacher；；lawyer；；

学生序号：2；；

联想词汇：writer；；teacher；；police；；

学生序号：3；；

联想词汇：astronaut；；teacher；；soldier；；

学生序号：4；；

联想词汇：accountant；；actor；；astronaut；；

学生序号：5；；

联想词汇：teacher；；dentist；；doctor；；

学生序号：6；；

联想词汇：policeman；；pianist；；violinist；；

学生序号：7；；

联想词汇：professor；；barber；；cashier；；

学生序号：8；；

联想词汇：doctor；；teacher；；dentist；；

学生序号：9；；

联想词汇：police；；teacher；；firefighter；；

学生序号：10；；

联想词汇：doctor；；dancer；；actress；；

学生序号：11；；

联想词汇：writer；；artist；；lawyer；；

学生序号：12；；

联想词汇：doctor；；fisherman；；policeman

学生序号：13；；

联想词汇：teacher；；professor；；firefighter；；

学生序号：14；；

联想词汇：doctor；；actress；；director；；

学生序号：15；；

联想词汇：teacher；；doctor；；dentist；；

学生序号：16；；

联想词汇：teacher；；professor；；worker；；

学生序号：17；；

联想词汇：scientist；；accountant；；doctor；；

学生序号：18；；

联想词汇：teacher；；professor；；student；；

学生序号：19；；

联想词汇：lawyer；；policeman；；judge；；

学生序号：20；；

联想词汇：doctor；；teacher；；cook；；

学生序号：21；；

联想词汇：teacher；；professor；；policeman；；

学生序号：22；；

联想词汇：writer；；waitress；；architect；；

学生序号：23；；

联想词汇：doctor；；teacher；；farmer；；

学生序号：24；；

联想词汇：cook；；teacher；；farmer；；

学生序号：25；；

联想词汇：teacher；；worker；；engineer；；

学生序号：26；；

联想词汇：teacher；；architect；；doctor；；

学生序号：27；；

联想词汇：teacher；；engineer；；worker；；

学生序号：28；；

联想词汇：writer；；driver；；physicist；；

学生序号：29；；

联想词汇：teacher；；doctor；；nurse；；

学生序号：30；；

联想词汇：pediatrician；；teacher；；doctor；；

学生序号：31；；

联想词汇：cellist；；violinist；；engineer；；

学生序号：32；；

联想词汇：cellist；；dentist；；teacher；；

学生序号：33；；

联想词汇：teacher；；doctor；；cellist；；

学生序号：34；；

联想词汇：critic；；lawyer；；cellist；；

学生序号：35；；

联想词汇：guide；；doctor；；teacher；；

学生序号：36；；

联想词汇：teacher；；driver；；pianist；；

学生序号：37；；

联想词汇：model；；critic；；waiter；；

学生序号：38；；

联想词汇：engineer；；teacher；；worker；；

学生序号：39；；

联想词汇：teacher；；cellist；；architect；；

学生序号：40；；

联想词汇：cellist；；attorney；；lawyer；；

学生序号：41；；

联想词汇：author；；teacher；；worker；；

学生序号：42；；

联想词汇：doctor；；reporter；；detective；；

学生序号：43；；

联想词汇：teacher；；doctor；；student；；

学生序号：44；；

联想词汇：worker；；cook；；dancer；；

学生序号：45；；

联想词汇：physicist；；doctor；；worker；；

学生序号：46；；

联想词汇：doctor;; cook;; teacher;;

学生序号：47;;

联想词汇：doctor;; dancer;; cook;;

学生序号：48;;

联想词汇：teacher;; worker;; professor;;

学生序号：49;;

联想词汇：doctor;; teacher;; nurse;;

学生序号：50;;

联想词汇：doctor;; teacher;; farmer;;

学生序号：51;;

联想词汇：professor;; doctor;; driver;;

学生序号：52;;

联想词汇：teacher;; doctor;; farmer;;

学生序号：53;;

联想词汇：doctor;; teacher;; firefighter;;

学生序号：54;;

联想词汇：doctor;; nurse;; professor;;

学生序号：55;;

联想词汇：teacher;; doctor;; typist;;

学生序号：56;;

联想词汇：actor;; teacher;; doctor;;

学生序号：57;;

联想词汇：doctor;; teacher;; musician;;

学生序号：58;;

联想词汇：teacher;; doctor;; worker;;

学生序号：59;;

联想词汇：actor;; actress;; professor;;

学生序号：60;;

联想词汇：doctor；； teacher；； painter；；

学生序号：61；；

联想词汇：police；； doctor；； nurse；；

学生序号：62；；

联想词汇：teacher；； doctor；； driver；；

学生序号：63；；

联想词汇：doctor；； professor；； teacher；；

学生序号：64；；

联想词汇：doctor；； teacher；； lawyer；；

学生序号：65；；

联想词汇：professor；； teacher；； artist；；

学生序号：66；；

联想词汇：doctor；； engineer；； teacher；；

学生序号：67；；

联想词汇：engineer；； pilot；； captain；；

学生序号：68；；

联想词汇：diplomat；； interpreter；； teacher；；

学生序号：69；；

联想词汇：teacher；； doctor；； driver；；

学生序号：70；；

联想词汇：teacher；； police；； engineer；；

学生序号：71；；

联想词汇：doctor；； engineer；； police；；

学生序号：72；；

联想词汇：teacher；； doctor；； nurse；；

学生序号：73；；

联想词汇：teacher；； doctor；； police；；

学生序号：74；；

联想词汇：teacher;; doctor;; dentist;;

学生序号：75;;

联想词汇：teacher;; doctor;; actor;;

学生序号：76;;

联想词汇：teacher;; doctor;; police;;

学生序号：77;;

联想词汇：teacher;; doctor;; accountant;;

学生序号：78;;

联想词汇：teacher;; tutor;; firefighter;;

学生序号：79;;

联想词汇：teacher;; cook;; worker;;

学生序号：80;;

联想词汇：scientist;; teacher;; lawyer;;

学生序号：81;;

联想词汇：teacher;; doctor;; professor;;

学生序号：82;;

联想词汇：doctor;; professor;; teacher;;

学生序号：83;;

联想词汇：teacher;; waiter;; scientist;;

学生序号：84;;

联想词汇：teacher;; student;; worker;;

学生序号：85;;

联想词汇：teacher;; translator;; scholar;;

学生序号：86;;

联想词汇：teacher;; doctor;; nurse;;

学生序号：87;;

联想词汇：tcachcr;; writcr;; singcr;;

学生序号：88;;

联想词汇：doctor；；scientist；；teacher；；

学生序号：89；；

联想词汇：teacher；；writer；；policeman；；

学生序号：90；；

联想词汇：teacher；；actor；；singer；；

学生序号：91；；

联想词汇：teacher；；singer；；dancer；；

学生序号：92；；

联想词汇：teacher；；scientist；；reporter；；

学生序号：93；；

联想词汇：teacher；；worker；；waiter；；

学生序号：94；；

联想词汇：singer；；lawyer；；worker；；

学生序号：95；；

联想词汇：teacher；；doctor；；engineer；；

学生序号：96；；

联想词汇：teacher；；doctor；；engineer；；

学生序号：97；；

联想词汇：doctor；；nurse；；gardener；；

学生序号：98；；

联想词汇：teacher；；doctor；；professor；；

学生序号：99；；

联想词汇：student；；nurse；；vet；；

学生序号：100；；

联想词汇：teacher；；lawyer；；policeman；；

学生序号：101；；

联想词汇：teacher；；engineer；；pilot；；

学生序号：102；；

联想词汇：teacher;; programmer;; student;;

学生序号：103;;

联想词汇：writer;; vet;; teacher;;

学生序号：104;;

联想词汇：nurse;; teacher;; doctor;;

学生序号：105;;

联想词汇：biologist;; professor;; digital artist;;

学生序号：106;;

联想词汇：teacher;; doctor;; engineer;;

学生序号：107;;

联想词汇：teacher;; porter;; steel worker;;

学生序号：108;;

联想词汇：teacher;; doctor;; firefighter;;

学生序号：109;;

联想词汇：teacher;; engineer;; nurse;;

学生序号：110;;

联想词汇：teacher;; student;; doctor;;

学生序号：111;;

联想词汇：teacher;; doctor;; nurse;;

学生序号：112;;

联想词汇：coach;; stand-up comedian;; porter;;

学生序号：113;;

联想词汇：driver;; teacher;; farmer;;

学生序号：114;;

联想词汇：doctor;; actor;; lawyer;;

学生序号：115;;

联想词汇：tcachcr;; ccllist;; actor;;

学生序号：116;;

联想词汇：cellist；；teacher；；coach；；

学生序号：117；；

联想词汇：teacher；；engineer；；cellist；；

学生序号：118；；

联想词汇：teacher；；engineer；；accountant；；

学生序号：119；；

联想词汇：teacher；；engineer；；musician；；

学生序号：120；；

联想词汇：soloist；；lawyer；；model；；

学生序号：121；；

联想词汇：doctor；；nurse；；engineer；；

学生序号：122；；

联想词汇：doctor；；engineer；；minister；；

学生序号：123；；

联想词汇：engineer；；spaceman；；mechanic；；

学生序号：124；；

联想词汇：scientist；；farmer；；policeman；；

学生序号：125；；

联想词汇：cooker；；fisherman；；architect；；

学生序号：126；；

联想词汇：worker；；teacher；；student；；

学生序号：127；；

联想词汇：singer；；actor；；dancer；；

学生序号：128；；

联想词汇：policeman；；engineer；；guard；；

学生序号：129；；

联想词汇：doctor；；lawyer；；teacher；；

学生序号：130；；

联想词汇：cook；；miner；；police；；

学生序号：131；；

联想词汇：teacher；；dentist；；farmer；；

学生序号：132；；

联想词汇：coach；；nurse；；police；；

学生序号：133；；

联想词汇：teacher；；doctor；；dentist；；

学生序号：134；；

联想词汇：athlete；；teacher；；writer；；

学生序号：135；；

联想词汇：teacher；；cook；；writer；；

学生序号：136；；

联想词汇：scientist；；detective；；teacher；；

学生序号：137；；

联想词汇：teacher；；artist；；pianist；；

学生序号：138；；

联想词汇：student；；teacher；；chef；；

学生序号：139；；

联想词汇：journalist；；actor；；doctor；；

学生序号：140；；

联想词汇：teacher；；actor；；actress；；

学生序号：141；；

联想词汇：policeman；；doctor；；guitarist；；

学生序号：142；；

联想词汇：teacher；；actor；；postman；；

学生序号：143；；

联想词汇：engineer；；doctor；；dentist；；

学生序号：144；；

联想词汇：assassin；；knight；；boxer；；

学生序号：145；；

联想词汇：actor；；actress；；fisherman；；

学生序号：146；；

联想词汇：teacher；；worker；；writer；；

学生序号：147；；

联想词汇：doctor；；cleaner；；lawyer；；

学生序号：148；；

联想词汇：lawyer；；doctor；；police；；

学生序号：149；；

联想词汇：driver；；teacher；；cook；；

学生序号：150；；

联想词汇：cellist；；sportsman；；student；；

学生序号：151；；

联想词汇：physician；；surgeon；；musician；；

学生序号：152；；

联想词汇：driver；；cook；；food stylist；；

学生序号：153；；

联想词汇：teacher；；drawer；；musician；；

学生序号：154；；

联想词汇：teacher；；cook；；policeman；；

学生序号：155；；

联想词汇：vet；；doctor；；pediatrician；；

学生序号：156；；

联想词汇：cook；；teacher；；doctor；；

学生序号：157；；

联想词汇：teacher；；doctor；；coach；；

学生序号：158；；

联想词汇：doctor;; pianist;; guitarist;;

学生序号：159;;

联想词汇：actor;; driver;; dancer;;

学生序号：160;;

联想词汇：doctor;; nurse;; teacher;;

学生序号：161;;

联想词汇：teacher;; fisherman;; lawyer;;

学生序号：162;;

联想词汇：doctor;; teacher;; engineer;;

学生序号：163;;

联想词汇：cook;; teacher;; astronaut;;

学生序号：164;;

联想词汇：singer;; actor;; teacher;;

学生序号：165;;

联想词汇：solicitor;; firefighter;; policeman;;

学生序号：166;;

联想词汇：teacher;; pilot;; editor;;

学生序号：167;;

联想词汇：teacher;; doctor;; waiter;;

学生序号：168;;

联想词汇：teacher;; doctor;; actor;;

学生序号：169;;

联想词汇：teacher;; writer;; driver;;

学生序号：170;;

联想词汇：teacher;; nurse;; doctor;;

学生序号：171;;

联想词汇：tcachcr;; sabcr;; lanccr;;

学生序号：172;;

联想词汇：farmer；；scientist；；painter；；

学生序号：173；；

联想词汇：teacher；；painter；；doctor；；

学生序号：174；；

联想词汇：teacher；；doctor；；engineer；；

学生序号：175；；

联想词汇：cook；；worker；；businessman；；

学生序号：176；；

联想词汇：teacher；；doctor；；dentist；；

学生序号：177；；

联想词汇：teacher；；doctor；；engineer；；

学生序号：178；；

联想词汇：surgeon；；worker；；solider；；

学生序号：179；；

联想词汇：doctor；；artist；；trainer；；

学生序号：180；；

联想词汇：policeman；；postman；；firefighter；；

学生序号：181；；

联想词汇：singer；；psychologist；；artist；；

学生序号：182；；

联想词汇：teacher；；doctor；；engineer；；

学生序号：183；；

联想词汇：teacher；；driver；；policeman；；

学生序号：184；；

联想词汇：policeman；；doctor；；nurse；；

学生序号：185；；

联想词汇：doctor；；teacher；；coach；；

学生序号：186；；

联想词汇：student；；teacher；；doctor；；

学生序号：187；；

联想词汇：doctor；；nurse；；engineer；；

学生序号：188；；

联想词汇：teacher；；engineer；；guitarist；；

学生序号：189；；

联想词汇：engineer；；teacher；；student；；

学生序号：190；；

联想词汇：professor；；chef；；dentist；；

学生序号：191；；

联想词汇：teacher；；driver；；engineer；；

学生序号：192；；

联想词汇：teacher；；driver；；student；；

学生序号：193；；

联想词汇：pediatrician；；freelance writer；；student；；

学生序号：194；；

联想词汇：nurse；；teacher；；tailor；；

学生序号：195；；

联想词汇：police；；engineer；；psychologist；；

学生序号：196；；

联想词汇：dentist；；surgeon；；doctor；；

学生序号：197；；

联想词汇：doctor；；engineer；；police；；

学生序号：198；；

联想词汇：teacher；；doctor；；engineer；；

学生序号：199；；

联想词汇：teacher；；scientist；；psychologist；；

学生序号：200；；

联想词汇：cook；；police；；cleaner；；

学生序号：201；；

联想词汇：doctor；；nurse；；tutor；；

学生序号：202；；

联想词汇：worker；；teacher；；officer；；

学生序号：203；；

联想词汇：dentist；；teacher；；doctor；；

学生序号：204；；

联想词汇：teacher；；student；；boss；；

学生序号：205；；

联想词汇：actor；；teacher；；driver；；

学生序号：206；；

联想词汇：doctor；；teacher；；engineer；；

学生序号：207；；

联想词汇：teacher；；doctor；；cook；；

学生序号：208；；

联想词汇：doctor；；vet；；engineer；；

学生序号：209；；

联想词汇：teacher；；artist；；doctor；；

学生序号：210；；

联想词汇：teacher；；doctor；；driver；；

学生序号：211；；

联想词汇：teacher；；student；；manager；；

学生序号：212；；

联想词汇：doctor；；teacher；；actor

学生序号：213；；

联想词汇：teacher；；dancer；；singer；；

学生序号：214；；

联想词汇：scientist；；worker；；teacher；；

学生序号：215；；

联想词汇：driver;; doctor;; teacher;;

学生序号：216;;

联想词汇：pilot;; cook;; teacher;;

学生序号：217;;

联想词汇：teacher;; cook;; architect;;

学生序号：218;;

联想词汇：student;; doctor;; teacher;;

学生序号：219;;

联想词汇：teacher;; engineer;; doctor;;

学生序号：220;;

联想词汇：teacher;; staff;; star;;

学生序号：221;;

联想词汇：driver;; cook;; firefighter;;

学生序号：222;;

联想词汇：writer;; driver;; doctor;;

学生序号：223;;

联想词汇：teacher;; driver;; president;;

学生序号：224;;

联想词汇：teacher;; cook;; doctor;;

学生序号：225;;

联想词汇：teacher;; cook;; server;;

学生序号：226;;

联想词汇：doctor;; police;; teacher;;

学生序号：227;;

联想词汇：doctor;; nurse;; boss;;

学生序号：228;;

联想词汇：singer;; dancer;; teacher;;

附录二　第六章联想词分布

序号	关键字段	出现频次	百分比%	累计百分比%
1	teacher	428	9.2142	9.2142
2	doctor	343	7.3843	16.5985
3	actor	180	3.8751	20.4736
4	engineer	165	3.5522	24.0258
5	driver	157	3.3800	27.4058
6	nurse	152	3.2723	30.6781
7	student	143	3.0786	33.7567
8	singer	140	3.0140	36.7707
9	scientist	131	2.8202	39.5910
10	worker	128	2.7557	42.3466
11	cook	102	2.1959	44.5425
12	policeman	101	2.1744	46.7169
13	writer	85	1.8299	48.5468
14	dentist	83	1.7869	50.3337
15	waiter	82	1.7653	52.0990
16	lawyer	82	1.7653	53.8644
17	dancer	77	1.6577	55.5221
18	artist	74	1.5931	57.1152
19	police	74	1.5931	58.7083
20	professor	73	1.5716	60.2799

序号	关键字段	出现频次	百分比%	累计百分比%
21	farmer	67	1.4424	61.7223
22	actress	61	1.3132	63.0355
23	painter	56	1.2056	64.2411
24	pilot	53	1.1410	65.3821
25	musician	50	1.0764	66.4586
26	cleaner	47	1.0118	67.4704
27	firefighter	47	1.0118	68.4822
28	manager	37	0.7966	69.2788
29	pianist	32	0.6889	69.9677
30	coach	31	0.6674	70.6351
31	astronaut	31	0.6674	71.3025
32	cellist	29	0.6243	71.9268
33	businessman	28	0.6028	72.5296
34	athlete	27	0.5813	73.1109
35	director	27	0.5813	73.6921
36	waitress	26	0.5597	74.2519
37	guide	25	0.5382	74.7901
38	architect	25	0.5382	75.3283
39	president	25	0.5382	75.8665
40	player	24	0.5167	76.3832
41	barber	23	0.4952	76.8784
42	vet	23	0.4952	77.3735
43	designer	22	0.4736	77.8471
44	reporter	22	0.4736	78.3208
45	accountant	22	0.4736	78.7944
46	headmaster	21	0.4521	79.2465
47	soldier	20	0.4306	79.6771

序号	关键字段	出现频次	百分比%	累计百分比%
48	boss	20	0.4306	80.1076
49	postman	18	0.3875	80.4952
50	programmer	18	0.3875	80.8827
51	fisherman	18	0.3875	81.2702
52	officer	18	0.3875	81.6577
53	psychologist	17	0.3660	82.0237
54	fireman	17	0.3660	82.3897
55	violinist	16	0.3445	82.7341
56	chemist	16	0.3445	83.0786
57	footballer	16	0.3445	83.4230
58	journalist	16	0.3445	83.7675
59	editor	15	0.3229	84.0904
60	assistant	15	0.3229	84.4133
61	detective	15	0.3229	84.7363
62	physician	15	0.3229	85.0592
63	chef	15	0.3229	85.3821
64	biologist	13	0.2799	85.6620
65	translator	13	0.2799	85.9419
66	clerk	12	0.2583	86.2002
67	soloist	12	0.2583	86.4586
68	CEO	12	0.2583	86.7169
69	gardener	11	0.2368	86.9537
70	basketball player	11	0.2368	87.1905
71	physicist	11	0.2368	87.4273
72	chairman	10	0.2153	87.6426
73	carpenter	10	0.2153	87.8579
74	hunter	10	0.2153	88.0732

续表

序号	关键字段	出现频次	百分比%	累计百分比%
75	model	10	0.2153	88.2885
76	interpreter	9	0.1938	88.4822
77	salesman	9	0.1938	88.6760
78	surgeon	9	0.1938	88.8698
79	judge	9	0.1938	89.0635
80	author	9	0.1938	89.2573
81	baker	9	0.1938	89.4510
82	housewife	8	0.1722	89.6233
83	banker	8	0.1722	89.7955
84	secretary	8	0.1722	89.9677
85	policewoman	8	0.1722	90.1399
86	guitarist	7	0.1507	90.2906
87	chief	7	0.1507	90.4413
88	photographer	7	0.1507	90.5920
89	seller	7	0.1507	90.7427
90	poet	7	0.1507	90.8934
91	host	7	0.1507	91.0441
92	politician	7	0.1507	91.1948
93	shopkeeper	7	0.1507	91.3455
94	researcher	6	0.1292	91.4747
95	employee	6	0.1292	91.6039
96	ambassador	6	0.1292	91.7330
97	guard	6	0.1292	91.8622
98	pediatrician	6	0.1292	91.9914
99	sailor	5	0.1076	92.0990
100	shopper	5	0.1076	92.2067
101	employer	5	0.1076	92.3143

序号	关键字段	出现频次	百分比%	累计百分比%
102	tailor	5	0.1076	92.4220
103	staff	5	0.1076	92.5296
104	stand-up comedian	5	0.1076	92.6372
105	babysitter	5	0.1076	92.7449
106	librarian	5	0.1076	92.8525
107	police officer	5	0.1076	92.9602
108	merchant	5	0.1076	93.0678
109	captain	4	0.0861	93.1539
110	rapper	4	0.0861	93.2400
111	principal	4	0.0861	93.3262
112	prime minister	4	0.0861	93.4123
113	porter	4	0.0861	93.4984
114	magician	4	0.0861	93.5845
115	miner	4	0.0861	93.6706
116	minister	4	0.0861	93.7567
117	drawer	4	0.0861	93.8428
118	civil servant	4	0.0861	93.9290
119	typist	4	0.0861	94.0151
120	conductor	4	0.0861	94.1012
121	trainer	4	0.0861	94.1873
122	sportsman	4	0.0861	94.2734
123	spaceman	4	0.0861	94.3595
124	idol	3	0.0646	94.4241
125	instructor	3	0.0646	94.4887
126	interviewer	3	0.0646	94.5533
127	inventor	3	0.0646	94.6179
128	producer	3	0.0646	94.6825

序号	关键字段	出现频次	百分比%	累计百分比%
129	swimmer	3	0.0646	94.7470
130	butcher	3	0.0646	94.8116
131	diver	3	0.0646	94.8762
132	technician	3	0.0646	94.9408
133	tutor	3	0.0646	95.0054
134	performer	3	0.0646	95.0700
135	official	3	0.0646	95.1346
136	agent	3	0.0646	95.1991
137	novelist	3	0.0646	95.2637
138	football player	3	0.0646	95.3283
139	fisher	3	0.0646	95.3929
140	entrepreneur	3	0.0646	95.4575
141	soccer player	3	0.0646	95.5221
142	shop assistant	3	0.0646	95.5867
143	solicitor	3	0.0646	95.6512
144	cashier	3	0.0646	95.7158
145	archer	3	0.0646	95.7804
146	runner	3	0.0646	95.8450
147	scholar	2	0.0431	95.8881
148	airman	2	0.0431	95.9311
149	binman	2	0.0431	95.9742
150	vendor	2	0.0431	96.0172
151	pharmacist	2	0.0431	96.0603
152	servant	2	0.0431	96.1033
153	boxer	2	0.0431	96.1464
154	shop keeper	2	0.0431	96.1895
155	adventurer	2	0.0431	96.2325

续表

序号	关键字段	出现频次	百分比%	累计百分比%
156	movie star	2	0.0431	96.2756
157	star	2	0.0431	96.3186
158	trader	2	0.0431	96.3617
159	tour guide	2	0.0431	96.4047
160	technologist	2	0.0431	96.4478
161	assassin	2	0.0431	96.4909
162	taxi driver	2	0.0431	96.5339
163	priest	2	0.0431	96.5770
164	archaeologist	2	0.0431	96.6200
165	restaurant critic	2	0.0431	96.6631
166	astronomer	2	0.0431	96.7061
167	announcer	2	0.0431	96.7492
168	reader	2	0.0431	96.7922
169	speaker	2	0.0431	96.8353
170	attorney	2	0.0431	96.8784
171	prostitute	2	0.0431	96.9214
172	public servant	2	0.0431	96.9645
173	youtuber	2	0.0431	97.0075
174	cartoonist	2	0.0431	97.0506
175	king	2	0.0431	97.0936
176	freelance	2	0.0431	97.1367
177	janitor	2	0.0431	97.1798
178	lecturer	2	0.0431	97.2228
179	hostess	2	0.0431	97.2659
180	historian	2	0.0431	97.3089
181	computer programmer	2	0.0431	97.3520
182	fashion designer	2	0.0431	97.3950

序号	关键字段	出现频次	百分比%	累计百分比%
183	hacker	2	0.0431	97.4381
184	critic	2	0.0431	97.4812
185	climber	2	0.0431	97.5242
186	killer	2	0.0431	97.5673
187	bus driver	2	0.0431	97.6103
188	milkman	2	0.0431	97.6534
189	mechanic	2	0.0431	97.6964
190	fishermen	2	0.0431	97.7395
191	educator	1	0.0215	97.7610
192	economist	1	0.0215	97.7826
193	stewardess	1	0.0215	97.8041
194	steward	1	0.0215	97.8256
195	freelance writer	1	0.0215	97.8471
196	steel worker	1	0.0215	97.8687
197	economists	1	0.0215	97.8902
198	shop owner	1	0.0215	97.9117
199	colonel	1	0.0215	97.9333
200	solder	1	0.0215	97.9548
201	coder	1	0.0215	97.9763
202	food stylist	1	0.0215	97.9978
203	specialist	1	0.0215	98.0194
204	faculty	1	0.0215	98.0409
205	coastguardsman	1	0.0215	98.0624
206	shopping assistant	1	0.0215	98.0840
207	fighter	1	0.0215	98.1055
208	architectural technologist	1	0.0215	98.1270
209	smith	1	0.0215	98.1485

续表

序号	关键字段	出现频次	百分比%	累计百分比%
210	clergy	1	0.0215	98.1701
211	dreamer	1	0.0215	98.1916
212	trucker	1	0.0215	98.2131
213	cop	1	0.0215	98.2347
214	CFO	1	0.0215	98.2562
215	DJ	1	0.0215	98.2777
216	white-collar worker	1	0.0215	98.2992
217	warrior	1	0.0215	98.3208
218	Vtuber	1	0.0215	98.3423
219	administrator	1	0.0215	98.3638
220	volunteer	1	0.0215	98.3854
221	crafter	1	0.0215	98.4069
222	video updater	1	0.0215	98.4284
223	craftsman	1	0.0215	98.4499
224	customer	1	0.0215	98.4715
225	consumer	1	0.0215	98.4930
226	animal trainer	1	0.0215	98.5145
227	traveller	1	0.0215	98.5361
228	constructor	1	0.0215	98.5576
229	digital artist	1	0.0215	98.5791
230	tourist guide	1	0.0215	98.6006
231	diplomat	1	0.0215	98.6222
232	therapist	1	0.0215	98.6437
233	teller	1	0.0215	98.6652
234	composer	1	0.0215	98.6868
235	dispatcher	1	0.0215	98.7083
236	command	1	0.0215	98.7298

续表

序号	关键字段	出现频次	百分比%	累计百分比%
237	doorman	1	0.0215	98.7513
238	comedian	1	0.0215	98.7729
239	sweeper	1	0.0215	98.7944
240	mother	1	0.0215	98.8159
241	blacksmith	1	0.0215	98.8375
242	labour	1	0.0215	98.8590
243	lancer	1	0.0215	98.8805
244	lexicographer	1	0.0215	98.9020
245	lifeguard	1	0.0215	98.9236
246	bank teller	1	0.0215	98.9451
247	lobby manager	1	0.0215	98.9666
248	mailman	1	0.0215	98.9882
249	planter	1	0.0215	99.0097
250	pirate	1	0.0215	99.0312
251	barrister	1	0.0215	99.0527
252	basketballer	1	0.0215	99.0743
253	bussinessman	1	0.0215	99.0958
254	post officer	1	0.0215	99.1173
255	manufacturer	1	0.0215	99.1389
256	matador	1	0.0215	99.1604
257	mathematician	1	0.0215	99.1819
258	mayor	1	0.0215	99.2034
259	peasant	1	0.0215	99.2250
260	patient	1	0.0215	99.2465
261	parents	1	0.0215	99.2680
262	blue-collar worker	1	0.0215	99.2896
263	operator	1	0.0215	99.3111

续表

序号	关键字段	出现频次	百分比%	累计百分比%
264	bodyguard	1	0.0215	99.3326
265	office staff	1	0.0215	99.3541
266	mentor	1	0.0215	99.3757
267	builder	1	0.0215	99.3972
268	general	1	0.0215	99.4187
269	repairman	1	0.0215	99.4403
270	senator	1	0.0215	99.4618
271	godfather	1	0.0215	99.4833
272	security guard	1	0.0215	99.5048
273	gourmet	1	0.0215	99.5264
274	architecture technologist	1	0.0215	99.5479
275	government officer	1	0.0215	99.5694
276	salesperson	1	0.0215	99.5910
277	guardian	1	0.0215	99.6125
278	safe guard	1	0.0215	99.6340
279	guitar player	1	0.0215	99.6555
280	head teacher	1	0.0215	99.6771
281	career woman	1	0.0215	99.6986
282	knight	1	0.0215	99.7201
283	repairer	1	0.0215	99.7417
284	referee	1	0.0215	99.7632
285	publisher	1	0.0215	99.7847
286	hr	1	0.0215	99.8062
287	attendant	1	0.0215	99.8278
288	calculator	1	0.0215	99.8493
289	interviewee	1	0.0215	99.8708
290	buyer	1	0.0215	99.8924

续表

序号	关键字段	出现频次	百分比%	累计百分比%
291	processor	1	0.0215	99.9139
292	printer	1	0.0215	99.9354
293	butler	1	0.0215	99.9569
294	baby keeper	1	0.0215	99.9785
295	premier	1	0.0215	100.0000

附录三　第七章词汇联想问卷与数据

Word Association Task 1

Name：　　　　　　Major：　　　　　　Gender：

Instructions：Please fill in three words associated with each of the given words in the table.

Given Word	Associated Word 1	Associated Word 2	Associated Word 3
challenge			
dormitory			
quality			
religion			
discrimination			
peak			
symptom			
institute			
evolution			
sign			
crime			
product			
mercy			
peacock			

续表

Given Word	Associated Word 1	Associated Word 2	Associated Word 3
occupation			
disaster			
success			
atom			
traffic			
pest			

Word Association Task 2

Name：　　　　　　　　　　Major：　　　　　　　　　　Gender：

Instructions：Please fill in three words associated with each of the given words in the table.

Given Word	Associated Word 1	Associated Word 2	Associated Word 3
挑战			
宿舍			
品质			
宗教			
歧视			
顶峰			
症状			
机构			
进化			
标记			
犯罪			
产品			
仁慈			

续表

Given Word	Associated Word 1	Associated Word 2	Associated Word 3
孔雀			
职业			
灾难			
成功			
原子			
交通			
害虫			

中国学生英语词汇联想数据

学生序号	刺激词	联想词1	联想词2	联想词3
1	challenge	danger	intelligence	confidence
2	challenge	difficult	mortify	humiliate
3	challenge	difficult	challenger	get over
4	challenge	problem	defeat	difficulty
5	challenge	difficulty	strength	overcome
6	challenge	difficult	success	failure
7	challenge	success	failure	hard
8	challenge	difficult	sorrow	failure
9	challenge	failure	cover	success
10	challenge	chance	difficulty	success
11	challenge	change	charge	chance
12	challenge	study	travel	climb
13	challenge	victory	difficulty	failure
14	challenge	stress	failure	frighten

续表

学生序号	刺激词	联想词 1	联想词 2	联想词 3
15	challenge	competition	success	failure
16	challenge	difficulty	courage	success
17	challenge	difficulty	success	stick to
18	challenge	opportunity	courage	difficulty
19	challenge	adventure	difficulty	overcome
20	challenge	math	difficult	stress
21	challenge	change	chance	compete
22	challenge	difficult	upset	success
23	challenge	success	study	future
24	challenge	difficulty	excited	success
25	challenge	chance	difficulty	success
26	challenge	difficult	chance	hard
27	challenge	change	success	difficult
28	challenge	chance	difficult	confident
29	challenge	competition	intelligence	confidence
30	challenge	opportunity	mortify	success
31	challenge	chance	challenger	get over
32	challenge	success	defeat	difficulty
33	challenge	defeat	change	defeat
34	challenge	courage	chance	failure
35	challenge	difficulty	study	hard

学生序号	刺激词	联想词 1	联想词 2	联想词 3
1	dormitory	roommate	desk	bed
2	dormitory	classmate	toothbrush	accommodation
3	dormitory	hostel	classroom	apartment

续表

学生序号	刺激词	联想词 1	联想词 2	联想词 3
4	dormitory	room	university life	home
5	dormitory	environment	roommate	condition
6	dormitory	room	house	bed
7	dormitory	bedroom	sleep	clean
8	dormitory	bed	cloth	computer
9	dormitory	mess	air-condition	bigger
10	dormitory	house	room	rest
11	dormitory	dormitory	headmaster	school
12	dormitory	warm	clean	noisy
13	dormitory	private	clean	friend
14	dormitory	roommate	sleep	bath
15	dormitory	roommate	sleep	study
16	dormitory	friendship	environment	condition
17	dormitory	classmate	environment	study
18	dormitory	convenient	chum	houseparent
19	dormitory	roommate	tidy	union
20	dormitory	clothing	bed	roommate
21	dormitory	brother	bed	sleep
22	dormitory	mess	crowded	noise
23	dormitory	roommate	sing	computer
24	dormitory	friends	home-sicked	cold
25	dormitory	student	building	colleague
26	dormitory	classmate	bed	
27	dormitory	room	area	house
28	dormitory	classroom	clean	friendship
29	dormitory	bedroom	desk	bed
30	dormitory	classmate	sleep	study

续表

学生序号	刺激词	联想词 1	联想词 2	联想词 3
31	dormitory	hostel	classroom	apartment
32	dormitory	brother	university	brother
33	dormitory	environment	roommate	condition
34	dormitory	study	roommate	bed
35	dormitory	bedroom	sleep	clean

学生序号	刺激词	联想词 1	联想词 2	联想词 3
1	quality	food	conversation	life
2	quality	quantity	character	ingenuity
3	quality	speed	efficiency	price
4	quality	physics	product	characteristic
5	quality	high-quality	bad	responsibility
6	quality	good	bad	high
7	quality	price	profit	terror
8	quality	product	industry	good
9	quality	bad	made in China	improve
10	quality	quantity	product	expensive
11	quality	qualification	ability	assess
12	quality	good	moral	fine
13	quality	expensive	high	long-lasting
14	quality	good	bad	responsibility
15	quality	good	bad	style
16	quality	good	useful	profits
17	quality	great	standard	first
18	quality	high	artificial	quantity
19	quality	bad	good	average

续表

学生序号	刺激词	联想词 1	联想词 2	联想词 3
20	quality	use	well	complain
21	quality	good	bad	nice
22	quality	building	bridge	great
23	quality	quantity	accident	China
24	quality	product	qualified	good
25	quality	quantity	good	life
26	quality	good	amount	earth
27	quality	food	bad	life
28	quality	considerate	efficiency	ingenuity
29	quality	food	conversation	price
30	quality	quantity	character	life
31	quality	good	efficiency	responsibility
32	quality	building	amount	high
33	quality	high	bad	great
34	quality	good	bad	price
35	quality	product	good	bad

学生序号	刺激词	联想词 1	联想词 2	联想词 3
1	religion	Jesus	Buddhism	faith
2	religion	region	relative	god
3	religion	belief	religious	deed
4	religion	god	false	mental
5	religion	Christian	Buddhism	Hindus
6	religion	believe	habit	pure
7	religion	temple	monk	godfather
8	religion	different	Indian	country

续表

学生序号	刺激词	联想词 1	联想词 2	联想词 3
9	religion	conflict	suicide	war
10	religion	god	relief	holiday
11	religion	church	believe	Bible
12	religion	holy	sacred	strict
13	religion	ancient	Jesus	Xizang
14	religion	war	human being	believe
15	religion	relive	church	spread
16	religion	believe	difference	kind
17	religion	person	building	belief
18	religion	belief	holy	freedom
19	religion	superpower	belief	illegal
20	religion	Buddhism	Jesus	devout
21	religion	holy	belief	church
22	religion	belief	church	god
23	religion	mistake	unbelievable	join
24	religion	good	church	Sunday
25	religion	believe	different	friction
26	religion	nation	regional	belief
27	religion	people	church	serious
28	religion	belief	announce	spread
29	religion	Jesus	Buddhism	faith
30	religion	region	holy	faith
31	religion	belief	religious	deed
32	religion	god	church	mental

续表

学生序号	刺激词	联想词 1	联想词 2	联想词 3
33	religion	Christian	belief	monk
34	religion	believe	habit	pure
35	religion	temple	monk	godfather

学生序号	刺激词	联想词 1	联想词 2	联想词 3
1	discrimination	black	poor	disabled
2	discrimination	race	violent	fairness
3	discrimination	difference	tell	divide
4	discrimination	religion	battle	tragedy
5	discrimination	black	wealth	status
6	discrimination	overlook	look down upon	confident
7	discrimination	classmate	friends	family
8	discrimination	black	poor	unfair
9	discrimination	AIDS	distinguish	hurt
10	discrimination	respect	contradictory	different
11	discrimination	shout	disagreement	highness
12	discrimination	black	woman	gone
13	discrimination	black	Negro	servant
14	discrimination	unfair	principle	forgive
15	discrimination	black	equal	justice
16	discrimination	reason	measure	prevent
17	discrimination	disabled	American	justice
18	discrimination	race	color	eliminate
19	discrimination	gender	disable	hurt
20	discrimination	female	pitiful	poor
21	discrimination	laugh	fight	black

续表

学生序号	刺激词	联想词 1	联想词 2	联想词 3
22	discrimination	unfair	ridicule	sad
23	discrimination	HIV	stop	people
24	discrimination	sadness	misunderstanding	anger
25	discrimination	poor	inequality	race
26	discrimination	black	poor	unfair
27	discrimination	mercy	bad	kindness
28	discrimination	wrong	disease	healthy
29	discrimination	black	poor	disabled
30	discrimination	race	violent	fairness
31	discrimination	wrong	tell	unequal
32	discrimination	religion	race	wrong
33	discrimination	poor	wealth	status
34	discrimination	poor	race	anger
35	discrimination	unfair	bad	family

学生序号	刺激词	联想词 1	联想词 2	联想词 3
1	peak	mountain	career	success
2	peak	mountain	valley	river
3	peak	top	maximum	mountain
4	peak	challenge	scene	snow
5	peak	high	dangerous	challenging
6	peak	high	cold	beautiful
7	peak	tree	climb	tired
8	peak	top	claim	mountain
9	peak	top	fall	brave

续表

学生序号	刺激词	联想词 1	联想词 2	联想词 3
10	peak	climb	mountain	stone
11	peak	mountain	successful	lonely
12	peak	Qomolangma	snow	conquer
13	peak	challenge	hard	ongoing
14	peak	mountain	high	comfortable
15	peak	success	low	mountain
16	peak	conference	climb	challenge
17	peak	tree	beautiful	sightseeing
18	peak	mountain	ascend	valley
19	peak	climb	danger	proud
20	peak	crowded	uncomfortable	frighten
21	peak	top	climb	high
22	peak	top	high	hard
23	peak	mountain	mood	life
24	peak	climb	snow	ambition
25	peak	tail	mountain	high
26	peak	success	valley	high
27	peak	high	mountain	people
28	peak	successful	study	influence
29	peak	mountain	career	success
30	peak	high	valley	top
31	peak	top	high	mountain
32	peak	challenge	scene	cool
33	peak	mountain	top	tired
34	peak	high	cold	beautiful
35	peak	tree	climb	tired

学生序号	刺激词	联想词 1	联想词 2	联想词 3
1	symptom	nervous	worry	work
2	symptom	patient	sick	poor
3	symptom	symptomatic	symbol	illness
4	symptom	sickness	suffer	observe
5	symptom	fever	stomach	vomit
6	symptom	pale	poor	sad
7	symptom	shape	color	scent
8	symptom	headache	AIDs	sick
9	symptom	feature	sick	doctor
10	symptom	illness	cure	hospital
11	symptom	sigh	traffic	accident
12	symptom	cold	shake	ill
13	symptom	fatal	cancer	cure
14	symptom	ill	injured	sad
15	symptom	illness	ache	sadness
16	symptom	cause	degree	analyze
17	symptom	cold	tension	upset
18	symptom	ill	tiredness	diagnosis
19	symptom	tremble	fever	sleepy
20	symptom	fever	medicine	hospital
21	symptom	heart	painful	help
22	symptom	kind	help	cold
23	symptom	pain	sympathy	doctor
24	symptom	cold	sleepy	tiredness
25	symptom	ill	cold	observe
26	symptom	disease	prevent	forethought
27	symptom	mood	body	corruption
28	symptom	watch	action	usual

续表

学生序号	刺激词	联想词 1	联想词 2	联想词 3
29	symptom	nervous	worry	work
30	symptom	patient	pain	hot
31	symptom	cold	ill	nurse
32	symptom	sickness	suffer	observe
33	symptom	hot	stomach	vomit
34	symptom	pale	fever	sad
35	symptom	pain	color	sleep

学生序号	刺激词	联想词 1	联想词 2	联想词 3
1	institute	plan	party	discover
2	institute	academic	university	conference
3	institute	establish	accuse	create
4	institute	scientist	advance	invent
5	institute	education	art	politics
6	institute	research	study	cooperate
7	institute	university	company	factory
8	institute	academy	study	doctor
9	institute	rescue	creative	money
10	institute	college	university	student
11	institute	program	subject	science
12	institute	strict	dull	education
13	institute	rigid	scientist	hard-working
14	institute	study	success	hard-work
15	institute	college	academic	report
16	institute	technology	secret	cooperation
17	institute	instituter	computer	expert

续表

学生序号	刺激词	联想词 1	联想词 2	联想词 3
18	institute	genius	mysterious	academician
19	institute	college	found	function
20	institute	leader	research	member
21	institute	found	happen	start
22	institute	education	study	research
23	institute	sister	expert	occupation
24	institute	scientist	technology	chemistry
25	institute	organization	member	chairman
26	institute	system	cooperation	communication
27	institute	government	social	country
28	institute	knowledge	cultivate	revolution
29	institute	plan	party	discover
30	institute	academic	university	meeting
31	institute	establish	research	create
32	institute	scientist	advance	invent
33	institute	research	subject	report
34	institute	research	study	cooperate
35	institute	program	company	creative

学生序号	刺激词	联想词 1	联想词 2	联想词 3
1	evolution	industry	science	technology
2	evolution	reform	change	monkey
3	evolution	develop	revolution	grow
4	evolution	mammal	survival	cartoon
5	evolution	dinosaur	ape	human
6	evolution	adapt	bctter	long

续表

学生序号	刺激词	联想词 1	联想词 2	联想词 3
7	evolution	develop	competition	extinct
8	evolution	development	monkey	better
9	evolution	stronger	extinction	difference
10	evolution	war	country	army
11	evolution	computer	Internet	lifestyle
12	evolution	human	monkey	endless
13	evolution	Darwin	better	survive
14	evolution	human being	animal	change
15	evolution	monkey	human	report
16	evolution	better	process	advantage
17	evolution	nature	animals	change
18	evolution	ancestor	gene	long-term
19	evolution	human	stronger	habitat
20	evolution	monkey	time	people
21	evolution	develop	change	get
22	evolution	monkey	human	modern
23	evolution	monkey	gene	people
24	evolution	involution	monkey	mammal
25	evolution	industry	science	technology
26	evolution	reform	change	nature
27	evolution	develop	revolution	grow
28	evolution	mammal	survival	cartoon
29	evolution	win	ape	human
30	evolution	nature	higher	long
31	evolution	develop	competition	extinct
32	evolution	development	improve	monkey
33	evolution	stronger	die	time

续表

学生序号	刺激词	联想词 1	联想词 2	联想词 3
34	evolution	monkey	country	develop
35	evolution	computer	animal	habitat

学生序号	刺激词	联想词 1	联想词 2	联想词 3
1	sign	secret	deal	right
2	sign	no smoking	branch	mark
3	sign	road	mark	symbol
4	sign	smell	airplane	advertisement
5	sign	sight	ads	terrible
6	sign	document	no smoking	important
7	sign	warning	name	road
8	sign	name	no parking	library
9	sign	traffic	travel	improvement
10	sign	happen	light	sound
11	sign	name	scenery	picture
12	sign	unique	street	standard
13	sign	name	red	rule
14	sign	building	ads	rule
15	sign	signal	obey	quality
16	sign	signal	thing	feature
17	sign	name	parking	lead
18	sign	transportation	first	language
19	sign	signal	country	logo
20	sign	car	light	line
21	sign	road	sing	broad
22	sign	represent	exit	light

学生序号	刺激词	联想词 1	联想词 2	联想词 3
23	sign	hotel	super	symbol
24	sign	sigh	name	red
25	sign	single	mark	dangerous
26	sign	car	road	exit
27	sign	traffic	screen	warn
28	sign	exit	symbol	right
29	sign	transportation	car	symbol
30	sign	secret	hotel	obey
31	sign	road	name	advertisement
32	sign	car	airplane	terrible
33	sign	name	represent	important
34	sign	building	no smoking	light
35	sign	document	obey	ads

学生序号	刺激词	联想词 1	联想词 2	联想词 3
1	crime	drug	death	money
2	crime	terrorist	minister	thief
3	crime	thief	gun	criminal
4	crime	movie	court	police
5	crime	steal	murder	cheat
6	crime	shoot	kill	thief
7	crime	criminal	gun	kill
8	crime	prison	police	criminal
9	crime	evil	prison	embezzle
10	crime	prison	police	guilty
11	crime	murder	rob	money

续表

学生序号	刺激词	联想词 1	联想词 2	联想词 3
12	crime	steal	rob	law
13	crime	judge	jail	innocent
14	crime	police	thief	fair
15	crime	behavior	crazy	critic
16	crime	criminal	damage	destroy
17	crime	steal	prison	law
18	crime	death	prison	damage
19	crime	prison	police	kill
20	crime	steal	rob	prison
21	crime	violence	police	steal
22	crime	violence	force	cruel
23	crime	high	student	university
24	crime	kill	despair	policeman
25	crime	frightening	gun	kill
26	crime	evil	justice	law
27	crime	man	violence	law
28	crime	crazy	unhealthy	money
29	crime	drug	death	thief
30	crime	kill	steal	rob
31	crime	thief	gun	police
32	crime	evil	court	drug
33	crime	steal	rob	thief
34	crime	steal	prison	law
35	crime	document	thief	criminal

学生序号	刺激词	联想词1	联想词2	联想词3
1	product	computer	Mobile phone	human beings
2	product	store	consumer	price
3	product	produce	production	work
4	product	money	material	factory
5	product	iPhone	sweets	paper
6	product	goods	industry	book
7	product	quality	complex	factory
8	product	worker	enterprise	money
9	product	trade	quality	income
10	product	produce	factory	mall
11	product	factory	worker	goods
12	product	produce	worker	trade
13	product	quality	price	creative
14	product	milk	worker	book
15	product	quality	good	bad
16	product	process	ingredient	usage
17	product	goods	vegetable	quality
18	product	quality	use	sell
19	product	advanced	creative	useful
20	product	cellphone	food	robot
21	product	factory	make	work
22	product	produce	make	use
23	product	iPhone	true	various
24	product	industry	quality	price
25	product	price	quality	business
26	product	quality	production	car
27	product	bread	car	machine
28	product	production	economic	worker

续表

学生序号	刺激词	联想词 1	联想词 2	联想词 3
29	product	computer	mobile	human beings
30	product	price	use	worker
31	product	produce	production	work
32	product	factory	material	work
33	product	advanced	sweets	useful
34	product	goods	industry	book
35	product	quality	complex	creative

学生序号	刺激词	联想词 1	联想词 2	联想词 3
1	mercy	God	warm	sun
2	mercy	cruel	intrude	swallow
3	mercy	kind	lucky	help
4	mercy	angel	mother	soul
5	mercy	sympathy	upset	sad
6	mercy	kind	smile	warm-hearted
7	mercy	old man	wise	angel
8	mercy	poor	kind	help
9	mercy	poor	disable	tear
10	mercy	kind	strict	cold
11	mercy	huge	tear	goddess
12	mercy	moral	charity	warm-hearted
13	mercy	control	kind	help
14	mercy	lovely	friendly	take care
15	mercy	help	sad	upset
16	mercy	hardship	help	favor
17	mercy	donate	concern	characteristic

续表

学生序号	刺激词	联想词 1	联想词 2	联想词 3
18	mercy	sympathy	cruelty	character
19	mercy	kill	forgive	punish
20	mercy	kindness	helpful	good
21	mercy	kind	help	angel
22	mercy	poor	kind	good
23	mercy	sympathy	grandma	happiness
24	mercy	kindness	god	enemy
25	mercy	show	God	kind
26	mercy	kind-hearted	poorly	helpful
27	mercy	kindness	grandparents	human
28	mercy	sympathy	kind	people
29	mercy	kind	warm	sun
30	mercy	cruel	intrude	swallow
31	mercy	kind	lucky	help
32	mercy	help	god	show
33	mercy	sympathy	happiness	help
34	mercy	kind	smile	warm-hearted
35	mercy	pity	kind	sun

学生序号	刺激词	联想词 1	联想词 2	联想词 3
1	peacock	bird	tree	beautiful
2	peacock	bird	monkey	tree
3	peacock	peafowl	show off	bird
4	peacock	proud	love	grand
5	peacock	beautiful	habitat	amount
6	peacock	beautiful	park	zoo

283

续表

学生序号	刺激词	联想词 1	联想词 2	联想词 3
7	peacock	colorful	rare	beautiful
8	peacock	beautiful	bird	animal
9	peacock	beautiful	show off	lonely
10	peacock	giraffe	bear	chicken
11	peacock	feather	colorful	rainbow
12	peacock	beautiful	proud	fool
13	peacock	beautiful	envy	fly
14	peacock	beautiful	interesting	wonderful
15	peacock	tail	beautiful	animals
16	peacock	animal	beauty	protection
17	peacock	animal	protection	beautiful
18	peacock	tail	beautiful	courtship
19	peacock	cock	bird	fly
20	peacock	beautiful	female	male
21	peacock	pig	beautiful	bird
22	peacock	beautiful	big	bird
23	peacock	beautiful	animal	movie
24	peacock	beautiful	poison	saint
25	peacock	beautiful	bird	zoo
26	peacock	animal	tail	colorful
27	peacock	panda	beautiful	flower
28	peacock	beautiful	animal	beautiful
29	peacock	bird	tree	fly
30	peacock	bird	monkey	bird
31	peacock	tail	show off	tail
32	peacock	proud	love	amount
33	peacock	beautiful	proud	flower

续表

学生序号	刺激词	联想词 1	联想词 2	联想词 3
34	peacock	beautiful	park	beautiful
35	peacock	colorful	rare	animal

学生序号	刺激词	联想词 1	联想词 2	联想词 3
1	occupation	bag	modern	heart
2	occupation	work	employ	job
3	occupation	occupied	occupancy	occupant
4	occupation	work	subway	salary
5	occupation	cook	teacher	director
6	occupation	teacher	engineer	worker
7	occupation	power	competition	work
8	occupation	actor	career	teacher
9	occupation	promotion	fired	change
10	occupation	cover	control	change
11	occupation	job	work	salary
12	occupation	job	conquer	private
13	occupation	equal	difference	suit
14	occupation	student	teacher	policeman
15	occupation	interest	income	pressure
16	occupation	popular	spread	good
17	occupation	student	salary	explain
18	occupation	work	various	equal
19	occupation	doctor	engineer	spirit
20	occupation	card	house	available
21	occupation	pay	work	occur
22	occupation	teacher	officer	police

学生序号	刺激词	联想词 1	联想词 2	联想词 3
23	occupation	future	institute	myself
24	occupation	profession	engineer	life
25	occupation	job	work	workmate
26	occupation	professor	president	teacher
27	occupation	difficult	students	ideal
28	occupation	interview	competent	deal with
29	occupation	bag	modern	heart
30	occupation	work	employ	salary
31	occupation	job	work	boss
32	occupation	work	office	salary
33	occupation	cook	teacher	waitor
34	occupation	teacher	doctor	worker
35	occupation	power	competition	work

学生序号	刺激词	联想词 1	联想词 2	联想词 3
1	disaster	storm	danger	hope
2	disaster	fog	pain	resume
3	disaster	war	kill	life
4	disaster	death	hero	nature
5	disaster	earthquake	dry	flood
6	disaster	storm	protect	avoid
7	disaster	earthquake	life	loss
8	disaster	earthquake	hurricane	disable
9	disaster	earthquake	tsunami	explosion
10	disaster	earthquake	volcano	flood
11	disaster	news	die	cry

续表

学生序号	刺激词	联想词 1	联想词 2	联想词 3
12	disaster	earthquake	typhoon	help
13	disaster	terible	killer	loss
14	disaster	sorrow	help	sad
15	disaster	earthquake	die	separate
16	disaster	terrified	action	prevention
17	disaster	earthquake	destroy	love
18	disaster	earthquake	death	pain
19	disaster	typhoon	drought	flood
20	disaster	hurricane	earthquake	flood
21	disaster	injure	bleed	die
22	disaster	uncomfortable	death	painful
23	disaster	earthquake	people	sad
24	disaster	earthquake	death	fire
25	disaster	predict	face	suffer
26	disaster	earthquake	typhoon	flood
27	disaster	flood	man-made	accident
28	disaster	weather	alive	life
29	disaster	storm	danger	hope
30	disaster	fog	pain	resume
31	disaster	fire	life	earthquake
32	disaster	death	hero	nature
33	disaster	earthquake	water	action
34	disaster	storm	injure	prevent
35	disaster	earthquake	life	loss

学生序号	刺激词	联想词 1	联想词 2	联想词 3
1	success	pride	glory	happy
2	success	failure	alternative	embarrassing
3	success	succeed	fail	win
4	success	life	goal	fame
5	success	prize	champion	reputation
6	success	happy	hard	celebrate
7	success	failure	devotion	distribution
8	success	bright	try	hard
9	success	failure	setback	mother
10	success	failure	prize	honor
11	success	study	hard work	life
12	success	great	admire	effort
13	success	difficult	hold	hard-working
14	success	happy	water	weapon
15	success	failure	happy	get
16	success	happiness	effort	frustrate
17	success	knowledge	process	happy
18	success	effort	persist	fail
19	success	failure	progress	achievement
20	success	car	money	happy
21	success	fear	fault	hard
22	success	happy	hard	hard-working
23	success	happy	difficult	future
24	success	lucky	desire	hard
25	success	enjoyable	calm	hard
26	success	wisdom	happiness	work-hard
27	success	status	money	failure
28	success	happy	hard	little number

续表

学生序号	刺激词	联想词 1	联想词 2	联想词 3
29	success	pride	glory	happy
30	success	failure	alternative	embarrassing
31	success	succeed	fail	fame
32	success	life	goal	aim
33	success	prize	—	happy
34	success	happy	hard	celebrate
35	success	failure	devotion	lucky

学生序号	刺激词	联想词 1	联想词 2	联想词 3
1	atom	tiny	basic	amazing
2	atom	small	compose	chemical
3	atom	energy	matter	lab
4	atom	chemistry	microworld	reality
5	atom	disaster	energy	challenge
6	atom	physics	small	everywhere
7	atom	science	scientist	physics
8	atom	scientist	theory	physics
9	atom	chemical	Nobel	atom-bomb
10	atom	chemist	physical	science
11	atom	physics	exam	scientist
12	atom	small	mysterious	explore
13	atom	physics	base	theory
14	atom	physical	water	weapon
15	atom	chemistry	molecule	element
16	atom	mini	base	enormous
17	atom	small	constructure	gather

续表

学生序号	刺激词	联想词 1	联想词 2	联想词 3
18	atom	small	basic	physics
19	atom	leak	energy	war
20	atom	small	powerful	harmful
21	atom	small	black	leave
22	atom	small	special	mysterious
23	atom	small	physical	chemistry
24	atom	chemistry	physics	teacher
25	atom	small	physics	unseen
26	atom	molecule	constitute	contain
27	atom	small	physics	war
28	atom	small	magic	circle
29	atom	tiny	basic	amazing
30	atom	chemistry	molecule	element
31	atom	cut	physics	research
32	atom	chemistry	microworld	reality
33	atom	disaster	energy	challenge
34	atom	physics	small	molecule
35	atom	science	scientist	physics

学生序号	刺激词	联想词 1	联想词 2	联想词 3
1	traffic	crowded	clean	mess
2	traffic	fatal	line	brush
3	traffic	car	bus	walk
4	traffic	jam	travel	transport
5	traffic	road	car	plane
6	traffic	rule	drive	bus

续表

学生序号	刺激词	联想词 1	联想词 2	联想词 3
7	traffic	heavy	car	noisy
8	traffic	injury	blood	car
9	traffic	accident	death	range
10	traffic	car	bus	bike
11	traffic	accident	jam	car
12	traffic	noisy	terrible	improved
13	traffic	jam	pressure	subway
14	traffic	car	cycle	bus
15	traffic	light	crowd	car
16	traffic	narrow	fluent	city
17	traffic	crowded	bus	road
18	traffic	crowd	accident	department
19	traffic	automobile	heavy	pollution
20	traffic	bus	subway	taxi
21	traffic	car	light	accident
22	traffic	crowded	car	accident
23	traffic	narrow	fast	annoy
24	traffic	light	car	crowded
25	traffic	terrible	car	bike
26	traffic	vehicle	crowd	booming
27	traffic	accident	block	rule
28	traffic	heavy	road	car
29	traffic	crowded	clean	mess
30	traffic	fatal	line	brush
31	traffic	bus	car	drove
32	traffic	jam	travel	jam
33	traffic	road	car	plane

学生序号	刺激词	联想词 1	联想词 2	联想词 3
34	traffic	crowded	heavy	smooth
35	traffic	heavy	car	noisy

学生序号	刺激词	联想词 1	联想词 2	联想词 3
1	pest	fly	insect	fruit
2	pest	insect	vegetable	animal
3	pest	fly	mammal	kill
4	pest	agriculture	harm	insect
5	pest	terrible	farmer	kill
6	pest	bad	uncomfortable	useless
7	pest	little	hate	ant
8	pest	bad	fly	food
9	pest	awful	wheat	crop
10	pest	cat	kill	rabbit
11	pest	bug	dog	fly
12	pest	control	frog	tolerant
13	pest	frog	harmful	field
14	pest	vegetable	harvest	hate
15	pest	dislike	frog	enemy
16	pest	bad	kill	amount
17	pest	corn	exist	fly
18	pest	control	leaf	harm
19	pest	threat	enemy	trouble
20	pest	frog	multiply	kill
21	pest	injure	poison	hospital
22	pest	angry	hurt	harmful

续表

学生序号	刺激词	联想词 1	联想词 2	联想词 3
23	pest	agriculture	hate	environment
24	pest	itch	human	summer
25	pest	kill	Six God	dragonfly
26	pest	crop	fog	hard
27	pest	bird	peasant	summer
28	pest	die	itch	fruit
29	pest	fly	destroy	animal
30	pest	insect	hate	crop
31	pest	farm	vegetable	insect
32	pest	agriculture	mammal	kill
33	pest	terrible	kill	useless
34	pest	bad	farmer	fly
35	pest	little	uncomfortable	food

中国学生汉语词汇联想数据

学生序号	刺激词	联想词 1	联想词 2	联想词 3
1	挑战	成功	机遇	智慧
2	挑战	战胜	困难	毅力
3	挑战	艰难	勇气	成功
4	挑战	跨跃	战利品	不屈
5	挑战	成就	策略	克服
6	挑战	困难	坚持	胜利
7	挑战	毅力	勇气	成败
8	挑战	困难	失败	挫折

续表

学生序号	刺激词	联想词 1	联想词 2	联想词 3
9	挑战	成功	克服	失败
10	挑战	困难	机遇	失败
11	挑战	困难	竞争	胜利
12	挑战	成功	英雄	勇士
13	挑战	困难	胜利	进步
14	挑战	压力	机遇	失败
15	挑战	成功	失败	对手
16	挑战	困难	成功	勇气
17	挑战	毅力	团结	激情
18	挑战	机遇	困难	坚持
19	挑战	机遇	团队	比赛
20	挑战	困难	努力	畏惧
21	挑战	失败	收获	队友
22	挑战	困难	简单	成功
23	挑战	英语	自信	坚持
24	挑战	有意思	麻烦	功成名就
25	挑战	困难	面对	战胜
26	挑战	成功	奋斗	勇敢
27	挑战	困难	机遇	失败
28	挑战	执著	奋斗	自信
29	挑战	成功	机遇	智慧
30	挑战	战胜	困难	毅力
31	挑战	艰难	勇气	成功
32	挑战	成功	努力	奋斗
33	挑战	成就	成功	克服
34	挑战	困难	坚持	胜利
35	挑战	失败	勇气	困难

学生序号	刺激词	联想词1	联想词2	联想词3
1	宿舍	桌椅	室友	整洁
2	宿舍	床铺	牙刷	书桌
3	宿舍	睡觉	教学楼	限电
4	宿舍	学校	室友	糟乱
5	宿舍	室友	环境	条件
6	宿舍	学校	室友	床
7	宿舍	温馨	睡觉	闲聊
8	宿舍	床铺	灯	室友
9	宿舍	脏乱	空调	睡觉
10	宿舍	室友	空调	床
11	宿舍	学校	寝室	室友
12	宿舍	睡觉	洗漱	欢乐
13	宿舍	干净	朋友	学习
14	宿舍	室友	睡觉	熄灯
15	宿舍	室友	集体	公共场所
16	宿舍	环境	室友	学校
17	宿舍	学习	欢乐	氛围
18	宿舍	室友	休息	生活
19	宿舍	室友	聚餐	分享
20	宿舍	室友	毛巾	学生
21	宿舍	床铺	同学	睡觉
22	宿舍	混乱	床	桌子
23	宿舍	室友	电脑	自由
24	宿舍	刀塔	朋友	青春
25	宿舍	室友	床	睡觉
26	宿舍	桌椅	集体	同学
27	宿舍	床铺	融洽	大学

学生序号	刺激词	联想词 1	联想词 2	联想词 3
28	宿舍	睡觉	室友	清洁
29	宿舍	学校	室友	整洁
30	宿舍	室友	牙刷	书桌
31	宿舍	学校	睡觉	限电
32	宿舍	温馨	室友	脏乱
33	宿舍	床铺	室友	条件
34	宿舍	脏乱	室友	床铺
35	宿舍	室友	睡觉	聊天

学生序号	刺激词	联想词 1	联想词 2	联想词 3
1	品质	高尚	尊敬	友好
2	品质	性质	才能	质量
3	品质	速度	性价比	效率
4	品质	学校	糟乱	室友
5	品质	优良	才华	高低
6	品质	质量	坏	好
7	品质	价格	商业	良心
8	品质	高尚	恶劣	良好
9	品质	差	道德	改善
10	品质	物品	价钱	好坏
11	品质	评价	格调	人格
12	品质	优良	拾金不昧	美德
13	品质	高	贵	价钱
14	品质	优秀	才华	差劲
15	品质	好	责任	好坏
16	品质	高低	质量	种类

续表

学生序号	刺激词	联想词 1	联想词 2	联想词 3
17	品质	良好	朋友	性格
18	品质	优良	低劣	产品
19	品质	诚信	忠贞	忠厚
20	品质	诚实	勤奋	善良
21	品质	赞扬	精神	荣誉
22	品质	赞扬	好的	高尚
23	品质	仁慈	未来	高贵
24	品质	坚持	好人	善良
25	品质	商品	价格	高低
26	品质	道德	优劣	修养
27	品质	优秀	群众	无私
28	品质	道德	标准	高尚
29	品质	赞扬	尊敬	友好
30	品质	性质	才能	质量
31	品质	速度	性价比	效率
32	品质	诚实	高贵	无私
33	品质	优良	才华	高低
34	品质	道德	高尚	优秀
35	品质	优良	商业	良心

学生序号	刺激词	联想词 1	联想词 2	联想词 3
1	宗教	佛教	耶稣	道教
2	宗教	信仰	传统	生活
3	宗教	信仰	迷信	文化
4	宗教	控制	信仰	神明
5	宗教	基督教	佛教	教徒

学生序号	刺激词	联想词 1	联想词 2	联想词 3
6	宗教	传教	道教	信仰
7	宗教	神秘	高深	—
8	宗教	佛教	上帝	伊斯兰教
9	宗教	迷信	信仰	追求
10	宗教	基督教	伊斯兰教	—
11	宗教	信仰	经典	迷信
12	宗教	佛教	伊斯兰教	清真寺
13	宗教	西藏	佛教	—
14	宗教	信仰	战争	歧视
15	宗教	信仰	佛教	自由
16	宗教	信仰	歧视	自由
17	宗教	教徒	信仰	朋友
18	宗教	信仰	教室	起源
19	宗教	佛教	信仰	马克思
20	宗教	佛教	信仰	伊斯兰教
21	宗教	教徒	信仰	诚信
22	宗教	信仰	诚信	教徒
23	宗教	佛教	虔诚	神灵
24	宗教	信仰	佛教	玉皇大帝
25	宗教	信仰	佛教	教徒
26	宗教	信仰	民族	国家
27	宗教	严肃	高深	神秘
28	宗教	信仰	观念	缺失
29	宗教	佛教	信仰	道教
30	宗教	信仰	自由	生活
31	宗教	信仰	迷信	文化
32	宗教	控制	信仰	神圣

学生序号	刺激词	联想词 1	联想词 2	联想词 3
33	宗教	佛教	虔诚	教徒
34	宗教	教徒	道教	信仰
35	宗教	神秘	自由	信仰

学生序号	刺激词	联想词 1	联想词 2	联想词 3
1	歧视	人种	贫富	品位
2	歧视	种族	黑人	殖民
3	歧视	黑人	差等生	公正
4	歧视	黑人	古代	破除
5	歧视	种族	性别	社会地位
6	歧视	黑人	美国	高傲
7	歧视	打击	素质	公正
8	歧视	种族	阶级	观念
9	歧视	残疾	待遇	伤害
10	歧视	平等	友善	矛盾
11	歧视	人种	缺陷	肤色
12	歧视	美国	黑人	女性
13	歧视	黑人	奴隶	美国
14	歧视	等级	自卑	平等
15	歧视	黑人	种族	肤色
16	歧视	种族	黑人	原因
17	歧视	黑人	美国	种族
18	歧视	宗教	肤色	禁止
19	歧视	性别	肤色	残疾
20	歧视	性别	肤色	国籍
21	歧视	诬蔑	斗争	种族

学生序号	刺激词	联想词1	联想词2	联想词3
22	歧视	伤心	不公平	痛苦
23	歧视	同情	消除	愤怒
24	歧视	傲慢	骄傲	阶层
25	歧视	民族	性别	黑人
26	歧视	人种	残疾	平等
27	歧视	素质	罪犯	病人
28	歧视	疾病	艾滋病	平等
29	歧视	种族	贫富	品味
30	歧视	种族	黑人	殖民
31	歧视	黑人	骄傲	公正
32	歧视	黑人	种族	破除
33	歧视	种族	性别	阶层
34	歧视	黑人	性别	骄傲
35	歧视	等级	素质	平等

学生序号	刺激词	联想词1	联想词2	联想词3
1	顶峰	事业	人生	山
2	顶峰	山峰	山谷	悬崖
3	顶峰	强者	学霸	跌落
4	顶峰	人生	寒冷	风景
5	顶峰	挑战	成就	高山
6	顶峰	寒冷	开阔	漂亮
7	顶峰	风光	汗水	志向
8	顶峰	高	攀登	厉害
9	顶峰	成功	艰难	征服
10	顶峰	山腰	山底	天空

续表

学生序号	刺激词	联想词1	联想词2	联想词3
11	顶峰	攀登	成就	孤独
12	顶峰	雪山	征服	珠穆朗玛峰
13	顶峰	胜利	进步	寒冷
14	顶峰	成功	艰难	视野
15	顶峰	成功	努力	高度
16	顶峰	会议	攀登	困难
17	顶峰	成功	云层	高度
18	顶峰	高度	优势	学神
19	顶峰	自豪	信心	最优
20	顶峰	自豪	困难	信心
21	顶峰	山顶	树木	状态
22	顶峰	胜利	成功	努力
23	顶峰	心情	事业	成功
24	顶峰	神清气爽	攀登	云朵
25	顶峰	爬山	努力	高山
26	顶峰	谷底	成功	奋斗
27	顶峰	高山	困难	庞大
28	顶峰	成功	努力	自豪
29	顶峰	事业	人生	高山
30	顶峰	事业	高山	悬崖
31	顶峰	强者	事业	跌落
32	顶峰	自豪	风光	风景
33	顶峰	挑战	成就	高险
34	顶峰	成功	信心	风光
35	顶峰	风光	汗水	志向

学生序号	刺激词	联想词 1	联想词 2	联想词 3
1	症状	感冒	紧张	疾病
2	症状	病菌	思念	焦虑
3	症状	诊断	服药	癌症
4	症状	疾病	联想	感冒
5	症状	发烧	肚子疼	医生
6	症状	苍白	感冒	呕吐
7	症状	表情	反应	生病
8	症状	头疼	生病	发烧
9	症状	病痛	就医	焦虑
10	症状	药物	病人	癌症
11	症状	疾病	诊断	医生
12	症状	感冒	疾病	医生
13	症状	疾病	末期	呕吐
14	症状	生病	头疼	感冒
15	症状	生病	轻微	原因
16	症状	原因	措施	中毒
17	症状	生病	紧张	心理
18	症状	生病	紧张	医院
19	症状	感冒	发烧	医生
20	症状	发烧	头晕	生病
21	症状	生病	外观	康复
22	症状	发烧	头痛	恶心
23	症状	病情	疼痛	严重
24	症状	发冷	咳嗽	医院
25	症状	病情	预兆	感冒
26	症状	疾病	灾难	信号
27	症状	疾病	心理	头昏

续表

学生序号	刺激词	联想词 1	联想词 2	联想词 3
28	症状	衰弱	异常	咳嗽
29	症状	感冒	紧张	医生
30	症状	病菌	发烧	不舒服
31	症状	诊断	服药	同情
32	症状	疾病	感冒	犯困
33	症状	发烧	诊断	感冒
34	症状	发烧	感冒	预示
35	症状	原因	反应	健康

学生序号	刺激词	联想词 1	联想词 2	联想词 3
1	机构	慈善	学习	政府
2	机构	组织	团体	部门
3	机构	部门	功能	整体
4	机构	政府	社会	团队
5	机构	教育	环境	检查机构
6	机构	政府	阶级	复杂
7	机构	单位	组织	环境
8	机构	研究所	部门	制度
9	机构	臃肿	权力	帮助
10	机构	政府	私人	官员
11	机构	工程	任务	研究
12	机构	中央	官员	单位
13	机构	慈善	腐败	部门
14	机构	政府	部门	部员
15	机构	学术	报告	学校
16	机构	研究	组成	功能

续表

学生序号	刺激词	联想词 1	联想词 2	联想词 3
17	机构	研究	教授	设计
18	机构	建筑	医疗	部门
19	机构	学院	规章制度	权益
20	机构	权益	规划	领导
21	机构	政府	程序	流程
22	机构	政府	程序	流程
23	机构	研究院	未来	事业
24	机构	冗杂	精简	官员
25	机构	减员	创建	组织
26	机构	行政	冗杂	职能
27	机构	政府	社团	个人
28	机构	国家	监督	公平
29	机构	慈善	学习	政府
30	机构	组织	团体	部门
31	机构	部门	社团	整体
32	机构	政府	社会	组织
33	机构	教育	环境	检查
34	机构	政府	组织	复杂
35	机构	单位	组织	政府

学生序号	刺激词	联想词 1	联想词 2	联想词 3
1	进化	达尔文	人类	历史
2	进化	起源	自然	成熟
3	进化	发展	形变	功能
4	进化	猿	昆虫	生物书
5	进化	人类	猿猴	高级

续表

学生序号	刺激词	联想词1	联想词2	联想词3
6	进化	猿	漫长	适应
7	进化	退化	灭绝	生存
8	进化	发展	进化论	进步
9	进化	淘汰	灭绝	生存
10	进化	退化	自然	人类
11	进化	生存	斗争	自然
12	进化	达尔文	生物	类人猿
13	进化	达尔文	猴子	适者生存
14	进化	人类	动物	灭绝
15	进化	猴子	人类	时间
16	进化	方向	标志	原因
17	进化	达尔文	变强	作用
18	进化	长期	发展	祖先
19	进化	达尔文	人类	退化
20	进化	达尔文	缓慢	积累
21	进化	发展	高级	完美
22	进化	发展	观察	完美
23	进化	人	世界	动物
24	进化	人	猴子	达尔文
25	进化	生物	缓慢	达尔文
26	进化	退化	物种	发展
27	进化	猴子	恐龙	历史
28	进化	淘汰	强弱	时间
29	进化	达尔文	人类	历史
30	进化	起源	人类	高级
31	进化	发展	自然	祖先
32	进化	猿猴	发展	生物

学生序号	刺激词	联想词1	联想词2	联想词3
33	进化	人类	昆虫	动物
34	进化	猿猴	高级	适应
35	进化	退化	人类	生存

学生序号	刺激词	联想词1	联想词2	联想词3
1	标记	印记	记忆	动物
2	标记	信息	质量	价格
3	标记	记号笔	重点	注意
4	标记	签名	醒目	提示
5	标记	交通标志	路标	记号
6	标记	简洁	实用	繁多
7	标记	注明	强调	备忘
8	标记	记录	标识	商标
9	标记	路标	作弊	识别
10	标记	跟踪	显眼	气味
11	标记	书签	重点	复习
12	标记	箭头	识别	辨识
13	标记	警示	红色	禁止
14	标记	记号	危险	印象
15	标记	记忆	特点	强调
16	标记	显示	特征	目的
17	标记	站台	指引	交通
18	标记	重点	注意	强调
19	标记	签名	图标	标签
20	标记	名片	标签	签名
21	标记	记号	重要	线索

学生序号	刺激词	联想词1	联想词2	联想词3
22	标记	重要	交通	线索
23	标记	交通	发展	任务
24	标记	红色	警告	醒目
25	标记	笔	姓名	醒目
26	标记	记号	辨别	醒目
27	标记	公路	书包	记号
28	标记	红旗	象征	代表
29	标记	印记	记忆	交通
30	标记	信息	质量	价格
31	标记	记号	重点	道路
32	标记	红色	提示	—
33	标记	交通	路标	记号
34	标记	道路	交通	红色
35	标记	注明	强调	备忘

学生序号	刺激词	联想词1	联想词2	联想词3
1	犯罪	暴力	心理	频率
2	犯罪	盗贼	受害者	抢劫犯
3	犯罪	监狱	道德	贩毒
4	犯罪	警察	匪徒	法庭
5	犯罪	打劫	偷窃	罪行
6	犯罪	杀人	抢劫	偷窃
7	犯罪	嫌犯	恐惧	严惩
8	犯罪	坐牢	监狱	警察
9	犯罪	刑罚	罪犯	改过
10	犯罪	监狱	法院	判刑

续表

学生序号	刺激词	联想词 1	联想词 2	联想词 3
11	犯罪	谋杀	法律	监狱
12	犯罪	法律	判刑	偷窃
13	犯罪	法庭	监狱	判断
14	犯罪	强盗	小偷	警察
15	犯罪	判刑	死亡	监狱
16	犯罪	坏的	惩罚	法院
17	犯罪	犯人	伤害	警察
18	犯罪	法律	违反	惩罚
19	犯罪	吸毒	法律	处决
20	犯罪	抢劫	杀人	斗殴
21	犯罪	警察	监狱	事故
22	犯罪	暴力	监狱	事故
23	犯罪	禁止	同情	法律
24	犯罪	无奈	贪婪	承担
25	犯罪	坐牢	抢钱	罪犯
26	犯罪	刑罚	法律	罪犯
27	犯罪	罪犯	法律	贪污
28	犯罪	变态	自控	恶劣
29	犯罪	暴力	律师	频率
30	犯罪	警察	法官	抢劫犯
31	犯罪	嫌犯	贪婪	法官
32	犯罪	警察	匪徒	法庭
33	犯罪	小偷	偷窃	警察
34	犯罪	杀人	抢劫	偷盗
35	犯罪	嫌犯	恐惧	严惩

学生序号	刺激词	联想词 1	联想词 2	联想词 3
1	产品	质量	价格	工厂
2	产品	物质	质量	价格
3	产品	价格	类型	质量
4	产品	工厂	价格	品质
5	产品	苹果	品质	实用
6	产品	价格	质量	电视
7	产品	质量	良知	品质
8	产品	工厂	企业	工人
9	产品	质量	中国	国际化
10	产品	工厂	商家	顾客
11	产品	生产	工厂	商业
12	产品	生产	工厂	车间
13	产品	品质	价钱	种类
14	产品	质量	推销	客户
15	产品	质量	好	坏
16	产品	用途	原料	生产方式
17	产品	商品	品质	物品
18	产品	质量	生产	工厂
19	产品	销售	供求	工艺
20	产品	洗发水	饼干	饮料
21	产品	工厂	商店	销售员
22	产品	质量好	质量差	数量多
23	产品	科技	繁多	市场
24	产品	质量	信誉	价格
25	产品	品质	价格	设计
26	产品	质量	类型	数量
27	产品	质量	奶粉	物质
28	产品	质量	责任	细心

续表

学生序号	刺激词	联想词1	联想词2	联想词3
29	产品	质量	生产	工厂
30	产品	工厂	质量	生产
31	产品	价格	类型	质量
32	产品	科技	供应	要求
33	产品	苹果	品质	实用
34	产品	清单	需求	供应
35	产品	质量	生产	品质

学生序号	刺激词	联想词1	联想词2	联想词3
1	仁慈	友善	感动	友爱
2	仁慈	邪恶	惨状	宽容
3	仁慈	开朗	奶奶	友爱
4	仁慈	天父	美德	母亲
5	仁慈	同情	忍耐	宽容
6	仁慈	老人	父母	老师
7	仁慈	宽容	善报	友爱
8	仁慈	善良	老人	关心
9	仁慈	善良	宽容	伪善
10	仁慈	厉害	友善	冷酷
11	仁慈	捐赠	原谅	上帝
12	仁慈	慈悲	品质	僧人
13	仁慈	圣人	施舍	救济
14	仁慈	关爱	温暖	感动
15	仁慈	同情	帮助	沮丧
16	仁慈	同情	善意	恶毒
17	仁慈	性格	品质	怜悯

续表

学生序号	刺激词	联想词 1	联想词 2	联想词 3
18	仁慈	同情	品格	危险
19	仁慈	残酷	祖母	严厉
20	仁慈	父亲	母亲	爷爷
21	仁慈	好人	慈善	基金
22	仁慈	好人	基金	慈善
23	仁慈	慈善	病人	穷困
24	仁慈	善良	宽容	怜悯
25	仁慈	施舍	老人	冷酷
26	仁慈	同情	善良	友好
27	仁慈	善良	老人	佛祖
28	仁慈	关爱	善良	友善
29	仁慈	友爱	感动	友爱
30	仁慈	邪恶	宽容	宽容
31	仁慈	温暖	祖母	友爱
32	仁慈	天父	美德	家人
33	仁慈	关心	忍耐	宽容
34	仁慈	同情	温暖	老师
35	仁慈	宽容	善报	善良

学生序号	刺激词	联想词 1	联想词 2	联想词 3
1	孔雀	开屏	鸟类	鲜花
2	孔雀	猴子	颜色	狗
3	孔雀	炫耀	鸵鸟	美丽
4	孔雀	美丽	雄性	印度
5	孔雀	美丽	争艳	绽放
6	孔雀	漂亮	稀有	昂贵

续表

学生序号	刺激词	联想词 1	联想词 2	联想词 3
7	孔雀	绚丽	漂亮	高贵
8	孔雀	鸟类	动物	漂亮
9	孔雀	地震	灿烂	海啸
10	孔雀	长颈鹿	熊猫	老虎
11	孔雀	羽毛	彩虹	虚荣
12	孔雀	漂亮	高傲	鸟类
13	孔雀	美丽	嫉妒	动物园
14	孔雀	美丽	开屏	动物园
15	孔雀	漂亮	动物	鸟
16	孔雀	动物	漂亮	物种
17	孔雀	动物	美丽	杀机
18	孔雀	开屏	求偶	漂亮
19	孔雀	山鸡	公园	游客
20	孔雀	美丽	珍稀	少见
21	孔雀	雄鹰	尾巴	羽毛
22	孔雀	美丽	可爱	聪明
23	孔雀	美丽	动物	虚荣
24	孔雀	美丽	有毒	骄傲
25	孔雀	漂亮	鸟类	动物园
26	孔雀	动物	尾巴	哺乳
27	孔雀	毒蛇	美丽	动物
28	孔雀	开屏	动物	漂亮
29	孔雀	开屏	鸟类	游客
30	孔雀	猴子	颜色	骄傲
31	孔雀	炫耀	鸵鸟	美丽
32	孔雀	美丽	公园	鸟类
33	孔雀	美丽	争艳	花朵

续表

学生序号	刺激词	联想词 1	联想词 2	联想词 3
34	孔雀	尾巴	漂亮	高贵
35	孔雀	漂亮	尾巴	公园

学生序号	刺激词	联想词 1	联想词 2	联想词 3
1	职业	医生	律师	教师
2	职业	老师	医生	主席
3	职业	工资	责任	兴趣
4	职业	技校	白领	工资
5	职业	教师	学生	司机
6	职业	工资	老板	工友
7	职业	规划	单调	
8	职业	生涯	规划	医生
9	职业	规划	升职	开除
10	职业	工资	公司	老板
11	职业	工作	工资	生活
12	职业	工作	正装	公司
13	职业	白领	多样	阶层
14	职业	老师	学生	责任
15	职业	收入	兴趣	未来
16	职业	工作	规划	方向
17	职业	教师	生涯	高薪
18	职业	平等	素质	责任
19	职业	工程师	医生	自由
20	职业	工人	教师	明星
21	职业	作家	工资	日期
22	职业	教师	警察	服务员

学生序号	刺激词	联想词1	联想词2	联想词3
23	职业	未来	研究	事业
24	职业	收入	尊卑	时间
25	职业	教师	医生	交警
26	职业	生涯	教师	道德
27	职业	白领	工人	商人
28	职业	竞争	压力	辞职
29	职业	医生	律师	教师
30	职业	老师	医生	事业
31	职业	工资	责任	收入
32	职业	收入	工人	工资
33	职业	教师	学生	未来
34	职业	未来	白领	同事
35	职业	规划	单调	规划

学生序号	刺激词	联想词1	联想词2	联想词3
1	灾难	风暴	苦难	绝望
2	灾难	台风	地震	狂风
3	灾难	地震	海啸	团结
4	灾难	电影	逃生	死亡
5	灾难	地震	洪水	干旱
6	灾难	可怕	增多	讨厌
7	灾难	毁灭	恐怖	预防
8	灾难	地震	海啸	末日
9	灾难	地震	火山	海啸
10	灾难	地震	海啸	台风
11	灾难	地震	死亡	眼泪

续表

学生序号	刺激词	联想词 1	联想词 2	联想词 3
12	灾难	地震	海啸	灭绝
13	灾难	恐怖	灭亡	损失
14	灾难	帮助	死亡	伤感
15	灾难	死亡	分离	伤痛
16	灾难	损失	预防	种类
17	灾难	破坏	伤感	地震
18	灾难	预测	影响	措施
19	灾难	洪水	损失	痛苦
20	灾难	地震	海啸	飓风
21	灾难	战争	医院	国家
22	灾难	破坏	死亡	防止
23	灾难	地震	国家	救援
24	灾难	火山	海啸	地震
25	灾难	地震	面对	台风
26	灾难	地震	火灾	预报
27	灾难	恐惧	巨大	和平
28	灾难	地震	冰雹	雪灾
29	灾难	风暴	损失	救援
30	灾难	洪水	地震	狂风
31	灾难	地震	海啸	团结
32	灾难	破坏	生命	生存
33	灾难	地震	洪水	干旱
34	灾难	预测	风暴	海啸
35	灾难	毁灭	恐怖	火山

学生序号	刺激词	联想词 1	联想词 2	联想词 3
1	成功	人生	幸福	自豪
2	成功	失败	尴尬	承受
3	成功	失败	母亲	毅力
4	成功	别人	磨难	奖励
5	成功	方法	秘诀	成就
6	成功	困难	渴望	追求
7	成功	失败	汗水	付出
8	成功	失败	努力	汗水
9	成功	失败	母亲	骄傲
10	成功	失败	挑战	损失
11	成功	努力	勤奋	失败
12	成功	奋斗	努力	失败
13	成功	喜悦	进步	失败
14	成功	努力	喜悦	感激
15	成功	失败	欢乐	幸福
16	成功	喜悦	汗水	努力
17	成功	愉快	竞争	过程
18	成功	失败	坚持	荣誉
19	成功	失败	喜悦	经验
20	成功	汗水	聪明	付出
21	成功	失败	秘诀	感想
22	成功	努力	喜悦	开心
23	成功	未来	坚持	心态
24	成功	困难	渴求	付出
25	成功	获得	冷静	思考
26	成功	失败	努力	机会
27	成功	失败	善人	政治
28	成功	奋斗	艰辛	方法

续表

学生序号	刺激词	联想词 1	联想词 2	联想词 3
29	成功	人生	幸福	自豪
30	成功	失败	尴尬	付出
31	成功	失败	支持	毅力
32	成功	奋斗	失败	胜利
33	成功	未来	秘诀	成就
34	成功	努力	胜利	机会
35	成功	失败	汗水	付出

学生序号	刺激词	联想词 1	联想词 2	联想词 3
1	原子	分子	微小	基本的
2	原子	质子	中子	原子核
3	原子	中子	质子	夸克
4	原子	物理	化学	纳米
5	原子	原子弹	核	威力
6	原子	物理	微小	深奥
7	原子	分子	中子	微子
8	原子	物理	分子	核
9	原子	原子弹	诺贝尔奖	科技
10	原子	夸克	挑战	损失
11	原子	分子	物理	化学
12	原子	分子	电子	小巧
13	原子	物理	微小	相对论
14	原子	分子	质子	中子
15	原子	分子	化学	元素
16	原子	微小	组成	物质
17	原子	组成	物体	分子

续表

学生序号	刺激词	联想词 1	联想词 2	联想词 3
18	原子	微小	物理	分子
19	原子	核能	道尔顿	衰变
20	原子	小	看不见	力量
21	原子	质子	中子	粒子
22	原子	微小	看不见	分子
23	原子	微小	物理	化学
24	原子	分子	化学	物理
25	原子	小	物理	分子
26	原子	分子	结构	物质
27	原子	核武器	中子	科学
28	原子	微小	奇妙	结构
29	原子	分子	微小	基本的
30	原子	质子	分子	中子
31	原子	中子	质子	物质
32	原子	物理	化学	微小
33	原子	质子	中子	武器
34	原子	物理	武器	物质
35	原子	化学	结构	物理

学生序号	刺激词	联想词 1	联想词 2	联想词 3
1	交通	拥挤	通畅	方便
2	交通	火车	汽车	大板车
3	交通	堵车	红绿灯	道路
4	交通	堵车	道路	车
5	交通	便捷	火车	汽车
6	交通	便利	火车	飞机

续表

学生序号	刺激词	联想词1	联想词2	联想词3
7	交通	拥堵	工具	道路
8	交通	汽车	公路	拥堵
9	交通	拥堵	事故	设计
10	交通	汽车	飞机	火车
11	交通	堵塞	车辆	道路
12	交通	拥堵	流畅	汽车
13	交通	拥挤	环境	时间
14	交通	小轿车	混乱	畅通
15	交通	交通灯	拥堵	汽车
16	交通	拥挤	城市	工具
17	交通	拥挤	街道	横穿
18	交通	事故	拥挤	工具
19	交通	拥挤	汽车	地铁
20	交通	铁路	飞机	轮船
21	交通	汽车	公路	事故
22	交通	拥挤	人多	繁忙
23	交通	拥挤	科技	地铁
24	交通	拥挤	车辆	马路
25	交通	汽车	火车	红灯
26	交通	运输	车辆	经济
27	交通	拥堵	发达	火车
28	交通	拥堵	顺畅	秩序
29	交通	拥挤	通畅	安全
30	交通	汽车	火车	自行车
31	交通	拥堵	安全	道路
32	交通	堵车	道路	汽车
33	交通	快捷	汽车	飞机

续表

学生序号	刺激词	联想词 1	联想词 2	联想词 3
34	交通	便利	火车	飞机
35	交通	安全	繁忙	运输

学生序号	刺激词	联想词 1	联想词 2	联想词 3
1	害虫	蚊子	苍蝇	蝗虫
2	害虫	粮食	蛇	农药
3	害虫	农作物	农民	农药
4	害虫	蝗虫	天敌	农业
5	害虫	药	杀虫	农夫
6	害虫	可恶	农作物	害人
7	害虫	有害	除害	农药
8	害虫	蝗虫	有害	庄稼
9	害虫	农药	杀灭	讨厌
10	害虫	农作物	农民	农药
11	害虫	喷雾	苍蝇	青蛙
12	害虫	蝗虫	杀灭	蛀虫
13	害虫	丰收	粮食	青蛙
14	害虫	庄稼	农夫	益虫
15	害虫	天敌	消灭	讨厌
16	害虫	益虫	庄稼	防治
17	害虫	昆虫	庄稼	农民
18	害虫	灾害	预防	天敌
19	害虫	农药	生态	生物
20	害虫	杀灭	粮食	稻谷
21	害虫	农民	农田	树木
22	害虫	讨厌	恶心	益虫

学生序号	刺激词	联想词 1	联想词 2	联想词 3
23	害虫	愤恨	收成	减产
24	害虫	杀虫剂	苍蝇	人类
25	害虫	农药	农业	青蛙
26	害虫	庄稼	治理	收成
27	害虫	麻雀	动物	植物
28	害虫	破坏	厌恶	消灭
29	害虫	蚊子	苍蝇	蝗虫
30	害虫	粮食	老鼠	破坏
31	害虫	农作物	农民	灾害
32	害虫	蝗虫	天敌	农业
33	害虫	农药	杀虫	农民
34	害虫	灾害	庄稼	防治
35	害虫	有害	生态	农药

英语母语者词汇联想数据

学生序号	刺激词	联想词 1	联想词 2	联想词 3
1	challenge	passion	trial	result
2	challenge	compete	dare	contest
3	challenge	difficulty	sport goal	achievement
4	challenge	difficult	test	hard
5	challenge	life	work	family
6	challenge	opportunity	problem	effort
7	challenge	difficult	hard	exciting
8	challenge	difficult	work	graft

续表

学生序号	刺激词	联想词 1	联想词 2	联想词 3
9	challenge	task	problem	difficult
10	challenge	adversity	overcome	mountain
11	challenge	sweat	long	hard
12	challenge	hard	competition	long
13	challenge	obstacle	goal	determination
14	challenge	difficulty	competition	work
15	challenge	test	exam	race
16	challenge	tough	opponent	dual
17	challenge	tough	adrenaline	stronger
18	challenge	success	hard	satisfaction
19	challenge	compete	test	perserve
20	challenge	hard	task	difficult
21	challenge	task	trial	result
22	challenge	compete	dare	contest

学生序号	刺激词	联想词 1	联想词 2	联想词 3
1	dormitory	society	friend	youth
2	dormitory	housing	hall	students
3	dormitory	student	hostel	USSR
4	dormitory	college	bunk bed	communal
5	dormitory	noise	bunks	people
6	dormitory	university	small room	food
7	dormitory	accommodation	hostel	cheap
8	dormitory	sleep	building	bed
9	dormitory	male	accommodation	close proximity
10	dormitory	boarding	bed	cleanliness

续表

学生序号	刺激词	联想词 1	联想词 2	联想词 3
11	dormitory	student	bed	noise
12	dormitory	student	together	living
13	dormitory	college	flat-mate	home
14	dormitory	boarding school	old-fashioned	st Mallory's
15	dormitory	bunkroom	shared	people
16	dormitory	boarding school	sleep	room
17	dormitory	bed	shower	friends
18	dormitory	student	room	sharing
19	dormitory	residence	building	accommodation
20	dormitory	college	people	doors
21	dormitory	society	friend	youth
22	dormitory	housing	hall	students

学生序号	刺激词	联想词 1	联想词 2	联想词 3
1	quality	best thing	endeavor	quantity
2	quality	standard	value	worth
3	quality	price	goods	characteristics
4	quality	value	durable	strong
5	quality	life	assurance	coffee
6	quality	top class	service	quantity
7	quality	good	appreciated	cost
8	quality	strength	price	finish
9	quality	high standard	reliable	enduring
10	quality	clothes	music	good
11	quality	high	low	expensive
12	quality	important	good	expensive

续表

学生序号	刺激词	联想词1	联想词2	联想词3
13	quality	condition	characteristics	excellence
14	quality	type	price	durable
15	quality	perfect	good	well-built
16	quality	grade	importance	excellent
17	quality	good	essential	deserve
18	quality	good	well made	long lasting
19	quality	solid	substantial	condition
20	quality	good	high-class	top
21	quality	high	good	quantity
22	quality	standard	value	worth

学生序号	刺激词	联想词1	联想词2	联想词3
1	religion	life	philosophy	culture
2	religion	faith	prayer	worship
3	religion	belief	faith	Muslin
4	religion	belief	faith	God
5	religion	God	conflict	belief
6	religion	God	Buddha	essential
7	religion	conflict	church	Gods
8	religion	god	church	symbol
9	religion	belief	lifestyle	tradition
10	religion	difficult	Jesus	people
11	religion	Christian	Buddhism	Muslin
12	religion	Catholic	Christian	church
13	religion	Jesus	purity	belief
14	religion	Christianity	Buddhism	conflict

学生序号	刺激词	联想词 1	联想词 2	联想词 3
15	religion	Christian	Muslim	people
16	religion	belief	faith	church
17	religion	Christianity	peace	deserve
18	religion	Jesus	life	savior
19	religion	spiritual	personal	theology
20	religion	God	Bible	ancient
21	religion	life	philosophy	culture
22	religion	faith	prayer	worship

学生序号	刺激词	联想词 1	联想词 2	联想词 3
1	discrimination	imbalance	anxiety	disharmony
2	discrimination	sex	color	race
3	discrimination	harassment	minority	right
4	discrimination	prejudice	racism	unfair
5	discrimination	racial	bully	unfair
6	discrimination	bad	useless	Rosa Parks
7	discrimination	racial	sexual	bad
8	discrimination	ethnicity	workplace	gender
9	discrimination	put down	lesser	hurt
10	discrimination	racist	unfair	happens
11	discrimination	race	social	gender
12	discrimination	race	unfair	worldwide
13	discrimination	racism	bullying	pain
14	discrimination	racism	sexism	Gay-bashing
15	discrimination	race	against	dislike
16	discrimination	racial	prejudice	sexual

续表

学生序号	刺激词	联想词 1	联想词 2	联想词 3
17	discrimination	roast	inequality	injustice
18	discrimination	racist	sad	small-minded
19	discrimination	prejudice	judgement	unfair
20	discrimination	unfair	biased	terrible
21	discrimination	imbalance	anxiety	disharmony
22	discrimination	sex	color	race

学生序号	刺激词	联想词 1	联想词 2	联想词 3
1	peak	success	working hard	solitude
2	peak	height	summit	mountain
3	peak	achievement	mountain	success
4	peak	mountain	top	epitome
5	peak	period	top	mountain
6	peak	mountain	twin	top
7	peak	mountain	top	cap
8	peak	mountain	top	snow
9	peak	height	graph	best
10	peak	mountain	heart rate	spike
11	peak	mountain	fitness	snow
12	peak	highest	achieve	challenge
13	peak	optimum	mountain	hard work
14	peak	mountain	bush	snow
15	peak	top	pinnacle	point
16	peak	top	best	summit
17	peak	best	top	mountain
18	peak	high	top	achieved

续表

学生序号	刺激词	联想词 1	联想词 2	联想词 3
19	peak	mountaintop	highest	pointed
20	peak	top	mountain	highest
21	peak	success	working hard	solitude
22	peak	top	summit	mountain

学生序号	刺激词	联想词 1	联想词 2	联想词 3
1	symptom	hope	anticipation	happiness
2	symptom	sign	sick	show
3	symptom	illness	doctor	pill
4	symptom	sickness	effect	allergies
5	symptom	illness	sign	sight
6	symptom	illness	indicator	fever
7	symptom	sick	problem	illness
8	symptom	disease	sickness	health
9	symptom	problem	sickness	disability
10	symptom	illness	spot	cause
11	symptom	medical	diagnosis	bad
12	symptom	unwell	condition	illness
13	symptom	treatment	medical	pain
14	symptom	sore-throat	temperature	effect
15	symptom	sign	pain	niggle
16	symptom	ill	cure	disease
17	symptom	sickness	pain	precaution
18	symptom	pain	what	resolution
19	symptom	side-effect	sickness	description
20	symptom	disease	doctor	pain

学生序号	刺激词	联想词 1	联想词 2	联想词 3
21	symptom	ill	anticipation	happiness
22	symptom	sign	sick	show

学生序号	刺激词	联想词 1	联想词 2	联想词 3
1	institute	study	students	youth
2	institute	study	school	college
3	institute	students	teachers	degree
4	institute	school	organization	entrance
5	institute	university	asylum	group
6	institute	school	technology	rules
7	institute	government	rules	regulation
8	institute	learning	university	degree
9	institute	organization	building	professional
10	institute	learning	plain	law
11	institute	university	marketing	art
12	institute	university	cooperation	together
13	institute	prison	mental	patient
14	institute	study	university	commercial
15	institute	university	hospital	training
16	institute	organization	society	school
17	institute	education	building	information
18	institute	university	prison	government
19	institute	hospitalize	establish	initiate
20	institute	academy	art	hospital
21	institute	study	students	youth
22	institute	study	school	college

学生序号	刺激词	联想词1	联想词2	联想词3
1	evolution	war	turning point	existence
2	evolution	change	man	new
3	evolution	Darwin	change	progress
4	evolution	Darwin	monkey	science
5	evolution	man	universe	change
6	evolution	revolution	science	monkey
7	evolution	apes	progress	advance
8	evolution	science	theory	fossils
9	evolution	error	illogical	unrealistic
10	evolution	dinosaur	explosion	apes
11	evolution	Darwin	apes	human
12	evolution	man	evolve	future
13	evolution	world	humans	apes
14	evolution	creation	biology	science
15	evolution	apes	lifecycle	change
16	evolution	Darwin	change	apes
17	evolution	life	change	survival
18	evolution	controversy	science	exciting
19	evolution	evolve	change	initiate
20	evolution	Darwin	science	hospital
21	evolution	war	turning	youth
22	evolution	change	man	college

学生序号	刺激词	联想词1	联想词2	联想词3
1	sign	signal	turning point	traffic
2	sign	show	man	danger
3	sign	picture	change	meaning

续表

学生序号	刺激词	联想词 1	联想词 2	联想词 3
4	sign	traffic	monkey	signal
5	sign	star	universe	God
6	sign	peace	science	signature
7	sign	street	progress	message
8	sign	stop	theory	shop
9	sign	write	illogical	for deaf people
10	sign	cross	explosion	yellow
11	sign	neon	Apes	writer
12	sign	meaning	evolve	thought
13	sign	shape	humans	stop
14	sign	arrow	biology	indication
15	sign	stop	lifecycle	noticeboard
16	sign	road	change	marker
17	sign	life	change	premonition
18	sign	direction	science	assurance
19	sign	write	change	communicate
20	sign	street	science	road
21	sign	signal	turning	traffic
22	sign	show	man	danger

学生序号	刺激词	联想词 1	联想词 2	联想词 3
1	crime	violent	society	happen
2	crime	index	trouble	fault
3	crime	offence	prison	court
4	crime	guns	stealing	jail
5	crime	criminal	sadness	anger

学生序号	刺激词	联想词 1	联想词 2	联想词 3
6	crime	jail	wrong	law
7	crime	criminal	murder	burglary
8	crime	police	court	criminal
9	crime	criminal	white collar	low life
10	crime	robber	evil	night
11	crime	police	drug	youth
12	crime	burglary	unfair	prison
13	crime	criminal	punishment	weapon
14	crime	law	criminal	court
15	crime	murder	prison	burglary
16	crime	victim	police	attack
17	crime	horrible	heartless	dark
18	crime	wrong	sad	harmful
19	crime	lawbreaker	punishment	evil
20	crime	criminal	scene	court
21	crime	violent	society	happen
22	crime	index	trouble	fault

学生序号	刺激词	联想词 1	联想词 2	联想词 3
1	product	industry	meal	development
2	product	quality	item	price
3	product	shop	manufacture	output
4	product	sales	business	object
5	product	food	gift	purchase
6	product	multiply	sell	people
7	product	selling	shops	factory

续表

学生序号	刺激词	联想词 1	联想词 2	联想词 3
8	product	shop	food	thing
9	product	result	multiplication	item
10	product	end	future	computer
11	product	technology	quality	evolution
12	product	goods	consumer	quality
13	product	consumer	purchase	label
14	product	GST	milk	cheese
15	product	item	consumable	stock
16	product	sell	buy	advertise
17	product	consumer	fresh	quality
18	product	what	how	cost
19	product	item	sell	goods
20	product	shelving	produce	result
21	product	industry	meal	development
22	product	quality	item	price

学生序号	刺激词	联想词 1	联想词 2	联想词 3
1	mercy	people	God	bless
2	mercy	forgive	comparison	song
3	mercy	charity	church	forgiveness
4	mercy	compassion	kindness	animals
5	mercy	nun	forgiveness	belief
6	mercy	compassion	humanity	God
7	mercy	spare	pity	beg
8	mercy	love	compassion	care
9	mercy	grace	kindness	forgiving

续表

学生序号	刺激词	联想词1	联想词2	联想词3
10	mercy	grace	forgiveness	justice
11	mercy	hospital	religion	prisoner
12	mercy	help	sorry	hospital
13	mercy	compassion	humanity	sympathy
14	mercy	God	peace	Bible
15	mercy	forgiveness	love	caring
16	mercy	pity	sorry	sympathy
17	mercy	sinner	comparison	repent
18	mercy	christ	forgive	thanks
19	mercy	compassion	forgive	God
20	mercy	undeserved	kind	biblical
21	mercy	people	God	bless
22	mercy	forgive	comparison	song

学生序号	刺激词	联想词1	联想词2	联想词3
1	peacock	proud	top	beauty
2	peacock	bird	beautiful	color
3	peacock	bird	train	blue
4	peacock	colorful	NBC	feathers
5	peacock	feather	noisy	beauty
6	peacock	noisy	colorful	feathers
7	peacock	feather	bird	show off
8	peacock	bird	feather	beak
9	peacock	bird	male-bird	colorful
10	peacock	bird	feather	beautiful
11	peacock	tail	farm	feather

续表

学生序号	刺激词	联想词1	联想词2	联想词3
12	peacock	feather	pretty	bird
13	peacock	courting	feather	blue
14	peacock	hen	colorful	vicious
15	peacock	noisy	show off	pretty
16	peacock	feather	blue	green
17	peacock	colorful	magnificent	beauty
18	peacock	beautiful	blue	majestic
19	peacock	colorful	bright	bird
20	peacock	colorful	feathers	bird
21	peacock	proud	top	beauty
22	peacock	bird	beautiful	color

学生序号	刺激词	联想词1	联想词2	联想词3
1	occupation	job	hope	study
2	occupation	work	education	seat
3	occupation	job	student	housewife
4	occupation	job	responsibility	career
5	occupation	work	achievement	time fill
6	occupation	take over	work	daily
7	occupation	career	job	income
8	occupation	job	work	training
9	occupation	career	job	vocation
10	occupation	job	major	vocation
11	occupation	career	professional	nurse
12	occupation	career	employment	future
13	occupation	career	work	money

续表

学生序号	刺激词	联想词 1	联想词 2	联想词 3
14	occupation	Germany	job	role
15	occupation	job	position	work
16	occupation	work	job	task
17	occupation	doctor	accountant	pharmacist
18	occupation	Jobs	work	fulfillment
19	occupation	profession	job	title
20	occupation	job	life	money
21	occupation	job	hope	study
22	occupation	work	education	seat

学生序号	刺激词	联想词 1	联想词 2	联想词 3
1	disaster	nightmare	sudden	can
2	disaster	trouble	discomfort	pain
3	disaster	earthquake	tornado	flood
4	disaster	earthquake	horrific	storm
5	disaster	distress	pain	hope
6	disaster	oh shit	sudden	opportunity
7	disaster	earthquake	tsunami	flood
8	disaster	bad	serious	fatality
9	disaster	Christchurch	earthquake	smoke
10	disaster	earthquake	tsunami	financial
11	disaster	sad	earthquake	helping
12	disaster	natural	worldwide	earthquake
13	disaster	flood	hurricane	earthquake
14	disaster	earthquake	damage	helplessness
15	disaster	casualty	emergency	zone

续表

学生序号	刺激词	联想词 1	联想词 2	联想词 3
16	disaster	tragedy	sad	ugly
17	disaster	harmful	threatening	scary
18	disaster	flood	sad	earthquake
19	disaster	destination	chaos	mess
20	disaster	natural	national	panic
21	disaster	nightmare	sudden	can
22	disaster	trouble	discomfort	pain

学生序号	刺激词	联想词 1	联想词 2	联想词 3
1	success	happiness	people	passion
2	success	gain	win	up
3	success	respect	achievement	money
4	success	money	happiness	power
5	success	satisfaction	achievement	hard work
6	success	reception	personal	failure
7	success	money	famous	wealth
8	success	win	award	achieve
9	success	good	achiever	special
10	success	happiness	safety	family
11	success	financial	sport	happy
12	success	achieve	challenge	strive
13	success	motivation	hard work	challenge
14	success	enjoyable	work	job
15	success	win	champion	first
16	success	achieve	applaud	work
17	success	goal	pride	satisfaction

续表

学生序号	刺激词	联想词 1	联想词 2	联想词 3
18	success	winning	challenge	finishing
19	success	accomplishment	victory	achievement
20	success	joy	excitement	win
21	success	happiness	people	first
22	success	gain	win	good

学生序号	刺激词	联想词 1	联想词 2	联想词 3
1	atom	science	basic	importance
2	atom	molecule	bomb	mighty
3	atom	neuron	proton	physics
4	atom	science	proton	bomb
5	atom	bomb	ant	split
6	atom	bomb	molecule	ant
7	atom	bomb	physics	electron
8	atom	electron	nuclear	atomic
9	atom	science	foundational	building block
10	atom	bomb	small	split
11	atom	bomb	tiny	hydrogen
12	atom	bomb	particle	science
13	atom	big bang	molecule	neutron
14	atom	neutron	electron	Rutherford
15	atom	molecule	neutron	positive
16	atom	bomb	tiny	cell
17	atom	chemistry	single	fundamental
18	atom	small	unique	science
19	atom	bomb	science	physics

续表

学生序号	刺激词	联想词 1	联想词 2	联想词 3
20	atom	bomb	covalent	elements
21	atom	science	small	molecule
22	atom	molecule	bomb	mighty

学生序号	刺激词	联想词 1	联想词 2	联想词 3
1	traffic	convenience	law	abidance
2	traffic	car	busy	light
3	traffic	light	car	road
4	traffic	transportation	jam	car
5	traffic	frustration	car	flow
6	traffic	car	light	road
7	traffic	congestion	light	vehicle
8	traffic	car	road	light
9	traffic	vehicle	movement	density
10	traffic	jam	pollution	noise
11	traffic	light	car	heavy
12	traffic	car	jam	moving
13	traffic	light	horn	impatience
14	traffic	jam	earthquake	roadwork
15	traffic	car	busy	road
16	traffic	jam	car	lorry
17	traffic	rush	tiring	red
18	traffic	busy	light	car
19	traffic	cars	policeman	motorways
20	traffic	car	lights	smog
21	traffic	convenience	law	road

续表

学生序号	刺激词	联想词 1	联想词 2	联想词 3
22	traffic	car	busy	light

学生序号	刺激词	联想词 1	联想词 2	联想词 3
1	pest	dirty	infection	nuisance
2	pest	trouble	insect	disease
3	pest	vermin	garden	chemical
4	pest	bug	rodent	annoyance
5	pest	control	exterminate	fly
6	pest	sand fly	mosquito	don't bug me
7	pest	opossum	stoat	rat
8	pest	insect	rodent	poison
9	pest	bug	annoying	flying
10	pest	rabbit	insect	barren
11	pest	flies	flees	wasp
12	pest	rat	horrible	distinctive
13	pest	annoying	rat	dirty
14	pest	nuisance	flies	ants
15	pest	rat	mice	fleas
16	pest	bug	fly	nuisance
17	pest	flies	thrips	pesticide
18	pest	annoying	flies	sandfly
19	pest	nuisance	rodent	bothersome
20	pest	control	rats	fly
21	pest	dirty	infection	nuisance
22	pest	trouble	bug	disease

附录四　第八章语义网络测试、词汇测试试卷及测试结果

Vocabulary Test

I. Select the lettered pairs of words which are related in the same way as the capitalized words are related to each other.

1. Science：Biology

  （A）curriculum：mathematics

  （B）vocabulary：grammar

  （C）thesis：dissertation

  （D）vice：advantage

  （E）issue：subject

2. Principal：Headmaster

  （A）scholar：historian

  （B）teacher：student

  （C）chemist：physicist

  （D）master：doctor

  （E）tutor：instructor

3. Argue：Convince

  （A）support：surpass

  （B）amuse：laugh

  （C）debate：discuss

  （D）invade：conquer

（E）encourage：compete

4. Surroundings：Environment

（A）recreation：dancing

（B）residence：accommodation

（C）reading：writing

（D）clothing：footwear

（E）diet：vegetarianism

5. Answer：Feedback

（A）framework：schedule

（B）preparation：formulation

（C）examination：quiz

（D）drawback：challenge

（E）competition：cooperation

6. Collision：Harmony

（A）instruction：guidance

（B）hazard：security

（C）purchase：buying

（D）aid：help

（E）astonishment：wonder

7. Lavatory：Toilet

（A）payment：expense

（B）table：chair

（C）living-room：bedroom

（D）supermarket：fruits

（E）professor：classroom

8. Pass：Fail

（A）support：oppose

（B）encourage：stimulate

　　（C）cycle：recycle

　　（D）forget：abandon

　　（E）continue：fail

9. Campus：Laboratory

　　（A）library：stadium

　　（B）dormitory：hairdryer

　　（C）blackboard：chalk

　　（D）air-conditioner：fan

　　（E）laptop：computer

10. Diligent：Hardworking

　　（A）prevalent：popular

　　（B）awake：tired

　　（C）skillful：clumsy

　　（D）primary：secondary

　　（E）oral：written

II. Complete the following sentences with the best answer.

1. You are a professional, but I am a（an）＿＿＿.

　　A. amateur　　　B. specialist　　　C. expert　　　D. beginner

2. Nowadays, studying abroad is ＿＿＿, no one will be surprised upon hearing of it.

　　A. normal　　　B. fashionable　　　C. common　　　D. right

3. Bill passed the examination through hard training and ＿＿＿discipline.

　　A. effective　　　B. rigid　　　C. rational　　　D. loose

4. The answer to this question is ＿＿＿, teachers are arguing.

　　A. difficult　　　B. open-ended　　　C. controversial　D. embarrassing

5. Different countries have different eating habits, Jane is ＿＿＿when she studicd at Harvard University.

　　A. unadapted　　　B. excited　　　C. unhappy　　　D. unadopted

6. Kate is an English teacher and ＿＿singer.

　　A. accidental　　B. occasional　　C. eventual　　D. official

7. You can choose whatever you like, these subjects are ＿＿.

　　A. useful　　　　B. changeable　　C. optional　　D. interesting

8. As students grow older, their ＿＿processes become sharper.

　　A. cognitive　　　B. developing　　C. studying　　D. learning

9. A ＿＿question is a matter in dispute which urgently presses for settlement.

　　A. huge　　　　　B. burning　　　C. fast　　　　D. live

10. A student at an examination in attempting to answer a question he is not sure

　　of, is sometimes said to take a ＿＿shot at the question.

　　A. tight　　　　　B. loose　　　　C. random　　　D. blind

Answers:

I.

1-5　AEDBC　　6-10　BAABA

II.

1-5　ACBCA　　6-10　BCABD

Test scores of lexical semantic network

"Subject" refers to the participants;

"I" refers to the scores of paradigmatic relation test;

"II" refers to the scores of syntagmatic relation test;

"Total" refers to the scores of lexical semantic network.

Subject	I	II	Total
1	6	5	11
2	5	6	11

续表

Subject	I	II	Total
3	7	10	17
4	6	10	16
5	5	9	14
6	6	8	14
7	4	5	9
8	6	6	12
9	6	7	13
10	4	9	13
11	7	6	13
12	8	6	14
13	6	9	15
14	4	5	9
15	8	8	16
16	7	8	15
17	2	6	8
18	4	6	10
19	5	5	10
20	7	6	13
21	8	9	17
22	4	7	11
23	5	5	10
24	7	4	11
25	4	5	9
26	5	10	15
27	3	6	9
28	5	6	11
29	4	7	11

续表

Subject	I	II	Total
30	4	5	9
31	3	3	6
32	3	5	8
33	7	10	17
34	6	9	15
35	3	6	9
36	3	3	6
37	5	4	9
38	5	6	11
39	6	9	15
40	6	8	14
41	6	7	13
42	7	6	13
43	10	5	15
44	7	7	14
45	6	7	13
46	10	8	18
47	5	6	11
48	5	8	13
49	1	0	1
50	9	8	17
51	5	7	12
52	5	6	11
53	4	6	10
54	7	9	16
55	6	6	12
56	6	10	16

续表

Subject	I	II	Total
57	7	8	15
58	8	2	10
59	7	6	13
60	4	8	12
61	3	4	7
62	3	4	7
63	6	8	14
64	7	6	13
65	6	9	15
66	3	9	12
67	4	6	10
68	7	8	15
69	5	4	9
70	6	8	14
71	6	6	12
72	6	10	16
73	7	7	14
74	4	5	9
75	6	8	14
76	7	5	12
77	6	7	13
78	8	9	17
79	3	8	11
80	5	6	11
81	5	2	7
82	7	9	16
83	5	7	12

续表

Subject	I	II	Total
84	6	9	15
85	6	7	13
86	7	7	14
87	8	7	15
88	6	8	14
89	3	8	11
90	3	7	10
91	6	3	9
92	4	3	7
93	7	7	14
94	9	7	16
95	7	7	14
96	8	6	14
97	5	7	12
98	3	8	11
99	3	5	8
100	5	8	13

附录五 第九章语义流利测试数据

高中组语义流利测试数据

学生序号：1；；

联想词汇：scientist；；lawyer；；painter；；worker；；pilot；；nurse；；writer；；engineer；；singer；；journalist；；teacher；；student；；

学生序号：2；；

联想词汇：teacher；；painter；；singer；；worker；；waiter；；doctor；；writer；；

学生序号：3；；

联想词汇：doctor；；scientist；；fisherman；；actor reporter；；nurse engineer；；professor；；

学生序号：4；；

联想词汇：poet；；driver；；doctor；；teacher；；police；；scientist；；dancer；；singer；；nurse；；professor；；engineer；；

学生序号：5；；

联想词汇：doctor；；teacher；；actor；；astronaut；；scientist；；

学生序号：6；；

联想词汇：scientist；；lawyer；；singer；；engineer；；hunter；；worker；；painter；；writer；；businessman；；pilot；；dentist；；nurse；；

学生序号：7；；

联想词汇：actor；；writer；；singer；；doctor；；dancer；；athlete；；teacher；；

technologist;;

学生序号:8;;

联想词汇:teacher;; doctor;; engineer;; singer;; actor;; pharmacist;; lawyer;;

学生序号:9;;

联想词汇:teacher;; cook;; police;; shopper;; president;; worker;; actor;; director;; doctor;; nurse;; assistant;;

学生序号:10;;

联想词汇:teacher;; doctor;; student;; police;; worker;; actor;; reporter;; farmer;;

学生序号:11;;

联想词汇:doctor;; teacher;; idol;; singer;; engineer;; manager;; nurse;; headmaster;; driver;; cook;; reporter;; lawyer;; police;; editor;; designer;;

学生序号:12;;

联想词汇:teacher;; baker;; builder;; actor;; actress;; artist;; cleaner;; worker;; doctor;; manger;; driver;; manager;; pilot;; police;;

学生序号:13;;

联想词汇:teacher;; doctor;; scientist;; director;; guide;; actor;; actress;; farmer;; Youtuber;; Vtuber;;

学生序号:14;;

联想词汇:doctor;; teacher;; scientist;; actor;; waiter;; athlete;; biologist;; astronaut;; librarian;; cleaner;; policeman;; translator;;

学生序号:15;;

联想词汇:teacher;; doctor;; nurse;; engineer;; policeman;; postman;; headmaster;; guard;;

学生序号:16;;

联想词汇:doctor;; teacher;; engineer;; artist;; craftsman;; pianist;;

psychologist；；

学生序号：17；；

联想词汇：policeman；； nurse；； teacher；； lawyer；； fireman；； driver；； boss；；
scientist；； dentist；； pilot；；

学生序号：18；；

联想词汇：teacher；； student；； writer；； nurse；； singer；； actor；； driver；；
farmer；； player；；

学生序号：19；；

联想词汇：doctor；； nurse；； singer；； pilot；； writer；； teacher；； fisherman；；
lawyer；； actor；；

学生序号：20；；

联想词汇：doctor；； painter；； writer；； worker；； singer；； lawyer；；

学生序号：21；；

联想词汇：reporter；； DJ；； singer；； dancer；； lawyer；； teacher；； doctor；；
police；； actor；； editor；； pianist；； cook；； firefighter；； writer；；

学生序号：22；；

联想词汇：doctor；； singer；； teacher；； driver；； worker；； nurse；； clerk；；
policeman；； cook；； fisherman；；

学生序号：23；；

联想词汇：worker；； teacher；； student；； cook；； singer；； driver；； scientist；；
nurse；； doctor；； guide；； waiter；； astronaut；； dancer；； farmer；；
judge；；

学生序号：24；；

联想词汇：policeman；； singer；； dancer；； cook；； doctor；； scientist；；
lawyer；； farmer；； actor；；

学生序号：25；；

联想词汇：teacher；； doctor；； policeman；； cook；； nurse；； official；； singer；；
athlete；； actor；； edit；； waiter；； interpreter；； pilot；； fireman；；

cleaner；；

学生序号：26；；

联想词汇：teacher；；doctor；；scientific；；nurse；；cook；；artist；；painter；；
actor；；athlete；；officer；；

学生序号：27；；

联想词汇：teacher；；farmer；；musician；；pianist；；

学生序号：28；；

联想词汇：driver；；worker；；banker；；singer；；teacher；；

学生序号：29；；

联想词汇：teacher；；doctor；；worker；；farmer；；pianist；；musician；；

学生序号：30；；

联想词汇：teacher；；doctor；；businessman；；scientist；；policeman；；painter；；
worker；；lawyer；；engineer；；accountant；；detective；；

学生序号：31；；

联想词汇：teacher；；doctor；；nurse；；driver；；farmer；；singer；；writer；；
artist；；actor；；

学生序号：32；；

联想词汇：teacher；；actor；；doctor；；policeman；；artist；；actress；；student；；

学生序号：33；；

联想词汇：waiter；；teacher；；doctor；；guide；；driver；；farmer；；

学生序号：34；；

联想词汇：doctor；；teacher；；engineer；；interpreter；；cook；；farmer；；

学生序号：35；；

联想词汇：actor；；teacher；；doctor；；boss；；player；；singer；；writer；；
waiter；；conductor；；director；；producer；；

学生序号：36；；

联想词汇：actor；；doctor；；police；；teacher；；driver；；headmaster；；guide；；
volunteer；；

学生序号：37；；

联想词汇：teacher；； doctor；； actor；； waiter；； engineer；； musician；；
farmer；； editor；； firefighter；； singer；； scientist；； dancer；；
pianist；；

学生序号：38；；

联想词汇：doctor；； teacher；； engineer；； professor；； actor；； editor；；reporter；；
nurse；； typist；； policeman；；

学生序号：39；；

联想词汇：teacher；； doctor；； nurse；； actor；； player；； driver；； cook；；
scientist；； musician；；

学生序号：40；；

联想词汇：student；； teacher；； doctor；； nurse；； driver；；

学生序号：41；；

联想词汇：doctor；； student；； teacher；； pilot；；

学生序号：42；；

联想词汇：teacher；； doctor；； engineer；； drawer；； painter；； player；；
scientist；；

学生序号：43；；

联想词汇：worker；； teacher；； student；； actor；； farmer；； actress；； doctor；；
ambassador；； manager；； cook；； designer；；

学生序号：44；；

联想词汇：painter；； writer；； teacher；； doctor；； singer；；

学生序号：45；；

联想词汇：teacher；； farmer；； waiter；； actor；； dancer；； doctor；； specialist；；

学生序号：46；；

联想词汇：driver；； dancer；； doctor；； teacher；； scientist；； police；； nurse；；
professor；； poet；； engineer；； farmer；；

学生序号：47；；

联想词汇：student;; teacher;; cleaner;; nurse;; cook;; driver;; writer;;
dancer;;

学生序号：48;;

联想词汇：teacher;; doctor;; student;; engineer;; pilot;; actress;; nurse;;
officer;; chef;; police;;

学生序号：49;;

联想词汇：teacher;; student;; doctor;; nurse;; artist;; actress;; cook;;
driver;; professor;;

学生序号：50;;

联想词汇：teacher;; artist;; worker;; singer;; actor;; painter;; dancer;;
reader;; rapper;; actress;; student;; headmaster;; dentist;;
doctor;; nurse;;

学生序号：51;;

联想词汇：teacher;; doctor;; driver;; nurse;; cook;; engineer;; policeman;;
chairman;;

学生序号：52;;

联想词汇：journalist;; novelist;; athlete;; reporter;; editor;; doctor;;
dentist;; physician;; surgeon;; fireman;;

学生序号：53;;

联想词汇：teacher;; miner;; driver;; cook;; engineer;;

学生序号：54;;

联想词汇：teacher;; worker;; blacksmith;; engineer;; physician;; chemist;;
author;;

学生序号：55;;

联想词汇：student;; teacher;; engineer;; scientist;; policeman;; driver;;
staff;; postman;; biologist;; chemist;;

学生序号：56;;

联想词汇：teacher;; student;; doctor;; driver;; nurse;; shopper;; manager;;

director；；actor；；actress；；

学生序号：57；；

联想词汇：teacher；；student；；driver；；doctor；；pilot；；police；；actor；；
actress；；waiter；；

学生序号：58；；

联想词汇：engineer；；biologist；；teacher；；doctor；；manager；；waiter；；
cleaner；；psychologist；；

学生序号：59；；

联想词汇：teacher；；doctor；；actor；；musician；；violinist；；student；；
basketball player；；soccer player；；

学生序号：60；；

联想词汇：teacher；；student；；engineer；；scientist；；artist；；musician；；
doctor；；nurse；；worker；；

学生序号：61；；

联想词汇：student；；professor；；teacher；；doctor；；policeman；；cook；；
lawyer；；engineer；；

学生序号：62；；

联想词汇：teacher；；student；；doctor；；actor；；guard；；assistant；；
scientist；；farmer；；artist；；

学生序号：63；；

联想词汇：engineer；；teacher；；doctor；；musician；；scientist；；physician；；
astronomer；；

学生序号：64；；

联想词汇：teacher；；student；；doctor；；dentist；；actor；；actress；；violinist；；
scientist；；researcher；；

学生序号：65；；

联想词汇：baker；；designer；；professor；；teacher；；students；；doctor；；
dentist；；lawyer；；judge；；dancer；；idol；；

学生序号：66；；

联想词汇：teacher；； student；； artist；； scientist；； psychologist；； sailor；； conductor；； seller；； actress；；

学生序号：67；；

联想词汇：doctor；； teacher；； dentist；； policeman；； artist；； musician；； conductor；； seller；； cleaner；；

学生序号：68；；

联想词汇：doctor；； teacher；； student；； engineer；； programmer；； scientist；； artist；；

学生序号：69；；

联想词汇：psychologist；； teacher；； student；； singer；； dancer；； worker；； accountant；；

学生序号：70；；

联想词汇：teacher；； student；； coach；； cook；； driver；； businessman；； chemist；； biologist；； gardener；；

学生序号：71；；

联想词汇：basketball player；； policeman；； officer；； singer；； dancer；； teacher；； worker；；

学生序号：72；；

联想词汇：assassin；； soldier；； teacher；； milkman；； trader；； shopkeeper；； lieutenant；； police；； cop；； student；； manager；； pilot；；

学生序号：73；；

联想词汇：teacher；； student；； doctor；； psychologist；； architect；； physicist；； photographer；； scientist；；

学生序号：74；；

联想词汇：teacher；； doctor；； professor；； police；； student；； patient；； actor；； photographer；； painter；； researcher；； player；；

学生序号：75；；

联想词汇：teacher；；student；；player；；athlete；；scientist；；actor；；physicist；；singer；；dancer；；professor；；

学生序号：76；；

联想词汇：teacher；；student；；scientist；；player；；painter；；actor；；doctor；；

学生序号：77；；

联想词汇：teacher；；student；；professor；；carpenter；；steward；；

学生序号：78；；

联想词汇：teacher；；student；；doctor；；scientist；；engineer；；worker；；boss；；soldier；；headmaster；；chemist；；biologist；；

学生序号：79；；

联想词汇：student；；teacher；；driver；；cook；；worker；；shopkeeper；；engineer；；boss；；

学生序号：80；；

联想词汇：student；；teacher；；doctor；；engineer；；professor；；firefighter；；police；；tailor；；salesman；；cook；；waiter；；nurse；；CEO；；

学生序号：81；；

联想词汇：doctor；；police；；teacher；；professor；；driver；；president；；soldier；；prime minister；；chairman；；

学生序号：82；；

联想词汇：teacher；；student；；poet；；singer；；dancer；；scientist；；engineer；；worker；；

学生序号：83；；

联想词汇：driver；；teacher；；scientist；；doctor；；engineer；；worker；；pianist；；

学生序号：84；；

联想词汇：teacher；；student；；pilot；；scientist；；doctor；；nurse；；writer；；printer；；cook；；

学生序号：85；；

联想词汇：student；；animals trainer；；farmer；；fisherman；；police；；waitress；；chairman；；president；；baby keeper；；

学生序号：86；；

联想词汇：physicist；；biologist；；chemist；；artist；；teacher；；worker；；singer；；dancer；；salesman；；student；；

学生序号：87；；

联想词汇：driver；；teacher；；student；；soldier；；chief；；singer；；dancer；；

学生序号：88；；

联想词汇：teacher；；engineer；；scientist；；pianist；；musician；；athlete；；student；；psychologist；；artist；；

学生序号：89；；

联想词汇：doctor；；actor；；lawyer；；singer；；president；；policeman；；firefighter；；postman；；

学生序号：90；；

联想词汇：teacher；；student；；magician；；doctor；；engineer；；driver；；waiter；；waitress；；actor；；actress；；

学生序号：91；；

联想词汇：student；；teacher；；doctor；；reporter；；driver；；dentist；；interviewee；；interviewer；；

学生序号：92；；

联想词汇：student；；teacher；；driver；；doctor；；nurse；；boss；；swimmer；；soccer player；；writer；；

学生序号：93；；

联想词汇：teacher；；headmaster；；doctor；；nurse；；dancer；；singer；；president；；manager；；officer；；policeman；；taxi driver；；

学生序号：94；；

联想词汇：teacher；；doctor；；policeman；；waiter；；scientist；；musician；；singer；；politician；；

学生序号：95；；

联想词汇：teacher；；　engineer；；　driver；；　doctor；；　dentist；；　farmer；；
astronomer；；headmaster；；student；；

学生序号：96；；

联想词汇：driver；；cook；；artist；；teacher；；student；；scientist；；doctor；；

学生序号：97；；

联想词汇：chemist；；doctor；；nurse；；teacher；；musician；；coach；；painter；；

学生序号：98；；

联想词汇：teacher；；seller；；engineer；；nurse；；doctor；；vet；；driver；；
student；；dentist；；

学生序号：99；；

联想词汇：teacher；；doctor；；engineer；；soccer player；；artist；；pianist；；
president；；headmaster；；vet；；

学生序号：100；；

联想词汇：driver；；cook；；teacher；；instructor；；manufacturer；；director；；
writer；；chairman；；senator；；matador；；dentist；；

初中组语义流利测试数据

学生序号：1；；

联想词汇：pilot；；violinist；；cook；；doctor；；

学生序号：2；；

联想词汇：engineer；；actress；；doctor；；pianist；；driver；；

学生序号：3；；

联想词汇：computer programmer；；cook；；doctor；；engineer；；violinist；；
driver；；pilot；；pianist；；scientist；；worker；；writer；；DJ；；
actor；；

学生序号：4；；

联想词汇：teacher;; farmer;; doctor;; engineer;; driver;; pilot;; violinist;;
pianist;; scientist;;

学生序号：5;;

联想词汇：teacher;; doctor;; cook;; computer programmer;; engineer;;

学生序号：6;;

联想词汇：teacher;; cook;; pianist;; artist;; writer;;

学生序号：7;;

联想词汇：musician;; singer;; dancer;; driver;; doctor;; computer program-
mer;; pilot;; violinist;; pianist;; dentist;;

学生序号：8;;

联想词汇：teacher;; cook;; violinist;; worker;; pianist;; artist;; doctor;; en-
gineer;; driver;; pilot;; scientist;; pianist;;

学生序号：9;;

联想词汇：doctor;; cook;; pianist;; scientist;; worker;;

学生序号：10;;

联想词汇：engineer;; doctor;; cook;; computer programmer;; violinist;;
driver;; pilot;; pianist;; scientist;; artist;; player

学生序号：11;;

联想词汇：engineer;; scientist;; artist;; driver;; pilot;; pianist;; computer
programmer;; doctor;; cook;; player;;

学生序号：12;;

联想词汇：dentist;; engineer;; teacher;; farmer;; worker;; writer;; actor;;
magician;; player;; performer;;

学生序号：13;;

联想词汇：doctor;; teacher;; pianist;; violinist;; scientist;;

学生序号：14;;

联想词汇：doctor; driver;; pianist;; violinist;; pilot;; musician;; computer
programmer;; player;; cook;;

学生序号：15；；

联想词汇：assassin；； archer；； DJ；； singer；； cook；； worker；； doctor；； teacher；； driver；； computer programmer

学生序号：16；；

联想词汇：computer programmer；； teacher；； doctor；； engineer；cook；； artist；； player；；

学生序号：17；；

联想词汇：teacher；； doctor；； pianist；； driver；； pilot；； violinist；； scientist；；

学生序号：18；；

联想词汇：doctor；； cook；； engineer；； pilot；； driver；；

学生序号：19；；

联想词汇：teacher；； doctor；； nurse；； pilot；； computer programmer；； writer；； singer；；

学生序号：20；；

联想词汇：doctor；； cook；； driver；； worker；； nurse；； teacher；； student；； boss；； engineer；；

学生序号：21；；

联想词汇：artist；； nurse；； musician；； cook；； doctor；； dentist；； actor；； singer；； teacher；； engineer；； computer programmer

学生序号：22；；

联想词汇：teacher；； doctor；； pianist；； musician；； violinist；； scientist；； student；； nurse；； cook；；

学生序号：23；；

联想词汇：doctor；； cook；； teacher；；

学生序号：24；；

联想词汇：violinist；； teacher；； engineer；； doctor；； driver；； pilot；； pianist；； scientist；；

学生序号：25；；

联想词汇：bus driver；；artist；；pianist；；violinist；；computer programmer；；cook；；teacher；；actor；；basketball player；；

学生序号：26；；

联想词汇：computer programmer；；scientist；；cook；；doctor；；pilot；；engineer；；violinist；；pianist；；

学生序号：27；；

联想词汇：engineer；；pilot；；actor；；actress；；driver；；pianist；；violinist；；teacher；；artist；；

学生序号：28；；

联想词汇：cook；；engineer；；teacher；；doctor；；driver；；pilot；；violinist；；pianist；；scientist；；actor；；

学生序号：29；；

联想词汇：pilot；；teacher；；worker；；engineer；；cook；；

学生序号：30；；

联想词汇：worker；；farmer；；pilot；；teacher；；pianist；；violinist；；scientist；；cook；；actor；；engineer；；basketball player；；

学生序号：31；；

联想词汇：cook；；doctor；；driver；；

学生序号：32；；

联想词汇：doctor；；cook；；actor；；actress；；driver；；teacher；；computer programmer；；

学生序号：33；；

联想词汇：engineer；；teacher；；cook；；nurse；；waiter；；farmer；；doctor；；pilot；；actor；；musician；；violinist；；

学生序号：34；；

联想词汇：doctor；；teacher；；farmer；；cook；；

学生序号：35；；

联想词汇：teacher；；driver；；pianist；；computer programmer；；engineer；；

basketball player;; actor;;

学生序号：36;;

联想词汇：doctor;; worker;; teacher;; driver;; cook;; actor;;

学生序号：37;;

联想词汇：computer programmer;; cook;; doctor;; driver;; pilot;; engineer;;
violinist;;

学生序号：38;;

联想词汇：artist;; pianist;; violinist;; teacher;; computer programmer;; en-
gineer;; worker;; doctor;; player;;

学生序号：39;;

联想词汇：cook; scientist;; driver;; pilot;;

学生序号：40;;

联想词汇：cook;; doctor;; engineer;; driver;; pilot;; scientist;;

学生序号：41;;

联想词汇：driver;; computer programmer;; doctor;; actor;; dancer;; engi-
neer;; teacher;; cook;; violinist;; pilot;;

学生序号：42;;

联想词汇：driver;; cook;; rapper;; doctor;; policeman;; teacher;; runner;;
swimmer;;

学生序号：43;;

联想词汇：nurse;; driver;; doctor;; actor;; pianist;; violinist;; computer
programmer;;

学生序号：44;;

联想词汇：cook;; violinist;; pianist;;

学生序号：45;;

联想词汇：pilot;; teacher;; doctor;; worker;;

学生序号：46;;

联想词汇：cook;; pianist;; worker;;

学生序号：47；；

联想词汇：reporter；；worker；；teacher；；pianist；；doctor；；driver；；engineer；；cook；；bus driver；；nurse；；police；；

学生序号：48；；

联想词汇：teacher；；actor；；pilot；；cook；；doctor；；pianist；；driver；；

学生序号：49；；

联想词汇：DJ；；reporter；；actor；；teacher；；

学生序号：50；；

联想词汇：engineer；；doctor；；nurse；；worker；；player；；driver；；teacher；；cook；；player；；boss；；

学生序号：51；；

联想词汇：teacher；；pianist；；pilot；；driver；；actor；；actress；；

学生序号：52；；

联想词汇：cook；；pilot；；violinist；；doctor；；

学生序号：53；；

联想词汇：computer programmer；；cook；；doctor；；engineer；；violinist；；driver；；pilot；；driver；；pianist；；scientist；；nurse；；teacher；；farmer；；student；；worker；；boss；；

学生序号：54；；

联想词汇：cook；；pilot；；violinist；；doctor；；

学生序号：55；；

联想词汇：doctor；；teacher；；pilot；；basketball player；；violinist；；pianist；；driver；；cook；；

学生序号：56；；

联想词汇：cook；；actor；；teacher；；pianist；；violinist；；pilot；；computer programmer；；

学生序号：57；；

联想词汇：driver；；teacher；；engineer；；pianist；；cook；；violinist；；

学生序号：58；；

联想词汇：doctor；；nurse；；worker；；cook；；computer programmer；；volunteer；；police；；pilot；；teacher；；student；；

学生序号：59；；

联想词汇：worker；；nurse；；doctor；；driver；；cook；；pilot；；teacher；；

学生序号：60；；

联想词汇：doctor；；nurse；；worker；；cook；；computer programmer；；volunteer；；police；；pilot；；teacher；；student；；

学生序号：61；；

联想词汇：teacher；；cook；；pilot；；computer programmer；；violinist；；pianist；；engineer；；musician；；driver；；doctor；；artist；；actor；；

学生序号：62；；

联想词汇：computer programmer；；engineer；；bus driver；；pilot；；doctor；；pianist；；

学生序号：63；；

联想词汇：magician；；pianist；；pilot；；scientist；violinist；；writer；；teacher；；doctor；；

学生序号：64；；

联想词汇：teacher；；driver；；scientist；；pilot；；pianist；；

学生序号：65；；

联想词汇：pianist；；cook；；teacher；；

学生序号：66；；

联想词汇：teacher；；nurse；；actor；；driver；；worker；；policeman；；scientist；；

学生序号：67；；

联想词汇：teacher；；driver；；doctor；；nurse；；cook；；actor；；

学生序号：68；；

联想词汇：computer programmer；；cook；；pianist；；engineer；；doctor；；violinist；；pilot；；

学生序号：69；；

联想词汇：doctor；；teacher；；engineer；；violinist；；pianist；；driver；；

学生序号：70；；

联想词汇：teacher；；cook；；driver；；computer programmer；；reporter；；

学生序号：71；；

联想词汇：pilot；；worker；teacher；；pianist；；engineer；；doctor；；violinist；；
scientist；；

学生序号：72；；

联想词汇：computer programmer；；cook；；pianist；；

学生序号：73；；

联想词汇：violinist；；pilot；；computer programmer；；driver；；doctor；；basket-
ball player；；cook；；scientist；；pianist；；

学生序号：74；；

联想词汇：cook；；doctor；；driver；；pilot；；

学生序号：75；；

联想词汇：computer programmer；；driver；；pilot；；doctor；；scientist；；
artist；；pianist；；

学生序号：76；；

联想词汇：cook；；driver；；engineer；；doctor；；pianist；；

学生序号：77；；

联想词汇：cook；；writer；；doctor；；actor；artist；；pianist；；engineer；；dancer；；
singer；；teacher；；

学生序号：78；；

联想词汇：computer programmer；；doctor；；worker；；nurse；；pianist；；
artist；；basketball player；；violinist；；teacher；；

学生序号：79；；

联想词汇：teacher；engineer；；performer；；doctor；；nurse；；pianist；；pilot；；

学生序号：80；；

联想词汇：pilot；；teacher；；violinist；；computer programmer；；cook；；artist；；
violinist；；

学生序号：81；；

联想词汇：dentist；；cook；；driver；；violinist；；pianist；；engineer；；artist；；
actor；；actress；；singer；；dancer；；

学生序号：82；；

联想词汇：teacher；；bus driver；；doctor；；computer programmer；；soccer
player；；basketball player；；cook；；scientist；；

学生序号：83；；

联想词汇：pianist；；cook；；teacher；；

学生序号：84；；

联想词汇：teacher；；doctor；；computer programmer；；

学生序号：85；；

联想词汇：doctor；；teacher；；cook；；

学生序号：86；；

联想词汇：cook；doctor；；violinist；；

学生序号：87；；

联想词汇：doctor；；teacher；；engineer；；

学生序号：88；；

联想词汇：cook；；computer programmer；；doctor；；pianist；；

学生序号：89；；

联想词汇：DJ；；dentist；；doctor；；driver；；engineer；；expert；；agent；；
headmaster；；astronaut；；scientist；；pilot；；pianist；；

学生序号：90；；

联想词汇：teacher；；doctor；；dentist；；assassin；；worker；；boss；；scientist；；
violinist；；pianist；；student；；pilot；；actor；；

学生序号：91；；

联想词汇：doctor；；engineer；；teacher；；cook；；violinist；；artist；；pilot；；
pianist；；scientist；；

学生序号：92；；

联想词汇：farmer；；doctor；；worker；；engineer；；artist；；actor；；actress；；
boss；；pilot；；scientist；；driver；；

学生序号：93；；

联想词汇：computer programmer；；cook；；doctor；；engineer；；violinist；；
driver；；pilot；；pianist；；

学生序号：94；；

联想词汇：worker；；actor；；farmer；；cook；；nurse；；doctor；；teacher；；
writer；；computer programmer；；engineer；；driver；；pilot；；
scientist；；violinist；；pianist；；

学生序号：95；；

联想词汇：teacher；；cook；；doctor；；violinist；；driver；；pilot；；pianist；；
scientist；；

学生序号：96；；

联想词汇：interviewer；；engineer；；pianist；；teacher；；reporter；；scientist；；
pilot；；farmer；；nurse；；doctor；；violinist；；mailman；；

学生序号：97；；

联想词汇：cook；；doctor；；engineer；；violinist；；driver；；pilot；；pianist；；
scientist；；computer programmer；；artist；；actress；；

学生序号：98；；

联想词汇：policeman；；worker；；driver；；writer；；pianist；；scientist；；
violinist；；doctor；；nurse；；computer programmer；；housewife；；
pilot；；

学生序号：99；；

联想词汇：cook；；pilot；；actor；；

学生序号：100；；

联想词汇：mechanic；；policeman；；taxi driver；；air hostess；；postman；；keyboard operator；；engineer；；teacher；；nurse；；policewo-man；；hairdresser；；housewife；；milkman；；

附录六　第十章近义词搭配分布

Table 1　Collocates of target words in COCA

	occur	arise	emerge	happen	appear	take place	total
changes	1993	0	0	0	0	969	2962
event(s)	2841	0	0	0	0	1734	4575
incident	1404	0	0	796	0	300	2500
error(s)	961	0	0	0	0	0	961
deaths	666	0	0	0	0	0	666
cases	645	0	0	0	0	0	645
accident(s)	527	0	0	1713	0	0	2240
behavior	492	0	0	0	0	0	492
damage	488	0	0	0	0	0	488
violence	447	0	0	0	0	0	447
injury(s)	709	0	0	0	0	0	709
shooting	345	0	0	0	0	215	560
shift	335	0	0	0	0	0	335
attack(s)	327	0	0	0	0	293	620
processes	302	0	0	0	0	0	302
explosion	286	0	0	0	0	0	286
problem(s)	0	2190	0	0	0	0	2190

续表

	occur	arise	emerge	happen	appear	take place	total
question(s)	0	1912	0	0	0	0	1912
issue(s)	0	1245	0	0	0	0	1245
opportunity(s)	0	569	0	0	0	0	569
situation(s)	0	487	0	0	0	0	487
conflict(s)	0	209	59	0	0	0	268
difficulties	0	191	0	0	0	0	191
dispute(s)	0	309	0	0	0	0	309
challenges	0	154	0	0	0	0	154
complications	0	150	0	0	0	0	150
concerns	0	140	0	0	0	0	140
confusion	0	126	0	0	0	0	126
claims	0	121	0	0	0	0	121
differences	0	119	281	0	0	0	400
theme(s)	0	0	768	0	0	0	768
pattern(s)	0	0	827	0	0	0	827
picture	0	0	388	0	0	0	388
details	0	0	378	0	0	0	378
consensus	0	0	236	0	0	0	236
findings	0	0	129	0	0	0	129
trend(s)	0	0	219	0	0	0	219
categories	0	0	120	0	0	0	120
technologies	0	0	93	0	0	0	93
movements	0	0	70	0	0	0	70
portrait	0	0	67	0	0	0	67
threats	0	0	61	0	0	0	61
virus	0	0	55	0	0	0	55
concepts	0	0	53	0	0	0	53

	occur	arise	emerge	happen	appear	take place	total
allegations	0	0	47	0	0	0	47
things	0	0	0	18688	0	0	18688
miracle（s）	0	0	0	719	0	0	719
tragedies	0	0	0	79	0	0	79
coincidences	0	0	0	45	0	0	45
turnarounds	0	0	0	7	0	0	7
say−so	0	0	0	6	0	0	6
reunifications	0	0	0	5	0	0	5
kismet	0	0	0	5	0	0	5
circumcisions	0	0	0	4	0	0	4
spillovers	0	0	0	4	0	0	4
exit−strategy	0	0	0	3	0	0	3
intraplate	0	0	0	3	0	0	3
xiphias	0	0	0	3	0	0	3
catastrophy	0	0	0	3	0	0	3
occurences	0	0	0	3	0	0	3
googler	0	0	0	3	0	0	3
article（s）	0	0	0	0	2211	0	2211
version	0	0	0	0	1022	0	1022
posts	0	0	0	0	730	0	730
text	0	0	0	0	643	0	643
replies	0	0	0	0	631	0	631
column	0	0	0	0	330	0	330
arrow	0	0	0	0	320	0	320
symptoms	0	0	0	0	310	0	310
fiction	0	0	0	0	293	0	293
glance	0	0	0	0	258	0	258

续表

	occur	arise	emerge	happen	appear	take place	total
chronicle	0	0	0	0	142	0	142
cracks	0	0	0	0	141	0	141
essays	0	0	0	0	141	0	141
notebook	0	0	0	0	129	0	129
poems	0	0	0	0	106	0	106
dialog	0	0	0	0	100	0	100
icon	0	0	0	0	97	0	97
galaxies	0	0	0	0	90	0	90
waiter	0	0	0	0	80	0	80
meeting(s)	0	0	0	0	0	665	665
action	0	0	0	0	0	418	418
conversation(s)	0	0	0	0	0	558	558
learning	0	0	0	0	0	297	297
activity(s)	0	0	0	0	0	542	542
debate	0	0	0	0	0	249	249
discussion(s)	0	0	0	0	0	428	428
ceremony	0	0	0	0	0	221	221
murder	0	0	0	0	0	210	210
elections	0	0	0	0	0	199	199

Table 2　Collocates of target words in SWECCL

	occur	arise	emerge	happen	take place	appear
idea(s)	6	0	0	3	0	4
questions	4	3	0	0	0	0

续表

	occur	arise	emerge	happen	take place	appear
problem(s)	7	6	0	6	0	20
culture(s)	6	0	0	0	0	2
collisions	4	0	0	0	0	0
people	3	0	5	3	0	7
method(s)	3	0	2	0	0	0
accident(s)	3	0	0	17	0	0
thing(s)	2	0	5	162	0	22
sighter	2	0	0	0	0	0
ice	2	0	0	0	0	9
familie(s)	2	0	0	3	0	0
event(s)	2	0	0	19	0	0
conversation	2	0	0	2	0	0
case	2	0	0	0	0	0
car	2	0	0	0	0	0
aspect	2	0	0	0	0	0
requests	0	2	0	0	0	0
possibility	0	2	0	0	0	0
generation	0	2	0	5	0	39
education	0	2	0	3	0	4
definition	0	2	0	0	0	0
conflict	0	2	0	0	0	0
circumstance	0	2	0	0	0	0
agreement	0	2	0	0	0	0
letters	0	0	6	0	0	19
time	0	0	3	0	0	17
sun	0	0	3	0	0	0
lady	0	0	3	0	0	0

	occur	arise	emerge	happen	take place	appear
Internet	0	0	3	3	13	0
decision	0	0	3	0	0	0
communication	0	0	3	4	0	7
word(s)	0	0	2	0	0	18
telephone	0	0	2	0	0	0
mail(s)	0	0	2	2	0	0
life	0	0	2	12	0	6
knowledge	0	0	2	3	13	0
gap	0	0	2	5	0	0
falsification	0	0	2	0	0	0
exchange	0	0	2	0	0	0
distance	0	0	2	0	0	0
degree	0	0	2	3	0	6
chinese	0	0	2	0	0	6
chance(s)	0	0	2	4	0	0
century	0	0	2	0	0	0
abilit(ies)	0	0	4	2	0	2
friend(s)	0	0	0	68	0	7
struggle	0	0	0	36	0	0
story	0	0	0	36	0	0
room	0	0	0	18	0	0
length	0	0	0	18	0	3
time	0	0	0	16	0	0
task	0	0	0	16	0	0
town	0	0	0	15	0	0
matter	0	0	0	14	0	0
water	0	0	0	12	0	0

续表

	occur	arise	emerge	happen	take place	appear
year(s)	0	0	0	15	0	0
situation	0	0	0	11	0	6
party	0	0	0	11	0	0
score	0	0	0	10	0	0
day(s)	0	0	0	16	0	0
birthday	0	0	0	10	0	0
smith	0	0	0	8	0	4
name	0	0	0	8	0	3
scene	0	0	0	7	0	2
news	0	0	0	7	0	0
traged(ies)	0	0	0	8	0	0
parents	0	0	0	6	0	7
miracle	0	0	0	6	0	0
love	0	0	0	6	0	0
english	0	0	0	6	0	6
drain	0	0	0	6	0	3
children	0	0	0	6	0	3
brian	0	0	0	6	0	0
trouble(s)	0	0	0	7	0	4
traditions	0	0	0	5	0	0
station	0	0	0	5	0	0
place	0	0	0	5	0	0
money	0	0	0	5	0	0
modernization	0	0	0	5	0	5
man	0	0	0	5	0	12
john	0	0	0	5	0	6
door	0	0	0	5	0	3

	occur	arise	emerge	happen	take place	appear
business	0	0	0	5	0	0
world	0	0	0	4	0	9
truth	0	0	0	4	0	0
side	0	0	0	4	0	0
school	0	0	0	4	0	3
moment	0	0	0	4	0	0
manager	0	0	0	4	0	0
home	0	0	0	4	0	0
doctor	0	0	0	4	0	0
computer	0	0	0	4	0	6
change(s)	0	0	0	7	6	0
way	0	0	0	3	0	7
uncle	0	0	0	3	0	0
train	0	0	0	3	0	0
teacher	0	0	0	3	0	4
seats	0	0	0	3	0	0
reason	0	0	0	3	0	0
office	0	0	0	3	0	0
neighbour	0	0	0	3	0	0
mum	0	0	0	3	0	0
information	0	0	0	3	0	0
incident	0	0	0	3	0	0
eyes	0	0	0	3	0	3
experience	0	0	0	3	0	0
emergency	0	0	0	3	0	0
coincidence	0	0	0	3	0	0
campus	0	0	0	3	0	0

续表

	occur	arise	emerge	happen	take place	appear
bag	0	0	0	3	0	0
university	0	0	0	2	0	0
trade	0	0	0	2	0	0
technology	0	0	0	2	0	7
tech	0	0	0	2	0	0
taxi	0	0	0	2	0	0
surprise	0	0	0	2	0	0
students	0	0	0	2	0	0
street	0	0	0	2	0	0
seawater	0	0	0	2	0	0
sea	0	0	0	2	0	0
result	0	0	0	2	0	4
quarrel	0	0	0	2	0	0
professor	0	0	0	2	0	0
plan	0	0	0	2	0	0
noise	0	0	0	2	0	6
night	0	0	0	2	0	0
newspaper	0	0	0	2	0	0
mother	0	0	0	2	0	3
mistake	0	0	0	2	0	0
line	0	0	0	2	0	0
level	0	0	0	2	0	0
job	0	0	0	2	0	0
headteacher	0	0	0	2	0	0
floor	0	0	0	2	0	0
flood	0	0	0	2	0	0
face	0	0	0	2	0	0

	occur	arise	emerge	happen	take place	appear
exchanges	0	0	0	2	0	0
dormitory	0	0	0	2	0	0
development	0	0	0	2	0	0
date	0	0	0	2	0	0
crimes	0	0	0	2	0	0
course	0	0	0	2	0	0
contacts	0	0	0	2	0	0
competition	0	0	0	2	0	0
classroom	0	0	0	2	0	0
class	0	0	0	2	0	0
cases	0	0	0	2	0	0
bed	0	0	0	2	0	0
afternoon	0	0	0	2	0	0
affairs	0	0	0	2	0	0
action(s)	0	0	0	2	0	2
speed	0	0	0	0	5	0
mails	0	0	0	0	0	124
gap	0	0	0	0	0	49
paper	0	0	0	0	0	17
bear(s)	0	0	0	0	0	17
mail	0	0	0	0	0	12
letter	0	0	0	0	0	11
society	0	0	0	0	0	10
person	0	0	0	0	0	10
days	0	0	0	0	0	8
day	0	0	0	0	0	8
boy(s)	0	0	0	0	0	12

	occur	arise	emerge	happen	take place	appear
semester	0	0	0	0	0	6
phenomenon	0	0	0	0	0	6
human	0	0	0	0	0	6
honesty	0	0	0	0	0	6
expression	0	0	0	0	0	8
certificate(s)	0	0	0	2	0	12
lights	0	0	0	0	0	7
husband	0	0	0	0	0	5
attention	0	0	0	0	0	5
sense	0	0	0	0	0	4
phone(s)	0	0	0	0	0	13
opinion	0	0	0	0	0	4
minutes	0	0	0	0	0	4
minds	0	0	0	0	0	4
games	0	0	0	0	0	4
feeling(s)	0	0	0	0	0	6
example	0	0	0	0	0	4
characters	0	0	0	0	0	4
advantage	0	0	0	0	0	4
worry	0	0	0	0	0	3
view	0	0	0	0	0	3
traps	0	0	0	0	0	3
thermos	0	0	0	0	0	3
sunset	0	0	0	0	0	3
sex	0	0	0	0	0	3
sentence	0	0	0	0	0	3
sadness	0	0	0	0	0	3

	occur	arise	emerge	happen	take place	appear
portal	0	0	0	0	0	3
moon	0	0	0	0	0	3
injuries	0	0	0	0	0	3
house	0	0	0	0	0	3
girl(s)	0	0	0	0	0	10
forest(s)	0	0	0	0	0	5
energy	0	0	0	0	0	3
emails	0	0	0	0	0	3
concerns	0	0	0	0	0	3
company	0	0	0	0	0	3
classmates	0	0	0	0	0	3
china	0	0	0	0	0	3
car	0	0	0	0	0	3
brain	0	0	0	0	0	3
beings	0	0	0	0	0	3
behavior	0	0	0	0	0	3
afternoon	0	0	0	0	0	3
yesterday	0	0	0	0	0	2
year	0	0	0	0	0	2
workers	0	0	0	0	0	2
verdict	0	0	0	0	0	2
trends	0	0	0	0	0	2
trees	0	0	0	0	0	2
tool	0	0	0	0	0	2
title	0	0	0	0	0	2
tears	0	0	0	0	0	2
sweats	0	0	0	0	0	2

续表

	occur	arise	emerge	happen	take place	appear
stars	0	0	0	0	0	2
sounds	0	0	0	0	0	2
smile	0	0	0	0	0	2
sharp	0	0	0	0	0	2
room	0	0	0	0	0	2
rings	0	0	0	0	0	2
respect	0	0	0	0	0	2
reason	0	0	0	0	0	2
potential	0	0	0	0	0	2
pollution	0	0	0	0	0	2
picture	0	0	0	0	0	2
phenomena	0	0	0	0	0	2
part	0	0	0	0	0	2
newspapers	0	0	0	0	0	2
net	0	0	0	0	0	2
nation	0	0	0	0	0	2
mouth	0	0	0	0	0	2
money	0	0	0	0	0	2
misunderstand-ings	0	0	0	0	0	2
millionaires	0	0	0	0	0	2
messages	0	0	0	0	0	2
means	0	0	0	0	0	2
meanings	0	0	0	0	0	2
matter	0	0	0	0	0	2
keyboards	0	0	0	0	0	2
instance	0	0	0	0	0	2

续表

	occur	arise	emerge	happen	take place	appear
industries	0	0	0	0	0	2
hurray	0	0	0	0	0	2
homework	0	0	0	0	0	2
health	0	0	0	0	0	2
gunmen	0	0	0	0	0	2
furniture	0	0	0	0	0	2
film	0	0	0	0	0	2
fact	0	0	0	0	0	2
eyeballs	0	0	0	0	0	2
emotions	0	0	0	0	0	2
danger	0	0	0	0	0	2
country	0	0	0	0	0	2
contradiction	0	0	0	0	0	2
comments	0	0	0	0	0	2
christmas	0	0	0	0	0	2
carpets	0	0	0	0	0	2
cards	0	0	0	0	0	2
business	0	0	0	0	0	2
books	0	0	0	0	0	2
blood	0	0	0	0	0	2
bars	0	0	0	0	0	2
articles	0	0	0	0	0	2
appearance	0	0	0	0	0	2
age	0	0	0	0	0	2